Collection **marabout service**

D0725792

Choix et présentation de
PIERRE MAURY

Les trente meilleures nouvelles de la littérature française

marabout

Cet ouvrage a paru précédemment dans la collection Bibliothèque Marabout n° 19.

SOMMAIRE

Préface

La nouvelle est mal aimée, dit-on souvent. Et on se contente de cette idée reçue pour écarter tout un genre littéraire, considéré comme mineur sans que l'on sache très bien pourquoi.

De temps à autre, des voix s'élèvent cependant pour défendre la nouvelle et réclamer pour elle des lettres de noblesse — qu'elle possède depuis long-temps, n'ayant pas attendu de trouver des commenta-teurs zélés pour s'imposer grâce à quelques auteurs de grand talent.

Le — prétendu — rejet de la nouvelle est par ail-leurs un phénomène typiquement francophone. Qu'il soit réel ou imaginaire, il est incontestable que les édi-teurs manifestent davantage de réticences à publier un bon recueil de nouvelles qu'un roman de qualité équivalente. Mais peut-être les choses sont-elles en train de changer...

Il est aisé d'affirmer que, dans notre monde pressé, la nouvelle est une lecture d'une bonne « distance ». Un bref trajet en métro, un repas sur le pouce dans un « fast-food », quelques dizaines de minutes le soir avant de s'endormir, et la nouvelle est une compagne parfaite : elle va droit au but, elle passionne d'emblée quand elle est réussie, et son déroulement s'accom-

mode bien d'une certaine impatience caractéristique de notre fin de vingtième siècle.

Il y a bien d'autres arguments à utiliser en faveur de la nouvelle. Le choix effectué ici à travers presque huit siècles de littérature française a tout pour les développer.

Les trente textes de cette anthologie ont été choisis non par goût personnel, mais dans une sorte de consensus historique établi par les lecteurs et les critiques de la littérature française.

S'agit-il donc d'un choix « objectif » ? Ne rêvons quand même pas trop : il est bien entendu possible d'opposer trente autres « meilleures » nouvelles, et dire que le compilateur n'a aucune responsabilité dans la sélection qu'il signe relèverait de l'inconscience ou du mensonge. Evidemment, tout un passé de lectures et de chocs esthétiques détermine partiellement le contenu de cet ouvrage.

Il n'empêche que le jugement collectif a joué le plus grand rôle, et que cela a probablement permis d'éviter les fautes de goût dont aurait été victime un juge unique.

L'autre conséquence de cette manière de procéder est que la palette est extrêmement variée. Seul le fait d'avoir pratiqué le récit court réunit ici des auteurs comme Rutebeuf, La Fontaine, Voltaire, Flaubert — cités au hasard parmi tous les autres. Il paraît donc évident que cette anthologie, telle qu'elle a été voulue — et peut-être réussie —, devrait retenir l'attention de tous les lecteurs par l'un ou l'autre de ses aspects, et par son ensemble celle de tous les lecteurs curieux.

On doit cependant, avant de laisser ces lecteurs explorer par eux-mêmes les allées spacieuses et les chemins creux de la nouvelle, préciser les limites de l'entreprise, afin qu'il n'y ait pas trop de mauvaises *surprises.*

D'abord, il a fallu tenir compte du volume dont nous disposions, et qui n'était pas extensible à l'infini. Pour cette raison, certaines nouvelles très longues ont dû être écartées au profit d'autres, plus brèves. Or les nouvelles d'une certaine ampleur sont souvent les plus connues : l'auteur a pu y donner toute la mesure de son talent sans compter l'espace. Le pari à relever était d'autant plus séduisant : montrer que la caractéristique principale de la nouvelle, qui est précisément sa brièveté, n'interdit pas la qualité, au contraire. A cela du moins, nous avons l'impression d'être parvenus. Cela conduit à ne pas prendre comme critère le nombre de pages réservé à un écrivain pour conclure à l'importance relative que nous lui accordons. Nous n'oserions pas affirmer que Flaubert, dont La légende de saint Julien l'Hospitalier *est le texte le plus long de cette anthologie, est un nouvelliste plus important que Maupassant, dont* La Ficelle *est quatre fois plus brève.*

Ensuite nous avons dû nous limiter dans le temps, et nous arrêter, en gros, à la charnière du 19ème et du 20ème siècle. Cette limite, imposée par les faits plutôt que véritablement choisie, est cependant heureuse : elle fait se clore l'anthologie sur les noms de Proust et d'Apollinaire. Ces deux grandes figures qui apportèrent tant, l'un au roman, l'autre à la poésie, se trouvent ainsi placées côte à côte dans un genre situé, peut-être, à mi-chemin de ceux qu'ils pratiquèrent le mieux.

Enfin, nous nous en voudrions de ne pas inciter ceux qui seront séduits par la nouvelle à la lecture des écrivains d'aujourd'hui qui maîtrisent parfaitement le récit bref. Ils sont nombreux, et il est impossible de les citer tous. Pour ouvrir quelques pistes, voici quand

*même des noms : Daniel Boulanger en tête, bien sûr,
ainsi que Roger Grenier, Antoine Blondin, Michel
Tournier, Alain Gerber, Maurice Pons, Marguerite
Yourcenar,... sans oublier ceux qui, disparus, ont
laissé des recueils éblouissants : Valéry Larbaud, Jules
Supervielle, Marcel Jouhandeau, Paul Morand, Marcel
Aymé, Michel de Ghelderode, Stéphanie Corinna
Bille, Albert Camus, Boris Vian...*

Pierre MAURY.

Estula,

ou

Des deux frères pauvres

Deux frères étaient restés orphelins d'assez bonne heure, mais ils avaient en outre une terrible maladie, c'était la pauvreté. Pour moi je n'en connais point d'aussi difficile à guérir et qui tienne aussi longtemps. Pendant plusieurs années les deux frères eurent à souffrir ce qui l'accompagne ordinairement, le froid, la soif et la faim. Leur misère enfin devint si pressante que, manquant même de pain, il leur fallut songer aux expédients.

Près d'eux habitait un homme riche, qui avait des choux dans son courtil et des moutons dans son étable. Nécessité qui force maint homme au crime leur inspira le dessein de le voler. Ils partirent donc à l'entrée de la nuit avec chacun un sac; et allèrent, l'un forcer la serrure de l'étable pour enlever un mouton, l'autre dans le jardin couper des choux. On n'était pas encore couché chez le bourgeois. Il entendit du bruit.

— Il y a là quelque chose, dit-il à son fils; va voir ce que c'est, et appelle le chien. Est-ce qu'il ne serait pas dans la cour ?

— L'enfant sortit et se mit à crier : *Estula*; c'était le nom du chien. Le voleur qui crochetait la porte crut

que son frère lui demandait s'il était là, et il répondit :
oui, me voilà ! mais de l'autre côté l'enfant s'imagi-
nant avoir entendu le chien parler, rentra dans la maison tout effrayé…

— Sire, Sire !

— Eh bien ! quoi ? Qu'est-ce qu'il y a ?

— Ah ! sire, le chien qui parle !

— Le chien qui parle !

— Oui vraiment, c'est bien sûr, je l'ai entendu : et
si vous ne me croyez pas, venez-y vous-même.

Le père alla voir. Il appela de même le chien par son
nom; et le voleur, toujours persuadé que c'était son
frère qui avait besoin de lui apparemment pour l'aider
à charger, répondit : « Un moment, j'ai bientôt fait,
j'y vais. »

Si le prud'homme fut effrayé à son tour, je vous le
laisse à penser. Il soupçonna dans tout ceci de la sor-
cellerie, et envoya aussitôt son fils chez le curé, le prier
de venir avec son étole et de l'eau bénite. Le prêtre
vêtit à la hâte son surplis, et suivit l'enfant. Pour arriver plus vite, ils prirent par le courtil où était le cou-
peur de choux. Celui-ci entendant marcher, et croyant
que son frère revenait le prendre, lui cria :

— As-tu trouvé ?

— Oui, répondit l'enfant qui s'imaginait parler à
son père.

— Eh bien ! amène, reprit l'autre, j'ai un bon couteau, nous le tuerons tout de suite, de peur qu'il ne
crie.

A ces paroles, jugez de l'effroi du curé. Il se crut
trahi; il jeta par terre son eau bénite et se sauva, abandonnant même son surplis qu'en fuyant il accrocha
par hasard à un buisson. L'homme aux choux, qui
dans l'obscurité aperçut quelque chose de blanc, vint

voir ce que c'était, et trouva le surplis dont il s'empara. Il y avait longtemps qu'il avait rempli son sac et qu'il n'attendait plus que son frère pour partir. Celui-ci vint enfin le rejoindre avec un mouton, et ils retournèrent chez eux où l'aventure du surplis les divertit fort. Depuis plusieurs mois il ne leur était pas arrivé de rire, mais ce jour-là ils s'en dédommagèrent bien.

Cortebarbe

Les Trois Aveugles de Compiègne

Les fabliaux amusent, on les écoute avec plaisir, et pendant ce temps on oublie ses maux et ses chagrins. J'ose me flatter de cet avantage pour celui de Cortebarbe, et j'espère, messieurs, qu'il méritera que vous le reteniez.

Trois aveugles allaient de Compiègne quêter dans le voisinage. Ils suivaient le chemin de Senlis, et marchaient à grands pas, chacun une tasse et un bâton à la main. Un jeune ecclésiastique fort bien monté, qui se rendait à Compiègne suivi d'un écuyer à cheval, et qui venait de Paris où il avait appris autant de mal que de bien, fut frappé de loin de leur pas ferme et allongé.

« Ces drôles-là, se dit-il à lui-même, pour des gens qui ne voient goutte, ont une marche bien assurée. Je veux savoir s'ils trompent, et les attraper. »

En effet, dès qu'il fut arrivé près d'eux, et que les aveugles, au bruit des chevaux, se furent rangés de côté pour lui demander l'aumône, il les appela, et faisant semblant de leur donner quelque chose, mais ne leur donnant réellement rien :

— Tenez, leur dit-il, voici un besant; vous aurez soin de le partager, c'est pour vous trois.

— Oui, mon noble seigneur, répondirent les aveugles, et que Dieu en récompense vous donne son saint paradis.

Quoique aucun d'eux n'eût le besant, chacun cependant crut de bonne foi que c'était son camarade qui l'avait reçu. Ainsi, après beaucoup de remerciements et de souhaits pour le cavalier, ils se remirent en route, bien joyeux, ralentissant néanmoins beaucoup leur pas.

Le clerc, de son côté, feignit aussi de continuer la sienne. Mais à quelque distance il mit pied à terre, donna son cheval à son écuyer, en lui ordonnant d'aller l'attendre à la porte de Compiègne; puis il se rapprocha sans bruit des aveugles, et les suivit pour voir ce que deviendrait cette aventure.

Quand ils n'entendirent plus le bruit des chevaux, le chef de la petite troupe s'arrêta :

— Camarades, dit-il, nous avons fait là une bonne journée; je suis d'avis de nous y tenir et de retourner à Compiègne manger le besant de ce brave chrétien. Il y a longtemps que nous ne nous sommes divertis : voici aujourd'hui de quoi faire bombance; donnons-nous du plaisir.

La proposition fut reçue avec de grands éloges, et nos trois mendiants aussitôt, toujours suivis du clerc, retournèrent sur leurs pas.

Arrivés dans la ville, ils entendirent crier : *Excellent vin, vin de Soissons, vin d'Auxerre, poisson, bonne chère et à tout prix : entrez, messieurs.* Ils ne voulurent pas aller plus loin; ils entrèrent; et après avoir prévenu qu'on n'appréciât pas leurs facultés sur leurs habits, du ton de l'homme qui porte dans sa bourse le droit de commander, ils crièrent qu'on les servît bien et promptement. Nicole, c'était le nom de l'hôtelier, accoutumé à voir des gens de cette espèce faire quelquefois dans une partie de plaisir plus de dépense que d'autres en apparence bien plus aisés, les reçut avec respect. Il les conduisit dans sa belle salle, les pria de s'asseoir et d'ordonner, assurant qu'il était en état de leur procurer tout ce qu'il y avait de meilleur dans Compiègne, et de le leur apprêter de manière qu'ils seraient contents. Ils demandèrent qu'on leur fît faire grande chère, et aussitôt maître, valet, servante, tout le monde dans la maison se mit à l'œuvre. Un voisin même fut prié de venir aider. Enfin, à force de mains et de secours, on parvint à leur servir un dîner composé de cinq plats; et voilà nos trois mendiants à table, riant, chantant, buvant à la santé l'un de l'autre, et faisant de grosses plaisanteries sur le cavalier qui leur procurait tout cela.

Celui-ci les avait suivis à l'auberge avec son écuyer, et il était là qui écoutait leurs joyeux propos. Il voulut même, afin de ne rien perdre de cette scène divertissante, dîner et souper modestement avec l'hôte. Les aveugles, pendant ce temps, occupaient la salle d'honneur, où ils se faisaient servir comme des chevaliers. La joie ainsi fut poussée jusque bien avant dans la nuit : et, pour terminer dignement une si belle journée, ils demandèrent chacun un lit et se couchèrent.

Le lendemain matin l'hôte, qui voulait se débarrasser d'eux, les envoya réveiller par son valet. Quand ils furent descendus, il fit le compte de leur dépense, et demanda dix sous : c'était là le moment que le malicieux clerc attendait. Afin d'en jouir à son aise, il vint se placer dans un coin, sans néanmoins vouloir se montrer de peur de gêner par sa présence.

— Sire, dirent à l'hôte les aveugles, nous avons un besant, rendez-nous notre reste.

— Celui-ci tend la main pour le recevoir : et comme personne ne le lui donne, il demande qui l'a des trois. Aucun d'eux ne répond d'abord; il les interroge, et chacun dit ce n'est pas moi : alors il se fâche.

— Çà, messieurs les truands, croyez-vous que je suis ici pour vous servir de risée ? Ayez un peu la bonté de finir, s'il vous plaît, et de me payer tout à l'heure mes dix sous, ou sinon je vous étrille.

Ils recommencent donc à se demander l'un à l'autre le besant; ils se traitent mutuellement de fripons, finissent par se quereller et font un tel vacarme, que l'hôte furieux, leur distribuant à chacun quelques paires de soufflets, crie à son valet de descendre avec deux bâtons.

Le clerc, pendant ce débat, riait dans son coin à se pâmer. Cependant, quand il vit que l'affaire devenait sérieuse, et qu'on parlait de bâton, il se montra, et d'un air étonné vint demander ce qui causait un pareil tapage.

— Sire, ce sont ces trois marauds qui sont venus hier ici pour manger mon bien : et aujourd'hui que je leur demande ce qui m'est dû, ils ont l'insolence de me bafouer. Mais, de par tous les diables, il n'en sera pas ainsi, et avant qu'ils sortent...

— Doucement, doucement, sire Nicole, reprit le clerc, les bonnes gens n'ont peut-être pas de quoi payer, et dans ce cas vous devriez moins les blâmer que les plaindre. A combien se monte leur dépense ?

— A dix sous.

— Quoi ! c'est pour une pareille misère que vous faites tant de bruit ! Eh bien ! apaisez-vous, j'en fais mon affaire. Et pour ce qui me regarde, moi, combien vous dois-je ?

— Cinq sous, beau sire.

— Cela suffit, ce sera quinze sous que je vous paierai; laissez sortir ces malheureux, et sachez qu'affliger les pauvres c'est un grand péché.

Les aveugles, qui craignaient la bastonnade, se sauvèrent bien vite, sans se faire prier; et Nicole, d'un autre côté, qui s'attendait à perdre ses dix sous, enchanté de trouver quelqu'un pour les lui payer, se répandit en grands éloges sur la générosité du clerc.

— L'honnête homme ! disait-il; voilà comme il nous faudrait des prêtres, et alors nous les respecterions. Mais malheureusement il s'en faut bien que tous lui ressemblent. Oui, sire, une si belle charité ne restera pas sans récompense : vous prospérerez, c'est moi qui vous l'annonce, et à coup sûr Dieu vous bénira.

Tout ce que venait de dire l'hypocrite voyageur n'était qu'une nouvelle malice de sa part; et tout en leurrant l'hôtelier par cette ostentation de générosité, il ne songeait qu'à lui jouer un tour, comme il en avait déjà joué un aux aveugles.

Dans ce moment sonnait une messe à la paroisse. Il demanda qui allait la dire, on lui répondit que c'était le curé.

— Puisque c'est votre pasteur, sire Nicole, continua-t-il, vous le connaissez sans doute ?

— Oui, sire.

— Et s'il voulait se charger des quinze sous que je vous dois, ne m'en tiendriez-vous pas quitte ?

— Assurément, et de trente livres même, si vous me les deviez.

— Eh bien ! suivez-moi à l'église, et allons lui parler.

Ils sortirent ensemble; mais auparavant le clerc

commanda à son valet de seller les chevaux et de les
tenir tout prêts.

Le prêtre, quand ils entrèrent, était déjà revêtu des
ornements sacerdotaux, et il allait chanter sa messe :
c'était un dimanche.

— Ceci va être fort long, dit le voyageur à son hôte;
je n'ai pas le temps d'attendre, il faut que je parte.
Laissez-moi aller le prévenir avant qu'il commence. Il
vous suffit, n'est-ce pas, que vous ayez sa parole ?

D'après l'aveu de Nicole, il s'approche du curé, et
tirant douze deniers qu'il lui glisse adroitement dans
la main :

— Sire, dit-il, vous me pardonnerez de venir si près
de l'autel pour vous parler; mais entre gens du même
état tout s'excuse. Je suis un voyageur qui passe par
votre ville. J'ai logé cette nuit chez un de vos paroissiens, que très probablement vous connaissez, et que
voici là derrière, assez près de nous. C'est un bon
homme, fort honnête et sans la moindre malice; mais
son cerveau est malheureusement un peu faible, et il
lui a pris hier au soir un accès de folie qui nous a tous
empêchés de dormir. Il se trouve un peu mieux ce
matin, grâce au ciel; cependant, comme il se sent
encore un peu de mal à la tête et qu'il est plein de religion, il a voulu qu'on le conduisît à l'église et qu'on
vous priât de lui dire un évangile, afin que Notre-
Seigneur achève de lui rendre la santé.

— Très volontiers, répondit le curé.

Alors se tournant vers son paroissien :

— Mon ami, lui dit-il, attendez que j'aie fini ma
messe, je vous satisferai ensuite sur ce que vous désirez.

Nicole, qui crut trouver dans cette réponse la promesse qu'il venait chercher, n'en demanda pas davantage; il reconduisit le clerc jusqu'à l'auberge, lui sou-

haita un bon voyage, et retourna à l'église attendre que son curé le payât.

Celui-ci, sa messe dite, revint avec son étole et son livre vers l'hôtelier :

— Mon ami, lui dit-il, mettez-vous à genoux.

L'autre, fort étonné de ce préambule, répondit que pour recevoir quinze sous il n'avait pas besoin de cette cérémonie.

— Vraiment on a eu raison, se dit le pasteur à lui-même, cet homme a un grain de folie.

Puis prenant un ton de douceur :

— Allons, mon cher ami, reprit-il, ayez confiance en Dieu, et recommandez-vous à lui, il aura pitié de votre état; et en même temps il lui met son livre sur la tête et commence son évangile. Nicole en colère jette tout au loin; il répète qu'on l'attend chez lui, qu'il lui faut quinze sous, et qu'il n'a que faire d'oré-mus. Le prêtre irrité appelle ses paroissiens et leur dit de saisir cet homme qui est fou.

— Non, non, je ne le suis point, et par saint Corneille (patron d'une abbaye de Compiègne) vous ne me jouerez pas ainsi : vous avez promis de me payer et je ne sortirai d'ici que quand j'aurai mon argent.

— Prenez, prenez, criait le prêtre.

On saisit aussitôt le pauvre diable : les uns lui tiennent les mains, les autres les jambes, celui-ci le serre par le milieu du corps, celui-là l'exhorte à la douceur. Il fait des efforts terribles pour leur échapper, il jure comme un possédé, il écume de rage, mais il a beau faire, le curé lui met l'étole autour du cou et lit tranquillement son évangile depuis un bout jusqu'à l'autre, sans lui faire grâce d'un seul mot. Après cela il l'asperge copieusement d'eau bénite, lui donne quelques bénédictions, et permet qu'on le lâche.

Le malheureux vit bien qu'il avait été dupé. Il se

retira chez lui, honteux et honni, ayant perdu ses quinze sous; mais en récompense il avait eu un évangile et des bénédictions.

Garin

Du curé qui mangea des mûres

Dussiez-vous prendre de l'humeur et vous fâcher, vous n'échapperez pas; et, sans obtenir ni terme ni répit, il faudra que vous écoutiez cette histoire de Garin sur un certain curé qui allait au marché.

Afin d'arriver de bonne heure, le pasteur avait fait seller sa jument de grand matin, et même, pour ne point perdre de temps, il avait remis à dire en route ses patenôtres. Déjà il n'était plus qu'à une légère distance de la ville; mais par hasard il aperçut, un peu à l'écart du chemin, un mûrier garni de mûres bien appétissantes et bien noires, et il ne put résister à l'envie d'en manger.

La chose n'était pas aisée. Le mûrier se trouvait embarrassé tout autour par beaucoup de ronces et d'épines. D'ailleurs, les branches étaient trop hautes pour pouvoir y atteindre. Le prêtre fit donc avancer sa jument dans les broussailles; il monta sur la selle, et, d'une main se tenant aux branches, de l'autre il cueillit des mûres qu'il trouva délicieuses. L'animal ne remuait non plus qu'un rocher, et son maître, qui pendant ce temps mangeait toujours, admirait sa tranquillité.

Cela lui fit faire une réflexion.

— Parbleu, dit-il, celui qui dans ce moment viendrait dire *hue* m'attraperait bien.

Or, tout en faisant sa remarque, il prononça le mot d'un ton si haut que la bête à l'instant partit comme un trait, et jeta mon homme au milieu des ronces. Il y demeura pris et étendu sans pouvoir se débarrasser. Le pis de l'aventure, c'est que fort mal à l'aise sur ce lit, comme vous pouvez l'imaginer, piqué partout, déchiré, et tout en sang, il lui fallut pourtant passer là le jour et toute la nuit.

La jument était revenue chez son maître. La selle tournée, la bride traînante, firent soupçonner qu'il était tombé; on le crut mort. *Sa femme* alors de se pâmer, les domestiques de jeter les hauts cris, et tout le monde de courir sur la route pour le retrouver. Le reste de la journée et la nuit entière furent employés à cette quête. Au point du jour enfin, à force de chercher, un valet s'approcha du mûrier. Le prêtre, entendant du bruit, appela aussitôt à son secours.

— Au nom de Dieu, dit-il, sauvez-moi la vie.

Le valet reconnut la voix de son maître, et, surpris de le voir là, il lui demanda par quel hasard il s'y trouvait.

— Par ma gourmandise et mon étourderie, répondit le curé; mais tâche de m'en tirer.

On y réussit, quoique avec bien de la peine, et on le ramena chez lui, où il fallut le mettre au lit, tout égratigné et à demi-mort.

Le vilain Mire

Jadis fut un vilain qui, à force d'avarice et de travail, avait amassé quelque bien. Outre du blé et du vin en abondance, outre de bon argent, il avait encore dans son écurie quatre chevaux et huit bœufs. Malgré cette fortune cependant il ne songeait point à se marier. Ses amis et ses voisins lui faisaient souvent des reproches; il s'excusait en disant que, s'il rencontrait une bonne femme, il la prendrait. Eux se chargèrent de lui choisir la meilleure au moins qu'on pourrait trouver, et en conséquence ils firent quelques recherches.

A quelques lieues de là vivait retiré un vieux chevalier veuf et fort pauvre, qui avait une fille très bien élevée et d'une figure charmante. La demoiselle était en âge d'être mariée; mais comme le père n'avait rien à lui donner, personne ne songeait à elle. Enfin les amis du vilain étant venus en son nom en faire la demande, elle lui fut accordée; et la pucelle, qui était sage et qui n'osait désobliger son père, se vit, malgré sa répugnance, obligée d'obéir. Le vilain, enchanté de cette alliance, se pressa bien vite de conclure et fit ses noces à la hâte.

Mais elles ne furent pas plutôt faites, que des réflexions chagrinantes survinrent, et qu'il s'aperçut que, dans sa profession, rien ne lui convenait moins qu'une fille de chevalier. Pendant qu'il sera au-dehors occupé à sa charrue ou à quelque autre travail, que deviendra sa femme, élevée à ne rien faire, et dont l'état est de rester au logis ? Le curé, pour qui tous les jours de la semaine sont dimanches, ne manquera pas alors de s'empresser de lui tenir compagnie : il y viendra aujourd'hui, il y reviendra demain; puis gare à l'honneur du sot mari. Comment donc faire quand il n'y a plus de remède ?

Si le matin, avant de partir je la battais, se dit-il à lui-même, elle pleurerait tout le reste du jour, et il est sûr que pendant qu'elle pleurerait elle ne songerait point à écouter les galants. Le soir en rentrant j'en serais quitte pour lui demander pardon, et je sais bien comment il faut s'y prendre pour l'obtenir.

Rempli de cette belle idée, il demande à dîner. Après le repas, il s'approche de la dame, et de sa rude et lourde main lui applique sur la joue un tel soufflet, que la marque de ses cinq doigts y reste imprimée. Ce n'est pas tout : comme si elle lui eût essentiellement manqué, il redouble de quelques autres coups, et sort ensuite pour aller aux champs. La pauvrette se met à pleurer et se désole.

— Mon père, pourquoi m'avez-vous sacrifiée à ce vilain ? N'avions-nous donc pas encore du pain à manger ? Et moi, pourquoi ai-je été assez aveugle pour consentir à ce mariage ! Ah ! ma pauvre mère, si je ne vous avais pas perdue, je ne serais pas malheureuse. Que vais-je devenir ?

Elle était si affligée, qu'elle ne voulut écouter ni recevoir de consolation de personne, et qu'elle passa tout le jour à pleurer, comme l'avait prévu le mari.

Le soir, quand il rentra, son premier soin fut de chercher à l'apaiser. C'était le diable qui l'avait tenté, disait-il. Il jura de ne jamais porter la main sur elle, se jeta à ses pieds et lui demanda pardon d'un air si pénétré, que la dame promit d'oublier tout. Ils soupèrent de la meilleure amitié et firent la paix. Mais le vilain, qui avait vu son stratagème réussir, s'était proposé de l'employer encore. Le lendemain donc, à son lever, cherchant querelle à sa femme, il la frappa de nouveau et la quitta comme la veille. Elle se crut pour le coup condamnée sans espoir à être malheureuse et s'abandonna aux larmes.

Tandis qu'elle se désespérait entrèrent chez elle deux messagers du roi, montés sur des chevaux blancs. Ils la saluèrent au nom du monarque, et lui demandèrent un morceau à manger : ils mouraient de faim. Elle leur apprêta aussitôt ce qu'elle avait, et pendant le repas, les pria de lui dire où ils allaient ainsi.

— Nous ne savons trop, répondirent-ils; mais nous cherchons quelque physicien (médecin) habile, et nous passerons s'il le faut jusqu'en Angleterre. Demoiselle Ade, la fille du roi, est malade. Il y a huit jours qu'en mangeant du poisson, une arête lui est restée dans le gosier. Tout ce qu'on a imaginé depuis ce temps pour l'en délivrer a été sans succès. Elle ne peut ni manger ni dormir et souffre des douleurs incroyables. Le roi qui se désespère nous a dépêchés pour lui amener quelqu'un capable de guérir sa fille : s'il la perd il en mourra.

— N'allez pas plus loin, reprit la dame, j'ai l'homme qu'il vous faut, grand physicien et *plus expert en urines qu'Hippocrate.*

— Oh! ciel! se pourrait-il! et ne nous trompez-vous pas ?

— Non, je vous dis la pure vérité. Mais le médecin dont je vous parle est un fantasque, qui a particulièrement le travers de ne vouloir point exercer son talent;

et je vous préviens que si vous ne le battez fortement vous n'en tirerez aucun parti.

— Oh ! s'il ne s'agit que de battre nous battrons, il est en bonnes mains : dites-nous seulement où il demeure.

La dame alors leur enseigna le champ où labourait son mari, et leur recommanda surtout de ne point oublier le point important dont elle les avait prévenus. Ils la remercièrent, s'armèrent chacun d'un bâton, et piquant vers le vilain, le saluèrent de la part du roi, et le prièrent de les suivre.

— Pourquoi faire ? dit-il.

— Pour guérir sa fille. Nous savons quelle est votre science, et nous venons exprès vous chercher en son nom.

Le manant répondit qu'il savait labourer, et que si le roi avait besoin de ses services en ce genre il les lui offrait, mais pour la médecine il protesta sur sa conscience qu'il n'y entendait absolument rien.

— Je vois bien, dit l'un des cavaliers à son camarade, que nous ne réussirons point avec des compliments et qu'il veut être battu.

Aussitôt ils mirent tous deux pied à terre et frappèrent sur lui à qui mieux mieux. D'abord il voulut leur représenter l'injustice de leur procédé; mais comme il n'était pas le plus fort, il lui fallut filer doux, et, en demandant grâce bien humblement, promettre d'obéir en tout ce qu'ils exigeraient. On lui fit donc monter une des juments de sa charrue, et on le conduisit ainsi au roi.

Le monarque était dans la plus grande inquiétude sur l'état de sa fille. Le retour des deux messagers lui rendit l'espérance, et il les fit entrer aussitôt pour savoir quel était le succès de leurs recherches. Ceux-ci, après beaucoup d'éloges de l'homme merveilleux et bizarre qu'ils amenaient, racontèrent leur aventure.

— Je n'ai jamais vu de médecin comme celui-là, dit le prince; mais, au reste, puisqu'il aime le bâton et qu'il faut cela pour guérir ma fille, soit, qu'on le bâtonne.

Il ordonna dans l'instant qu'on descendît la princesse; et, faisant approcher le vilain :

— Maître, lui dit-il, voici celle qu'il faut guérir.

Le pauvre diable se jeta à ses genoux en criant merci, et jura par tous les saints du paradis qu'il ne savait pas un mot, pas un seul mot de *physique*. Pour toute réponse, le monarque fit un signe, et à l'instant deux grands sergents qui étaient là tout prêts, armés de bâtons, firent pleuvoir sur ses épaules une grêle de coups.

— Grâce, grâce, s'écria-t-il, je la guérirai, sire, je la guérirai.

La pucelle était devant lui pâle et mourante, et, la bouche ouverte, elle lui montrait du doigt le siège et la cause du mal. Il songeait en lui-même comment il pourrait s'y prendre pour opérer cette cure, car il voyait bien qu'il n'y avait plus à reculer et qu'il fallait en venir à bout ou périr sous le bâton.

« Le mal n'est que dans le gosier, se disait-il : si je pouvais réussir à la faire rire, peut-être l'arête sortirait-elle. »

Cette idée lui parut avoir quelque vraisemblance : il demanda donc au monarque qu'on allumât un grand feu dans la salle, et qu'on le laissât un instant seul avec la princesse.

Tout le monde retiré, il la fait asseoir, se déshabille, s'étend le long du feu, et de ses ongles noirs et crochus commence à se gratter et à s'étriller la peau avec des contorsions et des grimaces si plaisantes, que la pucelle, malgré sa douleur, n'y peut tenir. Elle part tout à coup d'un éclat de rire, et de l'effort qu'elle fait l'arête lui vole hors de la bouche. Il la ramasse, court à la porte :

— Sire, la voici, la voici.

— Vous me rendez la vie, s'écria le monarque transporté; et il promit de lui donner en récompense des habits et des robes.

Le vilain le remercia. Il ne demandait que la permission de s'en retourner, et prétendit avoir beaucoup à faire dans son ménage. En vain le roi lui proposa de devenir son ami et son maître (son médecin), il répondit toujours qu'il était pressé, qu'il n'y avait point de pain chez lui quand il était parti, et qu'il lui fallait absolument porter du blé au moulin.

Mais lorsqu'à un nouveau signal du prince les deux sergents recommencèrent à jouer du bâton, lorqu'il sentit les coups, il cria miséricorde, et promit de rester non seulement un jour, mais toute sa vie si l'on voulait. On le conduisit alors dans une chambre voisine où, après lui avoir ôté ses haillons, après l'avoir tondu et rasé, on le revêtit d'une belle robe d'écarlate. Il ne s'occupait, pendant tout ce temps, que des moyens de s'échapper, et comptait que, ne pouvant toujours être gardé à vue, il en trouverait bientôt l'occasion.

Cependant la guérison qu'il venait d'opérer avait fait du bruit. A cette nouvelle, plus de quatre-vingts malades de la ville, dans l'espérance du même succès pour eux, étaient venus au château le consulter, et ils avaient prié le monarque de lui dire un mot en leur faveur. Le roi le fit appeler :

— Maître, lui dit-il, je vous recommande ces gens-là, guérissez-les tout de suite, et que je les renvoie chez eux.

— Sire, répondit le vilain, à moins que Dieu ne s'en charge avec moi, cela ne m'est pas possible, il y en a trop.

— Qu'on fasse venir les deux sergents, reprit le prince.

A l'approche des exécuteurs, le malheureux, tremblant de tous ses membres, demanda de nouveau pardon, et promit de guérir tout le monde, jusqu'à la dernière servante.

Il pria donc le roi de vouloir bien encore une fois sortir de la salle, ainsi que tout ceux qui se portaient bien. Restés avec les seuls malades, il les arrangea tous autour de la cheminée, dans laquelle il fit faire un feu d'enfer, et leur parla ainsi :

— Mes amis, ce n'est pas une petite besogne que de rendre la santé à tant de monde, et surtout aussi promptement que vous le désirez. Je ne sais qu'un moyen, c'est de choisir le plus malade d'entre vous, de le jeter dans le feu, et quand il sera consumé, de prendre ses cendres pour les faire avaler aux autres. Le remède est violent, j'en conviens, mais il est sûr, et je réponds après cela de votre guérison sur ma tête.

A ces mots ils se regardèrent les uns les autres, comme pour examiner leur état respectif. Mais dans toute la bande il n'y avait personne étique ou enflé qui, pour la Normandie entière, eût voulu convenir alors que sa maladie était grave.

Le guérisseur s'adressant au premier du cercle :

— Tu me parais pâle et faible, lui dit-il; je crois que c'est toi qui est le plus mal.

— Moi, sire ! point du tout, répondit l'autre; je me sens beaucoup soulagé dans ce moment, et ne me suis jamais si bien porté.

— Comment, coquin, tu te portes bien ! eh ! que fais-tu donc ici ?

Et mon homme aussitôt d'ouvrir la porte et de se sauver. Le roi était en dehors, attendant l'événement, et prêt à faire bâtonner le vilain, s'il fallait encore en venir là. Il voit sortir un malade :

— Es-tu guéri, lui dit-il ?

— Oui, sire.

L'instant d'après, un second paraît :

— Et toi ?

— Je le suis aussi.

— Enfin, que vous dirais-je ? Il n'y eut personne jeune ou vieux, femme ou pucelle, qui voulût consentir à faire des cendres, et tous sortirent se prétendant guéris.

Le prince, enchanté, rentra dans la salle pour féliciter le médecin. Il ne pouvait assez admirer comment, en aussi peu de temps, il avait pu opérer tant de miracles.

— Sire, répondit le vilain, je possède un charme d'une vertu sans pareille, et c'est avec cela que je guéris.

Le monarque le combla de présents; il lui donna de l'argent et des chevaux, l'assura de son amitié, et lui permit de retourner auprès de sa femme, à condition cependant que quand on aurait besoin de son secours, il viendrait sans se faire bâtonner. Le manant prit ainsi congé du roi. Il n'eut plus besoin de labourer, ne battit plus sa femme, l'aima et en fut aimé; mais, par le tour qu'elle lui joua, elle le rendit médecin sans le savoir.

Jean Bodel

Brunain la vache au prêtre

J'ai ouï conter l'aventure d'un vilain qui, un jour de Notre-Dame, était allé avec sa femme à l'église. Avant de commencer l'office, le curé, nommé dom Constant, fit un prône dans lequel il exhorta beaucoup à la charité, avançant, entre autres choses, qu'il faisait bon donner pour Dieu, parce qu'il se piquait de reconnaissance et rendait au double.

Ce raisonnement frappa le vilain.

— Sœur, dit-il à sa femme quand on fut sorti de l'église, as-tu bien réfléchi à ce que vient de dire notre prêtre ? Puisque Dieu paie de si bons intérêts, je suis d'avis de donner, pour l'amour de lui, Blerain notre vache : aussi bien ne rend-elle pas grand lait : qu'en penses-tu ?

— Si c'est pour avoir mieux, répondit la femme, tu feras bien.

En conséquence le villageois alla délier Blerain, et la conduisit chez le curé, qu'il pria les mains jointes de l'accepter.

— C'est la seule que j'aie, dit-il, je vous l'offre au nom de Dieu; et en même temps il lui mit en main le lien de l'animal. Constant loua beaucoup l'action de son paroissien, et il souhaita que son prône eût opéré également sur le cœur des autres.

Quand le vilain fut parti, le pasteur ordonna à son clerc de mener au courtil la nouvelle vache, et de la lier par les cornes avec Brunain la sienne, afin qu'elles pussent s'accoutumer ensemble. Le clerc obéit et s'en revint. Brunain continua paisiblement de paître ; mais la nouvelle venue, que cette association apparemment ou le lieu peut-être effarouchaient, se mit à tirer de côté pour s'enfuir. A force de secousses, elle entraîna l'autre hors du courtil ; et de pré en pré, de chenevière en chenevière, toujours tirant, elle la mena ainsi jusqu'à la porte de son étable. Le vilain, qui les vit arriver toutes deux, appela sa femme pour être témoin de ce miracle. Ils se félicitèrent alors d'avoir donné leur vache, et trouvèrent que le curé avait eu raison de dire que Dieu rendait au double. Néanmoins, comme leur étable était trop petite pour deux bêtes, ils résolurent de se défaire, sans plus attendre, de la nouvelle, et le vilain alla la vendre tout aussitôt.

Rutebeuf

Le Testament de l'âne

Un curé avait depuis vingt ans un âne à son service. L'animal, après avoir bien travaillé, bien gagné de l'argent à son maître, mourut enfin de vieillesse; et le prêtre, par une espèce de reconnaissance, ne voulant pas souffrir qu'on l'écorchât, l'inhuma dans son cimetière. La chose fut rapportée à l'évêque. C'était un homme qui aimait la bonne chère, et par conséquent grand dépensier. «Tant mieux, répondit-il, quand on lui annonça la nouvelle, nous en aurons une amende; vite, qu'on me fasse venir cet ennemi de Dieu.»

Le curé comparut.

— Approchez, lui dit-il, païen! renégat! C'est donc vous qui, pour faire honte à Sainte Église, avez eu la scélératesse d'inhumer un âne parmi des chrétiens? Qui jamais ouït parler d'abomination pareille! Dieu me damne, je vais ordonner les informations les plus exactes; et si vous êtes convaincu du crime, vous pouvez vous attendre à pourrir dans une prison.

— Beau doux sire, répondit le prêtre, discours méchants se laissent aisément rapporter. Pour me disculper à vos yeux, je ne vous demande qu'un jour de délai seulement.

Il savait bien ce qu'il faisait, le drôle, en demandant ce terme; et d'avance il était bien sûr de se voir renvoyé absous.

Le lendemain, avant de sortir de chez lui, il prit vingt livres qu'il mit dans sa ceinture, et vint se présenter devant l'évêque, qui lui demanda s'il apportait de bonnes raisons.

— Oui, sire, et telles que je n'aurai pas besoin de vous demander le champ clos pour défier au combat mes adversaires. Daignez m'écouter un moment; et si vous me trouvez coupable, je me soumets à la pénitence. L'âne dont on vous a parlé, sire, m'a servi vingt ans. C'était un animal excellent, bon travailleur et bon économe. Tous les ans il mettait vingt sous de côté pour se préparer une ressource dans sa vieillesse. Enfin, à sa mort, se trouvant avoir amassé vingt livres, il en a disposé par un testament et vous supplie de les accepter, dans l'espérance que vos prières tireront son âme d'enfer.

En même temps le curé leva sa chape et tira de sa ceinture les vingt livres qu'il remit au prélat.

— Que Dieu, répondit celui-ci en tendant la main, pardonne au défunt tous ses péchés, et qu'il lui accorde son saint paradis. *Amen*.

Vous voyez, messieurs, qu'avec de l'argent cet âne fut déclaré chrétien. Rutebeuf conclut de là qu'il n'y a point de mauvais pas dont une ceinture bien garnie ne puisse vous tirer; et il vous exhorte, en pareil cas, à profiter de la recette du curé.

La VIIIᵉ nouvelle

par

Monseigneur de La Roche

En la ville de Bruxelles, où bien des aventures sont
arrivées de notre temps, un jeune compagnon picard
demeurait il y a peu, dans la maison d'un marchand
qu'il servit longtemps très bien et loyalement. Entre
autres services rendus à son maître, il fit tant, par de
belles paroles, son allure et sa courtoisie, qu'il fut
dans les bonnes grâces de la fille, et coucha avec elle.
Et elle devint grosse et enceinte de ses œuvres. Notre
compagnon, voyant sa dame en cet état, ne fut pas
assez fou pour attendre le moment où son maître
pourrait le savoir et l'apercevoir. Aussi il prit bientôt
un congé de quelques jours, sans avoir l'intention de
revenir, en prétextant un voyage en Picardie pour visiter son père, sa mère et certains de ses parents. Quand
il eut dit adieu à son patron et à sa patronne, le triste
sire vint promettre à la fille de revenir bientôt : ce
qu'il ne fit point, et pour cause. Pendant qu'il était
en Picardie, dans la maison de son père, la pauvre fille
de son maître devenait si grosse que son piteux état ne
pouvait plus se cacher. Sa bonne mère, qui s'y connaissait, s'en aperçut la première. Aussi la prit-elle à
part et lui demanda-t-elle, comme on peut bien pen-

ser, à quoi et à qui elle devait cet état. Inutile de dire
qu'elle se fit beaucoup prier et gronder avant de vouloir rien dire et reconnaître. Mais à la fin, elle y fut
amenée, et contrainte d'avouer sa faute, et elle dit
que le valet picard de son père, celui qui était parti,
l'avait séduite et abandonnée dans ce triste état. Sa
mère, en colère, furieuse, et plus bouleversée qu'on
ne pourrait le dire, la voyant ainsi déshonorée, se mit
à la tancer et à lui dire tant d'injures que la patience
qu'elle eut de tout écouter, sans dire un mot, sans
répondre, était suffisante pour effacer le crime qu'elle
avait commis en se laissant engrosser par le Picard.
Mais hélas ! cette patience n'émut pas sa mère jusqu'à
la pitié, et elle lui dit : « Va-t-en, va-t-en, arrière de
moi, trouve le Picard qui t'a engrossée, et dis-lui de
défaire ce qu'il t'a fait. » La pauvre fille, en cet état,
marrie et désolée, quitte sa mère furieuse et cruelle,
pour chercher ce Picard qui l'engrossa. Et croyez bien
qu'avant d'en avoir des nouvelles, elle endura des dif-
ficultés et des problèmes en quantité. Finalement, par
la volonté de Dieu, après maintes étapes en Picardie,
elle arriva un dimanche dans un gros village, au pays
d'Artois. Et elle tomba si bien ce jour-là que son ami
le Picard, qui l'avait engrossée, faisait ses noces, ce
dont elle fut bien joyeuse ! Elle voulait tant obéir à sa
mère qu'elle ne s'inquiétait pas de la foule qui la
poussait, grosse comme elle était. Elle fit tant qu'elle
trouva son ami et le salua. Il la reconnut et, rougissant, lui rendit son salut en disant :

— Soyez la bienvenue ! Qu'est-ce qui vous amène
à cette heure, m'amie ?

— Ma mère, dit-elle, m'envoie vers vous, et Dieu
sait que vous m'avez bien fait tancer. Elle m'a chargé
et commandé de vous dire de défaire ce que vous
m'avez fait ; et si vous ne le faites pas, que jamais je

ne revienne à elle.

L'autre comprend aussitôt la folie et, aussi vite qu'il peut, il se débarrasse d'elle en disant :

— M'amie, je ferai volontiers ce que vous me demandez et que votre mère veut que je fasse, car c'est raisonnable. Mais pour l'instant, vous voyez que je ne peux pas y penser. Je vous en prie donc, prenez patience aujourd'hui, et demain je m'occuperai de vous.

Elle fut contente, et il la fit conduire et s'installer dans une belle chambre, commandant qu'elle soit très bien traitée, car en effet elle en avait bien besoin, à cause des grandes fatigues du voyage. Or vous devez savoir que la mariée n'avait pas les yeux en poche, mais qu'elle les ouvrait grands. Et elle aperçut son mari parler à notre fille grosse, et elle eut la puce à l'oreille, ce qui ne lui fit pas plaisir, mais la mit dans un grand trouble. Elle contint sa colère, sans mot dire, jusqu'à ce que son mari vint se coucher. Quand il voulut la serrer contre lui et l'embrasser, et en outre faire son devoir pour gagner le chaudeau*, elle se tourna de tous les côtés, si bien qu'il ne put parvenir à ses fins, ce dont il fut très surpris et courroucé. Il lui dit :

— M'amie, pourquoi faites-vous ça ?

— J'ai mes raisons, dit-elle, et quelles que soient les manières que vous fassiez, vous ne vous souciez guère de moi : vous en avez bien d'autres, qui comptent plus que moi !

— Pas du tout ! Par ma foi, ma dame, dit-il, je n'aime d'autre femme que vous en ce monde.

— Hélas ! dit-elle, ne vous ai-je pas bien vu, après dîner, tenir une conversation avec une femme dans la

---

* On apportait aux époux, au milieu de la nuit, le *chaudeau*, lait de poule, ou bouillon chaud, ou vin sucré.

salle ? Oui, j'ai trop bien vu que c'était vous, et vous
ne sauriez le nier.

— Cela, dit-il, par Notre Dame, vous n'avez pas à
en être jalouse !

Et le voilà donc à tout lui raconter. Comment
c'était la fille de son maître de Bruxelles, qu'il coucha
avec elle et l'engrossa; que pour cette raison il revint
au pays; comment aussi, après son départ, elle devint
si grosse qu'on s'en aperçut; et comment elle avoua à
sa mère qu'il l'avait engrossée; qu'elle l'envoya vers
lui, afin qu'il défît ce qu'il lui avait fait; autrement,
qu'elle ne revienne jamais chez elle. Quand notre
homme eut tout dit, sa femme ne releva qu'un des
points, et dit :

— Comment dites-vous qu'elle dit à sa mère que
vous aviez couché avec elle ?

— Oui, par ma foi, dit-il, elle reconnut tout.

— A la vérité, dit-elle, elle montra bien qu'elle
était bête. Le charretier de notre maison a couché plus
de quarante nuits avec moi, mais je n'en ai jamais dit
un seul mot à ma mère : je m'en suis bien gardée !

— Eh bien, dit-il, par le diable, êtes-vous ainsi ?
Allez donc à votre charretier si vous le voulez, je n'ai
plus besoin de vous.

— Il se leva brusquement et retourna à celle qu'il
engrossa, abandonnant l'autre. Et quand le lendemain la nouvelle fut connue, Dieu sait le grand rire
des uns et le grand déplaisir des autres, en particulier
du père et de la mère de la mariée.

Jean de La Fontaine

Comment l'esprit vient aux filles

Il est un jeu divertissant sur tous,
Jeu dont l'ardeur souvent se renouvelle;
Ce qui m'en plaît, c'est que tant de cervelle
N'y fait besoin et ne sert de deux clous.

Or, devinez comment ce jeu s'appelle.
Vous y jouez, comme aussi faisons-nous;
Il divertit et la laide et la belle;
Soit jour, soit nuit, à toute heure il est doux,
Car on y voit assez clair sans chandelle.
Or, devinez comment ce jeu s'appelle.

Le beau du jeu n'est connu de l'époux:
C'est chez l'amant que ce plaisir excelle,
De regardants, pour y juger des coups,
Il n'en faut point; jamais on n'y querelle.
Or, devinez comment ce jeu s'appelle.

Qu'importe-il? Sans s'arrêter au nom,
Ni badiner là-dessus davantage,

Je vais encor vous en dire un usage :
Il fait venir l'esprit et la raison.
Nous le voyons en mainte bestiole.
Avant que Lise allât en cette école,
Lise n'était qu'un misérable oison ;
Coudre et filer, c'était son exercice,
Non pas le sien, mais celui de ses doigts ;
Car que l'esprit eût part à cet office,
Ne le croyez : il n'était nuls emplois
Où Lise pût avoir l'âme occupée ;
Lise songeait autant que sa poupée.
Cent fois le jour sa mère lui disait :
« Va-t'en chercher de l'esprit, malheureuse ! »
La pauvre fille aussitôt s'en allait
Chez les voisins, affligée et honteuse,
Leur demandant où se vendait l'esprit.

On en riait ; à la fin l'on lui dit :
« Allez trouver père Bonaventure,
Car il en a bonne provision. »
Incontinent la jeune créature
S'en va le voir, non sans confusion :
Elle craignait que ce ne fût dommage
De détourner ainsi tel personnage.
« Me voudrait-il faire de tels présents,
A moi qui n'ai que quatorze ou quinze ans ?
Vaux-je cela ? » disait en soi la belle.
Son innocence augmentait ses appas :
Amour n'avait à son croc de pucelle
Dont il crût faire un aussi bon repas.
« Mon Révérend, dit-elle au béat homme,
Je viens vous voir ; des personnes m'ont dit
Qu'en ce couvent on vendait de l'esprit ;
Votre plaisir serait-il qu'à crédit
J'en pusse avoir ? non pas pour grosse somme :

A gros achat mon trésor ne suffit.
Je reviendrai, s'il m'en faut davantage;
Et cependant prenez ceci pour gage. »
A ce discours, je ne sais quel anneau,
Qu'elle tirait de son doigt avec peine,
Ne venant point, le père dit : « Tout beau !
Nous pourvoirons à ce qui vous amène,
Sans exiger nul salaire de vous;
Il est marchande et marchande, entre nous :
A l'une on vend ce qu'à l'autre l'on donne.
Entrez ici, suivez-moi hardiment;
Nul ne nous voit, aucun ne nous entend :
Tous sont au chœur; le portier est personne
Entièrement à ma dévotion,
Et ces murs ont de la discrétion. »
Elle le suit; ils vont à sa cellule.
Mon Révérend la jette sur un lit,
Veut la baiser. La pauvrette recule
Un peu la tête; et l'innocente dit :
« Quoi ! c'est ainsi qu'on donne de l'esprit ?
— Et vraiment oui », repart Sa Révérence;
Puis il lui met la main sur le teton.
« Encore ainsi ?
— Vraiment oui; comment donc ? »

La belle prend le tout en patience.
Il suit sa pointe, et d'encor en encor
Toujours l'esprit s'insinue et s'avance,
Tant et si bien qu'il arrive à bon port.
Lise riait du succès de la chose.
Bonaventure à six moments de là
Donne d'esprit une seconde dose.
Ce ne fut tout, une autre succéda;
La charité du beau père était grande.
« Eh bien ! dit-il, que vous semble du jeu ?

— A nous venir l'esprit tarde bien peu »,
Reprit la belle. Et puis elle demande :
« Mais s'il s'en va ? — S'il s'en va, nous verrons;
D'autres secrets se mettent en usage.
— N'en cherchez point, dit Lise, davantage;
De celui-ci nous nous contenterons.
— Soit fait, dit-il, nous recommencerons,
Au pis aller, tant et tant qu'il suffise. »
Le pis aller sembla le mieux à Lise.
Le secret même encor se répéta
Par le pater : il aimait cette danse.
Lise lui fait une humble révérence,
Et s'en retourne en songeant à cela.
Lise songer ! Quoi ? déjà Lise songe !
Elle fait plus : elle cherche un mensonge,
Se doutant bien qu'on lui demanderait,
Sans y manquer, d'où ce retard venait.
Deux jours après, sa compagne Nanette
S'en vient la voir : pendant leur entretien
Lise rêvait; Nanette comprit bien,
Comme elle était clairvoyante et finette,
Que Lise alors ne rêvait pas pour rien.
Elle fait tant, tourne tant son amie,
Que celle-ci lui déclare le tout :
L'autre n'était à l'ouïr endormie.
Sans rien cacher, Lise de bout en bout,
De point en point, lui conte le mystère,
Dimensions de l'esprit du beau père,
Et les encore, enfin tout le phébé.

« Mais vous, dit-elle, apprenez-nous de grâce
Quand et par qui l'esprit vous fut donné. »
Anne reprit : « Puisqu'il faut qui je fasse
Un libre aveu, c'est votre frère Alain
Qui m'a donné de l'esprit un matin.

— Mon frère Alain ? Alain ! s'écria Lise,
Alain mon frère ! Ah ! je suis bien surprise :
Il n'en a point, comme en donnerait-il ?
— Sotte, dit l'autre, hélas ! te n'en sais guère :
Apprends de moi que pour pareille affaire
Il n'est besoin que l'on soit si subtil.
Ne me crois-tu ? sache-le de ta mère :
Elle est experte au fait dont il s'agit;
Si tu ne veux, demande au voisinage;
Sur ce point-là l'on t'aura bientôt dit :
« Vivent les sots pour donner de l'esprit ! »
Lise s'en tint à ce seul témoignage,
Et ne crut pas devoir parler de rien.

Vous voyez donc que je disais fort bien
Quand je disais que ce jeu-là rend sage.

Charles Perrault

Le Petit Chaperon rouge

Conte

Il était une fois une petite fille de village, la plus jolie qu'on eût su voir; sa mère en était folle et sa mère-grand plus folle encore. Cette bonne femme lui fit faire un petit chaperon rouge, qui lui seyait si bien que partout on l'appelait le Petit Chaperon Rouge.

Un jour sa mère ayant cuit et fait des galettes lui dit :

— Va voir comme se porte ta mère-grand, car on m'a dit qu'elle était malade; porte-lui une galette et ce petit pot de beurre.

Le Petit Chaperon Rouge partit aussitôt pour aller chez sa mère-grand, qui demeurait dans un autre village. En passant dans un bois elle rencontre compère le loup, qui eut bien envie de la manger; mais il n'osa, à cause de quelques bûcherons qui étaient dans la forêt. Il lui demanda où elle allait; la pauvre enfant, qui ne savait pas qu'il est dangereux de s'arrêter à écouter un loup, lui dit :

— Je vais voir ma mère-grand et lui porter une galette avec un petit pot de beurre que ma mère lui envoie.

— Demeure-t-elle bien loin ? lui dit le loup.

— Oh oui, dit le Petit Chaperon Rouge, c'est par delà le moulin que vous voyez tout là-bas, là-bas, à la première maison du village.

— Hé bien, dit le loup, je veux l'aller voir aussi; je m'y en vais par ce chemin ici, et toi par ce chemin-là, et nous verrons à qui plus tôt y sera.

Le loup se mit à courir de toute sa force par le chemin qui était le plus court, et la petite fille s'en alla par le chemin le plus long, s'amusant à cueillir des noisettes, à courir après des papillons et à faire des bouquets des petites fleurs qu'elle rencontrait.

Le loup ne fut pas longtemps à arriver à la maison de la mère-grand; il heurte : toc, toc.

— Qui est là ?

— C'est votre fille le Petit Chaperon Rouge, dit le loup en contrefaisant sa voix, qui vous apporte une galette et un petit pot de beurre que ma mère vous envoie.

La bonne mère-grand, qui était dans son lit à cause qu'elle se trouvait un peu mal, lui cria :

— Tire la chevillette, la bobinette cherra. Le loup tira la chevillette, et la porte s'ouvrit. Il se jeta sur la bonne femme et la dévora en moins de rien, car il y avait plus de trois jours qu'il n'avait mangé. Ensuite il ferma la porte et s'alla coucher dans le lit de la mère-grand, en attendant le Petit Chaperon Rouge qui quelque temps après vint heurter à la porte : toc, toc.

— Qui est là ?

Le petit Chaperon Rouge, qui entendit la grosse voix du loup, eut peur d'abord, mais croyant que sa mère-grand était enrhumée, répondit :

— C'est votre fille, le Petit Chaperon Rouge, qui vous apporte une galette et un petit pot de beurre que ma mère vous envoie.

Le loup lui cria en adoucissant un peu sa voix :

— Tire la chevillette, la bobinette cherra.

Le Petit Chaperon Rouge tira la chevillette et la porte s'ouvrit.

Le loup en la voyant entrer lui dit en se cachant dans le lit sous la couverture :

— Mets la galette et le petit pot de beurre sur la huche et viens te coucher avec moi.

Le Petit Chaperon Rouge se déshabille et va se mettre dans le lit où elle fut bien étonnée de voir comment sa mère-grand était faite en son déshabillé; elle lui dit :

— Ma mère-grand, que vous avez de grands bras !

— C'est pour mieux t'embrasser, ma fille.

— Ma mère-grand, que vous avez de grandes jambes !

— C'est pour mieux courir, mon enfant.

— Ma mère-grand, que vous avez de grandes oreilles !

— C'est pour mieux écouter, mon enfant.

— Ma mère-grand, que vous avez de grands yeux !

— C'est pour mieux voir, mon enfant.

— Ma mère-grand, que vous avez de grandes dents !

— C'est pour te manger.

Et, en disant ces mots, le méchant loup se jeta sur le Petit Chaperon Rouge, et la mangea.

Moralité

On voit ici que de jeunes enfants,
Surtout de jeunes filles,

Belles, bien faites et gentilles
Font très mal d'écouter toute sorte de gens
Et que ce n'est pas chose étrange
S'il en est tant que le loup mange.
Je dis le loup, car tous les loups
Ne sont pas de la même sorte :
Il en est d'une humeur accorte,
Sans bruit, sans fiel et sans courroux,
Qui privés, complaisants et doux,
Suivent les jeunes demoiselles
Jusque dans les maisons, jusque dans les ruelles;
Mais hélas qui ne sait que ces loups doucereux
De tous les loups sont les plus dangereux.

Madame de La Fayette

La Comtesse de Tende

Nouvelle historique

Mademoiselle de Strozzi, fille du maréchal et proche parente de Catherine de Médicis, épousa, la première année de la Régence de cette reine, le comte de Tende, de la maison de Savoie, riche, bien fait, le seigneur de la cour qui vivait avec le plus d'éclat et plus propre à se faire estimer qu'à plaire. Sa femme néanmoins l'aima d'abord avec passion. Elle était fort jeune; il ne la regarda que comme une enfant, et il fut bientôt amoureux d'une autre. La comtesse de Tende, vive, et d'une race italienne, devint jalouse; elle ne se donnait point de repos; elle n'en laissait point à son mari; il évita sa présence et ne vécut plus avec elle comme l'on vit avec sa femme.

La beauté de la comtesse augmenta; elle fit paraître beaucoup d'esprit; le monde la regarda avec admiration; elle fut occupée d'elle-même et guérit insensiblement de sa jalousie et de sa passion.

Elle devint l'amie intime de la princesse de Neufchâtel, jeune, belle et veuve du prince de ce nom, qui lui avait laissé en mourant cette souveraineté qui la rendait le parti de la cour le plus élevé et le plus brillant.

Le chevalier de Navarre, descendu des anciens souverains de ce royaume, était aussi alors jeune, beau, plein d'esprit et d'élévation; mais la fortune ne lui avait donné d'autre bien que la naissance. Il jeta les yeux sur la princesse de Neufchâtel, dont il connaissait l'esprit, comme sur une personne capable d'un attachement violent et propre à faire la fortune d'un homme comme lui. Dans cette vue, il s'attacha à elle sans en être amoureux et attira son inclination : il en fut souffert, mais il se trouva encore bien éloigné du succès qu'il désirait. Son dessein était ignoré de tout le monde; un seul de ses amis en avait la confidence et cet ami était aussi intime ami du comte de Tende. Il fait consentir le chevalier de Navarre à confier son secret au comte, dans la vue qu'il l'obligerait à le servir auprès de la princesse de Neufchâtel. Le comte de Tende aimait déjà le chevalier de Navarre; il en parla à sa femme, pour qui il commençait à avoir plus de considération et l'obligea, en effet, de faire ce qu'on désirait.

La princesse de Neufchâtel lui avait déjà fait confidence de son inclination pour le chevalier de Navarre; cette comtesse la fortifia. Le chevalier la vint voir, il prit des liaisons et des mesures avec elle; mais, en la voyant, il prit aussi pour elle une passion violente. Il ne s'y abandonna pas d'abord; il vit les obstacles que ces sentiments partagés entre l'amour et l'ambition apporteraient à son dessein; il résista; mais, pour résister, il ne fallait pas voir souvent la comtesse de Tende et il la voyait tous les jours en cherchant la princesse de Neufchâtel; ainsi il devint éperdument amoureux de la comtesse. Il ne put lui cacher entièrement sa passion; elle s'en aperçut; son amour-propre en fut flatté et elle se sentit un amour violent pour lui.

Un jour, comme elle lui parlait de la grande fortune d'épouser la princesse de Neufchâtel, il lui dit en la regardant d'un air où sa passion était entièrement déclarée :

— Et croyez-vous, madame, qu'il n'y ait point de fortune que je préférasse à celle d'épouser cette princesse ?

La comtesse de Tende fut frappée des regards et des paroles du chevalier; elle le regarda des mêmes yeux dont il la regardait, et il y eut un trouble et un silence entre eux, plus parlant que les paroles. Depuis ce temps, la comtesse fut dans une agitation qui lui ôta le repos; elle sentit le remords d'ôter à son amie le cœur d'un homme qu'elle allait épouser uniquement pour en être aimée, qu'elle épousait avec l'improbation de tout le monde, et aux dépens de son élévation.

Cette trahison lui fit horreur. La honte et les malheurs d'une galanterie se présentèrent à son esprit; elle vit l'abîme où elle se précipitait et elle résolut de l'éviter.

Elle tint mal ses résolutions. La princesse était presque déterminée à épouser le chevalier de Navarre; néanmoins elle n'était pas contente de la passion qu'il avait pour elle et, au travers de celle qu'elle avait pour lui et du soin qu'il prenait de la tromper, elle démêlait la tiédeur de ses sentiments. Elle s'en plaignit à la comtesse de Tende; cette comtesse la rassura; mais les plaintes de Mme de Neufchâtel achevèrent de troubler la comtesse; elles lui firent voir l'étendue de sa trahison, qui coûterait peut-être la fortune de son amant. La comtesse l'avertit des défiances de la princesse. Il lui témoigna de l'indifférence pour tout, hors d'être aimé d'elle; néanmoins il se contraignit par ses ordres et rassura si bien la princesse de Neufchâtel qu'elle fit voir à la comtesse de Tende qu'elle était entièrement satisfaite du chevalier de Navarre.

La jalousie se saisit alors de la comtesse. Elle craignit que son amant n'aimât véritablement la princesse; elle vit toutes les raisons qu'il avait de l'aimer; leur mariage, qu'elle avait souhaité, lui fit horreur; elle ne voulait pourtant pas qu'il le rompît, et elle se trouvait dans une cruelle incertitude. Elle laissa voir au chevalier tous ses remords sur la princesse de Neufchâtel; elle résolut seulement de lui cacher sa jalousie et crut en effet la lui avoir cachée.

La passion de la princesse surmonta enfin toutes ses irrésolutions; elle se détermina à son mariage et se résolut de le faire secrètement et de ne le déclarer que quand il serait fait.

La comtesse de Tende était prête à expirer de douleur. Le même jour qui fut pris pour le mariage, il y avait une cérémonie publique; son mari y assista. Elle y envoya toutes ses femmes; elle fit dire qu'on ne la voyait pas et s'enferma dans son cabinet, couchée sur un lit de repos et abandonnée à tout ce que les remords, l'amour et la jalousie peuvent faire sentir de plus cruel.

Comme elle était dans cet état, elle entendit ouvrir une porte dérobée de son cabinet et vit paraître le chevalier de Navarre, paré et d'une grâce au-dessus de ce qu'elle ne l'avait jamais vu;

— Chevalier, où allez-vous ? s'écria-t-elle, que cherchez-vous ? Avez-vous perdu la raison ? Qu'est devenu votre mariage, et songez-vous à ma réputation ?

— Soyez en repos de votre réputation, madame, lui répondit-il; personne ne le peut savoir; il n'est pas question de mon mariage; il ne s'agit plus de ma fortune, il ne s'agit que de votre cœur, madame, et d'être aimé de vous; je renonce à tout le reste. Vous m'avez laissé voir que vous ne me haïssiez pas, mais vous m'avez voulu cacher que je suis assez heureux pour que mon mariage vous fasse de la peine. Je viens vous dire, madame, que j'y renonce, que ce mariage me serait un supplice et que je ne veux vivre que pour vous. L'on m'attend à l'heure que je vous parle, tout est prêt, mais je vais tout rompre, si, en le rompant, je fais une chose qui vous soit agréable et qui vous prouve ma passion.

La comtesse se laissa tomber sur un lit de repos, dont elle s'était relevée à demi et, regardant le chevalier avec des yeux pleins d'amour et de larmes :

— Vous voulez donc que je meure ? lui dit-elle. Croyez-vous qu'un cœur puisse contenir tout ce que vous me faites sentir ? Quitter à cause de moi la fortune qui vous attend ! je n'en puis seulement supporter la pensée. Allez à Mme la princesse de Neufchâtel, allez à la grandeur qui vous est destinée; vous aurez mon cœur en même temps. Je ferai de mes remords, de mes incertitudes et de ma jalousie, puisqu'il faut vous l'avouer, tout ce que ma faible raison me conseillera; mais je ne vous verrai jamais si vous n'allez tout à l'heure achever votre mariage. Allez, ne demeurez pas un moment, mais, pour l'amour de moi et pour l'amour de vous-même, renoncez à une passion aussi déraisonnable que celle que vous me témoignez et qui nous conduira peut-être à d'horribles malheurs.

Le chevalier fut d'abord transporté de joie de se voir si véritablement aimé de la comtesse de Tende; mais l'horreur de se donner à une autre lui revint devant les yeux. Il pleura, il s'affligea, il lui promit tout ce qu'elle voulut, à condition qu'il la reverrait encore dans ce même lieu. Elle voulut savoir, avant qu'il sortît, comment il y était entré. Il lui dit qu'il s'était fié à un écuyer qui était à elle, et qui avait été à lui, qu'il l'avait fait passer par la cour des écuries où répondait le petit degré qui menait à ce cabinet et qui répondait aussi à la chambre de l'écuyer.

Cependant, l'heure du mariage approchait et le chevalier, pressé par la comtesse de Tende, fut enfin contraint de s'en aller. Mais il alla, comme au supplice, à la plus grande et à la plus agréable fortune où un cadet sans bien eût été jamais élevé. La comtesse de Tende passa la nuit, comme on se le peut imaginer, agitée par ses inquiétudes; elle appela ses femmes sur le matin et, peu de temps après que sa chambre fut ouverte, elle vit son écuyer s'approcher de son lit et mettre une lettre dessus, sans que personne s'en aperçût. La vue de cette lettre la troubla, et parce qu'elle la reconnut être du chevalier de Navarre, et parce qu'il était si peu vraisemblable que, pendant cette nuit qui devait avoir été celle de ses noces, il eût eu le loisir de lui écrire, qu'elle craignit qu'il n'eût apporté, ou qu'il ne fût arrivé quelques obstacles à son mariage. Elle ouvrit la lettre avec beaucoup d'émotion et y trouva à peu près ces paroles :

« *Je ne pense qu'à vous, madame, je ne suis occupé que de vous; et dans les premiers moments de la possession légitime du plus grand parti de France, à peine le jour commence à paraître que je quitte la chambre où j'ai passé la nuit, pour vous dire que je me suis déjà repenti mille fois de vous avoir obéi et de n'avoir pas tout abandonné pour ne vivre que pour vous.* »

Cette lettre, et les moments où elle était écrite, touchèrent sensiblement la comtesse de Tende; elle alla dîner chez la princesse de Neufchâtel, qui l'en avait priée. Son mariage était déclaré. Elle trouva un nombre infini de personnes dans la chambre; mais, sitôt que cette princesse la vit, elle quitta tout le monde et la pria de passer dans son cabinet. A peine étaient-elles assises, que le visage de la princesse se couvrit de larmes. La comtesse crut que c'était l'effet de la déclaration de son mariage et qu'elle la trouvait plus difficile à supporter qu'elle ne l'avait imaginé; mais elle vit bientôt qu'elle se trompait.

— Ah! madame, lui dit la princesse, qu'ai-je fait? J'ai épousé un homme par passion; j'ai fait un mariage inégal, désapprouvé, qui m'abaisse; et celui que j'ai préféré à tout en aime une autre!

La comtesse de Tende pensa s'évanouir à ces paroles; elle crut que la princesse ne pouvait avoir pénétré la passion de son mari sans en avoir aussi démêlé la cause; elle ne put répondre. La princesse de Navarre (on l'appela ainsi depuis son mariage) n'y prit pas garde et, continuant:

— M. le prince de Navarre, lui dit-elle, madame, bien loin d'avoir l'impatience que lui devait donner la conclusion de notre mariage, se fit attendre hier au soir. Il vint sans joie, l'esprit occupé et embarrassé; il est sorti de ma chambre à la pointe du jour sur je ne sais quel prétexte. Mais il venait d'écrire; je l'ai connu à ses mains. A qui pouvait-il écrire qu'à une maîtresse? Pourquoi se faire attendre, et de quoi avait-il l'esprit embarrassé?

L'on vint dans le moment interrompre cette conversation, parce que la princesse de Condé arrivait; la princesse de Navarre alla la recevoir et la comtesse de Tende demeura hors d'elle-même. Elle écrivit dès le soir au prince de Navarre pour lui donner avis des soupçons de sa femme et pour l'obliger à se contraindre. Leur passion ne se ralentit pas par les périls et par les obstacles; la comtesse de Tende n'avait point de repos et le sommeil ne venait plus adoucir ses chagrins. Un matin, après qu'elle eut appelé ses femmes, son écuyer s'approcha d'elle et lui dit tout bas que le prince de Navarre était dans son cabinet et qu'il la conjurait qu'il lui pût dire une chose qu'il était absolument nécessaire qu'elle sût. L'on cède aisément à ce qui plaît; la comtesse savait que son mari était sorti; elle dit qu'elle voulait dormir et dit à ses femmes de refermer ses portes et de ne point revenir qu'elle ne les appelât.

Le prince de Navarre entra par ce cabinet et se jeta à genoux devant son lit.

— Qu'avez-vous à me dire ? lui dit-elle.

— Que je vous aime, madame, que je vous adore, que je ne saurais vivre avec Mme de Navarre. Le désir de vous voir s'est saisi de moi ce matin avec une telle violence que je n'ai pu y résister. Je suis venu ici au hasard de tout ce qui pourrait en arriver et sans espérer même de vous entretenir.

La comtesse le gronda d'abord de la commettre si légèrement et ensuite leur passion les conduisit à une conversation si longue que le comte de Tende revint de la ville. Il alla à l'appartement de sa femme; on lui dit qu'elle n'était pas éveillée. Il était tard; il ne laissa pas d'entrer dans sa chambre et trouva le prince de Navarre à genoux devant son lit, comme il s'était mis d'abord. Jamais étonnement ne fut pareil à celui du comte de Tende, et jamais trouble n'égala celui de sa femme; le prince de Navarre conserva seul de la présence d'esprit et, sans se troubler ni se lever de la place :

— Venez, venez, dit-il au comte de Tende, m'aider à obtenir une grâce que je demande à genoux et que l'on me refuse.

Le ton et l'air du prince de Navarre suspendit

l'étonnement du comte de Tende.

— Je ne sais, lui répondit-il du même ton qu'avait parlé le prince, si une grâce que vous demandez à genoux à ma femme, quand on dit qu'elle dort et que je vous trouve seul avec elle, et sans carrosse à ma porte, sera de celles que je souhaiterais qu'elle vous accorde.

Le prince de Navarre, rassuré et hors de l'embarras du premier moment, se leva, s'assit avec une liberté entière, et la comtesse de Tende, tremblante et éperdue, cacha son trouble par l'obscurité du lieu où elle était. Le prince de Navarre prit la parole et dit au comte :

— Je vais vous surprendre, vous m'allez blâmer, mais il faut néanmoins me secourir. Je suis amoureux et aimé de la plus aimable personne de la cour; je me dérobai hier au soir de chez la princesse de Navarre et de tous mes gens pour aller à un rendez-vous où cette personne m'attendait. Ma femme, qui a déjà démêlé que je suis occupé d'autre chose que d'elle, et qui a de l'attention à ma conduite, a su par mes gens que je les avais quittés; elle est dans une jalousie et un désespoir dont rien n'approche. Je lui ai dit que j'avais passé les heures qui lui donnaient de l'inquiétude, chez la maréchale de Saint-André, qui est incommodée et qui ne voit presque personne, je lui ai dit que Mme la comtesse de Tende y était seule et qu'elle pouvait lui demander si elle ne m'y avait pas vu tout le soir. J'ai pris le parti de venir me confier à Mme la comtesse. Je suis allé chez la Châtre, qui n'est qu'à trois pas d'ici; j'en suis sorti sans que mes gens m'aient vu et on m'a dit que madame était éveillée. Je n'ai trouvé personne dans son antichambre et je suis entré hardiment. Elle me refuse de mentir en ma faveur; elle dit qu'elle ne veut pas trahir son amie et me fait des réprimandes très sages : je me les suis faites à moi-même inutilement. Il faut ôter à Mme la princesse de Navarre l'inquiétude et la jalousie où elle est, et me tirer du mortel embarras de ses reproches.

La comtesse de Tende ne fut guère moins surprise de la présence d'esprit du prince qu'elle l'avait été de la venue de son mari; elle se rassura et il ne demeura pas le moindre doute au comte. Il se joignit à sa femme pour faire voir au prince l'abîme des malheurs où il s'allait plonger et ce qu'il devait à cette princesse; la comtesse promit de lui dire tout ce que voulait son mari.

Comme il allait sortir, le comte l'arrêta :

— Pour récompense du service que nous vous allons rendre aux dépens de la vérité, apprenez-nous du moins quelle est cette aimable maîtresse. Il faut que ce ne soit pas une personne fort estimable de vous aimer et de conserver avec vous un commerce, vous voyant embarqué avec une personne aussi belle que Mme la princesse de Navarre, vous la voyant épouser et voyant ce que vous lui devez. Il faut que cette personne n'ait ni esprit, ni courage, ni délicatesse et, en vérité, elle ne mérite pas que vous troubliez un aussi grand bonheur que le vôtre et que vous vous rendiez si ingrat et si coupable.

Le prince ne sut que répondre; il feignit d'avoir hâte. Le comte de Tende le fit sortir lui-même afin qu'il ne fût pas vu.

La comtesse demeura éperdue du hasard qu'elle avait couru, des réflexions que faisaient faire les paroles de son mari et de la vue des malheurs où sa passion l'exposait; mais elle n'eut pas la force de s'en dégager. Elle continua son commerce avec le prince; elle le voyait quelquefois par l'entremise de La Lande, son écuyer. Elle se trouvait et était en effet une des plus malheureuses personnes du monde. La princesse de Navarre lui faisait tous les jours confidence d'une jalousie dont elle était la cause; cette jalousie la pénétrait de remords et, quand la princesse de Navarre était contente de son mari, elle-même était pénétrée de jalousie à son tour.

Il se joignit un nouveau tourment à ceux qu'elle avait déjà : le comte de Tende devint aussi amoureux d'elle que si elle n'eût point été sa femme; il ne la quittait plus et voulait reprendre tous ses droits méprisés.

La comtesse s'y opposa avec une force et une aigreur qui allaient jusqu'au mépris : prévenue pour le prince de Navarre, elle était blessée et offensée de toute autre passion que de la sienne. Le comte de Tende sentit son procédé dans toute sa dureté et, piqué jusqu'au vif, il l'assura qu'il ne l'importunerait de sa vie et, en effet, il la laissa avec beaucoup de sécheresse.

La campagne s'approchait; le prince de Navarre devait partir pour l'armée. La comtesse de Tende commença à sentir les douleurs de son absence et la crainte des périls où il serait exposé; elle résolut de se dérober à la contrainte de cacher son affliction et prit le parti d'aller passer la belle saison dans une terre qu'elle avait à trente lieues de Paris.

Elle exécuta ce qu'elle avait projeté; leur adieu fut si douloureux qu'ils en devaient tirer l'un et l'autre un mauvais augure. Le comte de Tende demeura auprès du roi, où il était attaché par sa charge.

La cour devait s'approcher de l'armée; la maison de Mme de Tende n'en était pas bien loin; son mari lui dit qu'il y ferait un voyage d'une nuit seulement pour des ouvrages qu'il avait commencés. Il ne voulut pas qu'elle pût croire que c'était pour la voir; il avait contre elle tout le dépit que donnent les passions.

Mme de Tende avait trouvé dans les commencements le prince de Navarre si plein de respect et elle s'était senti tant de vertu qu'elle ne s'était défiée ni de lui, ni d'elle-même. Mais le temps et les occasions avaient triomphé de sa vertu et du respect et, peu de temps après qu'elle fut chez elle, elle s'aperçut qu'elle était grosse. Il ne faut que faire réflexion à la réputation qu'elle avait acquise et conservée et à l'état où elle était avec son mari, pour juger de son désespoir. Elle fut pressée plusieurs fois d'attenter à sa vie; cependant elle conçut quelque légère espérance sur le voyage que son mari devait faire auprès d'elle, et résolut d'en attendre le succès. Dans cet accablement, elle eut encore la douleur d'apprendre que La Lande, qu'elle avait laissé à Paris pour les lettres de son amant et les siennes, était mort en peu de jours, et elle se trouvait dénuée de tout secours, dans un temps où elle en avait tant de besoin.

Cependant l'armée avait entrepris un siège. Sa passion pour le prince de Navarre lui donnait de continuelles craintes, même au travers des mortelles horreurs dont elle était agitée.

Ses craintes ne se trouvèrent que trop bien fondées; elle reçut des lettres de l'armée; elle y apprit la fin du siège, mais elle apprit aussi que le prince de Navarre avait été tué le dernier jour. Elle perdit la connaissance et la raison; elle fut plusieurs fois privée de l'une et de l'autre. Cet excès de malheur lui paraissait dans des moments une espèce de consolation. Elle ne craignait plus rien pour son repos, pour sa réputation, ni pour sa vie; la mort seule lui paraissait désirable : elle l'espérait de sa douleur ou était résolue de se la donner. Un reste de honte l'obligea à dire qu'elle sentait des douleurs excessives, pour donner un prétexte à ses cris et à ses larmes. Si mille adversités la firent retourner sur elle-même, elle vit qu'elle les avait méritées, et la nature et le christianisme la détournèrent d'être homicide d'elle-même et suspendirent l'exécution de ce qu'elle avait résolu.

Il n'y avait pas longtemps qu'elle était dans ces violentes douleurs, lorsque le comte de Tende arriva. Elle croyait connaître tous les sentiments que son malheureux état lui pouvait inspirer; mais l'arrivée de son mari lui donna encore un trouble et une confusion qui lui fut nouvelle. Il sut en arrivant qu'elle était malade et, comme il avait toujours conservé des mesures d'honnêteté aux yeux du public et de son domestique, il vint d'abord dans sa chambre. Il la trouva comme une personne hors d'elle-même, comme une personne égarée et elle ne put retenir ses larmes, qu'elle attribuait toujours aux douleurs qui la tourmentaient. Le comte de Tende, touché de l'état où il la voyait, s'attendrit pour elle et, croyant faire quelque diversion à ses douleurs, il lui parla de la mort du prince de Navarre et de l'affliction de sa femme.

Celle de Mme de Tende ne put résister à ce discours; ses larmes redoublèrent d'une telle sorte que le comte de Tende en fut surpris et presque éclairé; il sortit de la chambre plein de trouble et d'agitation; il lui sembla que sa femme n'était pas dans l'état que causent les douleurs du corps; ce redoublement de larmes, lorsqu'il lui avait parlé de la mort du prince de Navarre, l'avait frappé et, tout d'un coup, l'aventure de l'avoir trouvé à genoux devant son lit se présenta à son esprit. Il se souvint du procédé qu'elle avait eu avec lui, lorsqu'il avait voulu retourner à elle, et enfin il crut voir la vérité; mais il lui restait néanmoins ce doute que l'amour-propre nous laisse toujours pour les choses qui coûtent trop cher à croire.

Son désespoir fut extrême, et toutes ses pensées

furent violentes; mais comme il était sage, il retint ses premiers mouvements et résolut de partir le lendemain à la pointe du jour sans voir sa femme, remettant au temps à lui donner plus de certitude et à prendre ses résolutions.

Quelque abîmée que fût Mme de Tende dans sa douleur, elle n'avait pas laissé de s'apercevoir du peu de pouvoir qu'elle avait eu sur elle-même et de l'air dont son mari était sorti de sa chambre; elle se douta d'une partie de la vérité et, n'ayant plus que de l'horreur pour sa vie, elle se résolut de la perdre d'une manière qui ne lui ôtât pas l'espérance de l'autre.

Après avoir examiné ce qu'elle allait faire, avec des agitations mortelles, pénétrée de ses malheurs et du repentir de sa vie, elle se détermina enfin à écrire ces mots à son mari :

« *Cette lettre me va coûter la vie; mais je mérite la mort et je la désire. Je suis grosse. Celui qui est la cause de mon malheur n'est plus au monde, aussi bien que le seul homme qui savait notre commerce; le public ne l'a jamais soupçonné. J'avais résolu de finir ma vie par mes mains, mais je l'offre à Dieu et à vous pour l'expiation de mon crime. Je n'ai pas voulu me déshonorer aux yeux du monde, parce que ma réputation vous regarde; conservez-la pour l'amour de vous. Je vais faire paraître l'état où je suis; cachez-en la honte et faites-moi périr quand vous voudrez et comme vous le voudrez.* »

Le jour commençait à paraître lorsqu'elle eut écrit cette lettre, la plus difficile à écrire qui ait peut-être jamais été écrite; elle la cacheta, se mit à la fenêtre et, comme elle vit le comte de Tende dans la cour, prêt à monter en carrosse, elle envoya une de ses femmes la lui porter et lui dire qu'il n'y avait rien de pressé et qu'il la lût à loisir. Le comte de Tende fut surpris de cette lettre; elle lui donna une sorte de pressentiment, non pas de tout ce qu'il y devait trouver, mais de quelque chose qui avait rapport à ce qu'il avait pensé la veille. Il monta seul en carrosse, plein de trouble et n'osant même ouvrir la lettre, quelque impatience qu'il eût de la lire; il la lut enfin et apprit son malheur; mais que ne pensa-t-il point après l'avoir lue ! S'il eût eu des témoins, le violent état où il était l'aurait fait croire privé de raison ou prêt de perdre la vie. La jalousie et les soupçons bien fondés préparent d'ordinaire les maris à leurs malheurs; ils ont même toujours quelques doutes, mais ils n'ont pas cette certitude que donne l'aveu, qui est au-dessus de nos lumières.

Le comte de Tende avait toujours trouvé sa femme très aimable, quoiqu'il ne l'eût pas également aimée; mais elle lui avait toujours paru la plus estimable femme qu'il eût jamais vue; ainsi, il n'avait pas moins d'étonnement que de fureur et, au travers de l'un et de l'autre, il sentait encore, malgré lui, une douleur où la tendresse avait quelque part.

Il s'arrêta dans une maison qui se trouva sur son chemin, où il passa plusieurs jours, agité et affligé, comme on peut se l'imaginer. Il pensa d'abord tout ce qu'il était naturel de penser en cette occasion; il ne songea qu'à faire mourir sa femme, mais la mort du prince de Navarre et celle de La Lande, qu'il reconnut aisément pour le confident, ralentit un peu sa fureur. Il ne douta pas que sa femme ne lui eût dit vrai, en lui disant que son commerce n'avait jamais été soupçonné; il jugea que le mariage du prince de Navarre pouvait avoir trompé tout le monde, puisqu'il avait été trompé lui-même. Après une conviction si grande que celle qui s'était présentée à ses yeux, cette ignorance entière du public pour son malheur lui fut un adoucissement; mais les circonstances, qui lui faisaient voir à quel point et de quelle manière il avait été trompé, lui perçaient le cœur, et il ne respirait que la vengeance. Il pensa néanmoins que, s'il faisait mourir sa femme et que l'on s'aperçût qu'elle fût grosse, l'on soupçonnerait aisément la vérité. Comme il était l'homme du monde le plus glorieux, il prit le parti qui convenait le mieux à sa gloire et résolut de ne rien laisser voir au public. Dans cette pensée, il envoya un gentilhomme à la comtesse de Tende, avec ce billet :

« Le désir d'empêcher l'éclat de ma honte l'emporte présentement sur ma vengeance; je verrai, dans la suite, ce que j'ordonnerai de votre indigne destinée. Conduisez-vous comme si vous aviez toujours été ce que vous deviez être. »

La comtesse reçut ce billet avec joie; elle le croyait l'arrêt de sa mort et, quand elle vit que son mari consentait qu'elle laissât paraître sa grossesse, elle sentit bien que la honte est la plus violente de toutes les passions. Elle se trouva dans une sorte de calme de se croire assurée de mourir et de voir sa réputation en sûreté; elle ne songea plus qu'à se préparer à la mort; et, comme c'était une personne dont tous les sentiments étaient vifs, elle embrassa la vertu et la pénitence avec la même ardeur qu'elle avait suivi sa passion. Son âme était, d'ailleurs, détrompée et noyée dans l'affliction; elle ne pouvait arrêter les yeux sur aucune chose de cette vie qui ne lui fût plus rude que la mort même; de sorte qu'elle ne voyait de remède à ses malheurs que par la fin de sa malheureuse vie. Elle passa quelque temps en cet état, paraissant plutôt une personne morte qu'une personne vivante. Enfin,

vers le sixième mois de sa grossesse, son corps suc-
comba, la fièvre continue lui prit et elle accoucha par
la violence de son mal. Elle eut la consolation de voir
son enfant en vie, d'être assurée qu'il ne pouvait vivre
et qu'elle ne donnait pas un héritier illégitime à son
mari. Elle expira elle-même peu de jours après et reçut
la mort avec une joie que personne n'a jamais ressen-
tie; elle chargea son confesseur d'aller porter à son
mari la nouvelle de sa mort, de lui demander pardon
de sa part et de le supplier d'oublier sa mémoire, qui
ne lui pouvait être qu'odieuse.

Le comte de Tende reçut cette nouvelle sans inhumanité, et même avec quelques sentiments de pitié,
mais néanmoins avec joie. Quoiqu'il fût fort jeune, il
ne voulut jamais se remarier, et il a vécu jusqu'à un
âge fort avancé.

Voltaire

Micromégas

Histoire philosophique

CHAPITRE PREMIER

VOYAGE D'UN HABITANT DU MONDE DE L'ETOILE SIRIUS
DANS LA PLANETE DE SATURNE

Dans une de ces planètes qui tournent autour de
l'étoile nommée Sirius, il y avait un jeune homme de
beaucoup d'esprit, que j'ai eu l'honneur de connaître
dans le dernier voyage qu'il fit sur notre petite fourmilière; il s'appelait Micromégas, nom qui convient
fort à tous les grands. Il avait huit lieues de haut :
j'entends, par huit lieues, vingt-quatre mille pas géo-
métriques de cinq pieds chacun.

Quelques algébristes, gens toujours utiles au
public, prendront sur-le-champ la plume, et trouveront que, puisque monsieur Micromégas, habitant du
pays de Sirius, a de la tête aux pieds vingt-quatre mille
pas, qui font cent vingt mille pieds de roi, et que nous
autres, citoyens de la terre, nous n'avons guère que
cinq pieds, et que notre globe a neuf mille lieues de
tour, ils trouveront, dis-je, qu'il faut absolument que
le globe qui l'a produit ait au juste vingt-un millions
six cent mille fois plus de circonférence que notre
petite terre. Rien n'est plus simple et plus ordinaire

dans la nature. Les Etats de quelques souverains d'Allemagne ou d'Italie, dont on peut faire le tour en une demi-heure comparés à l'empire de Turquie, de Moscovie ou de la Chine ne sont qu'une très faible image des prodigieuses différences que la nature a mises dans tous les êtres.

La taille de Son Excellence étant de la hauteur que j'ai dite, tous nos sculpteurs et tous nos peintres conviendront sans peine que sa ceinture peut avoir cinquante mille pieds de roi de tour : ce qui fait une très jolie proportion.

Quant à son esprit, c'est un des plus cultivés que nous ayons; il sait beaucoup de choses; il en a inventé quelques-unes; il n'avait pas encore deux cent cinquante ans, et il étudiait, selon la coutume, au collège des jésuites de sa planète, lorsqu'il devina, par la force de son esprit, plus de cinquante propositions d'Euclide. C'est dix-huit de plus que Blaise Pascal, lequel, après en avoir deviné trente-deux en se jouant, à ce que dit sa sœur, devint depuis un géomètre assez médiocre, et un fort mauvais métaphysicien. Vers les quatre cent cinquante ans, au sortir de l'enfance, il disséqua beaucoup de ces petits insectes qui n'ont pas cent pieds de diamètre, et qui se dérobent aux microscopes ordinaires; il en composa un livre fort curieux, mais qui lui fit quelques affaires. Le muphti de son pays, grand vétillard, et fort ignorant, trouva dans son livre des propositions suspectes, malsonnantes, téméraires, hérétiques, sentant l'hérésie, et le poursuivit vivement : il s'agissait de savoir si la forme substantielle des puces de Sirius était de même nature que celle des colimaçons. Micromégas se défendit avec esprit; il mit les femmes de son côté; le procès dura deux cent vingt ans. Enfin le muphti fit condamner le livre par des jurisconsultes qui ne l'avaient pas lu, et l'auteur eut ordre de ne paraître à la cour de huit cents années.

Il ne fut que médiocrement affligé d'être banni d'une cour qui n'était remplie que de tracasseries et de petitesses. Il fit une chanson fort plaisante contre le muphti, dont celui-ci ne s'embarrassa guère; et il se mit à voyager de planète en planète, pour achever de se former *l'esprit et le cœur*, comme l'on dit. Ceux qui ne voyagent qu'en chaise de poste ou en berline seront sans doute étonnés des équipages de là-haut: car nous autres, sur notre petit tas de boue, nous ne concevons rien au-delà de nos usages. Notre voyageur connaissait merveilleusement les lois de la gravitation, et toutes les forces attractives et répulsives. Il s'en servait si à propos que, tantôt à l'aide d'un rayon du soleil, tantôt par la commodité d'une comète, il allait de globe en globe, lui et les siens, comme un oiseau voltige de branche en branche. Il parcourut la voie lactée en peu de temps, et je suis obligé d'avouer qu'il ne vit jamais à travers les étoiles dont elle est semée ce beau ciel empyrée que l'illustre vicaire Derham se vante d'avoir vu au bout de sa lunette. Ce n'est pas que je prétende que Monsieur Derham ait mal vu, à Dieu ne plaise! Mais Micromégas était sur les lieux, c'est un bon observateur et je ne veux contredire personne. Micromégas, après avoir bien tourné, arriva dans le globe de Saturne. Quelque accoutumé qu'il fût à voir des choses nouvelles, il ne put d'abord, en voyant la petitesse du globe et de ses habitants, se défendre de ce sourire de supériorité qui échappe quelquefois aux plus sages. Car enfin, Saturne n'est guère que neuf cents fois plus gros que la terre, et les citoyens de ce pays-là sont des nains qui n'ont que mille toises de haut ou environ. Il s'en moqua un peu d'abord avec ses gens, à peu près comme un musicien italien se met à rire de la musique de Lulli quand il vient en France. Mais comme le Sirien avait un bon esprit, il comprit bien vite qu'un être pensant peut fort bien n'être pas ridicule pour n'avoir que six mille pieds de haut. Il se familiarisa avec les Saturniens, après les avoir étonnés. Il lia une étroite amitié avec le secrétaire de l'Académie de Saturne, homme de beaucoup d'esprit, qui n'avait rien inventé, mais qui rendait un fort bon compte des inventions des autres, et qui faisait passablement de petits vers et de grands calculs. Je rapporterai ici, pour la satisfaction des lecteurs, une conversation singulière que Micromégas eut un jour avec M. le secrétaire.

CHAPITRE SECOND

CONVERSATION DE L'HABITANT DE SIRIUS
AVEC CELUI DE SATURNE

Après que Son Excellence se fut couchée, et que le secrétaire se fut approché de son visage :

— Il faut avouer, dit Micromégas, que la nature est bien variée.

— Oui, dit le Saturnien ; la nature est comme un parterre dont les fleurs...

— Ah ! dit l'autre, laissez là votre parterre.

— Elle est, reprit le secrétaire, comme une assemblée de blondes et de brunes, dont les parures...

— Eh ! qu'ai-je à faire de vos brunes ? dit l'autre.

— Elle est donc comme une galerie de peintures dont les traits...

— Eh non ! dit le voyageur, encore une fois, la nature est comme la nature. Pourquoi lui chercher des comparaisons ?

— Pour vous plaire, répondit le secrétaire.

— Je ne veux point qu'on me plaise, répondit le voyageur; je veux qu'on m'instruise : commencez d'abord par me dire combien les hommes de votre globe ont de sens.

— Nous en avons soixante et douze, dit l'académicien et nous nous plaignons tous les jours du peu. Notre imagination va au-delà de nos besoins; nous trouvons qu'avec nos soixante et douze sens, notre anneau, nos cinq lunes, nous sommes trop bornés; et, malgré toute notre curiosité et le nombre assez grand de passions qui résultent de nos soixante-douze sens, nous avons tout le temps de nous ennuyer.

— Je le crois bien, dit Micromégas; car dans notre globe nous avons près de mille sens, et il nous reste encore je ne sais quel désir vague, je ne sais quelle inquiétude, qui nous avertit sans cesse que nous sommes peu de chose, et qu'il y a des êtres beaucoup plus parfaits. J'ai un peu voyagé; j'ai vu des mortels fort au-dessous de nous; j'en ai vu de fort supérieurs; mais je n'en ai vu aucuns qui n'aient plus de désirs que de vrais besoins, et plus de besoins que de satisfaction. J'arriverai peut-être un jour au pays où il ne manque rien; mais jusqu'à présent personne ne m'a donné de nouvelles positives de ce pays-là.

Le Saturnien et le Sirien s'épuisèrent alors en conjectures; mais, après beaucoup de raisonnements fort ingénieux et fort incertains, il en fallut revenir aux faits.

— Combien de temps vivez-vous ? dit le Sirien.

— Ah ! bien peu, répliqua le petit homme de Saturne.

— C'est tout comme chez nous, dit le Sirien; nous nous plaignons toujours du peu. Il faut que ce soit une loi universelle de la nature.

— Hélas! nous ne vivons, dit le Saturnien, que cinq cents grandes révolutions du soleil. (Cela revient à quinze mille ans ou environ, à compter à notre manière.) Vous voyez bien que c'est mourir presque au moment que l'on est né; notre existence est un point, notre durée un instant, notre globe un atome. A peine a-t-on commencé à s'instruire un peu que la mort arrive avant qu'on ait de l'expérience. Pour moi je n'ose faire aucuns projets; je me trouve comme une goutte d'eau dans un océan immense. Je suis honteux, surtout devant vous, de la figure ridicule que je fais dans ce monde.

Micromégas lui repartit :

— Si vous n'étiez pas philosophe, je craindrais de vous affliger en vous apprenant que notre vie est sept cents fois plus longue que la vôtre; mais vous savez trop bien que quand il faut rendre son corps aux éléments, et ranimer la nature sous une autre forme, ce qui s'appelle mourir; quand ce moment de métamorphose est venu, avoir vécu une éternité, ou avoir vécu un jour, c'est précisément la même chose. J'ai été dans des pays où l'on vit mille fois plus longtemps que chez moi, et j'ai trouvé qu'on y murmurait encore. Mais il y a partout des gens de bon sens qui savent prendre leur parti et remercier l'auteur de la nature. Il a répandu sur cet univers une profusion de variétés avec une espèce d'uniformité admirable. Par exemple tous les êtres pensants sont différents, et tous se ressemblent au fond par le don de la pensée et des désirs. La matière est partout étendue; mais elle a dans chaque globe des propriétés diverses. Combien comptez-vous de ces propriétés diverses dans votre matière ?

— Si vous parlez de ces propriétés, dit le Saturnien, sans lesquelles nous croyons que ce globe ne pourrait subsister tel qu'il est, nous en comptons trois cents, comme l'étendue, l'impénétrabilité, la mobilité, la gravitation, la divisibilité, et le reste.

— Apparemment, répliqua le voyageur, que ce petit nombre suffit aux vues que le Créateur avait sur votre petite habitation. J'admire en tout sa sagesse; je vois partout des différences, mais aussi partout des proportions. Votre globe est petit, vos habitants le sont aussi; vous avez peu de sensations; votre matière a peu de propriétés; tout cela est l'ouvrage de la Providence. De quelle couleur est votre soleil bien examiné ?

— D'un blanc fort jaunâtre, dit le Saturnien; et quand nous divisons un de ses rayons, nous trouvons qu'il contient sept couleurs.

— Notre soleil tire sur le rouge, dit le Sirien, et nous avons trente-neuf couleurs primitives. Il n'y a pas un soleil, parmi tous ceux dont j'ai approché, qui se ressemble, comme chez vous il n'y a pas un visage qui ne soit différent de tous les autres.

Après plusieurs questions de cette nature, il s'informa combien de substances essentiellement différentes on comptait dans Saturne. Il apprit qu'on n'en comptait qu'une trentaine, comme Dieu, l'espace, la matière, les êtres étendus qui sentent, les êtres étendus qui sentent et qui pensent, les êtres pensants qui n'ont point d'étendue; ceux qui se pénètrent, ceux qui ne se pénètrent pas, et le reste. Le Sirien, chez qui on en comptait trois cents, et qui en avait découvert trois mille autres dans ses voyages, étonna prodigieusement le philosophe de Saturne. Enfin, après s'être communiqué l'un à l'autre un peu de ce qu'il savaient et beaucoup de ce qu'ils ne savaient pas, après avoir raisonné pendant une révolution du soleil, ils résolurent de faire ensemble un petit voyage philosophique.

CHAPITRE TROISIEME

VOYAGE DES DEUX HABITANTS DE SIRIUS ET DE SATURNE

Nos deux philosophes étaient prêts à s'embarquer dans l'atmosphère de Saturne avec une fort jolie provision d'instruments mathématiques, lorsque la maîtresse du Saturnien, qui en eut des nouvelles, vint en larmes faire ses remontrances. C'était une jolie petite brune qui n'avait que six cent soixante toises, mais qui réparait par bien des agréments la petitesse de sa taille.

— Ah ! cruel ! s'écria-t-elle, après t'avoir résisté quinze cents ans, lorsque enfin je commençais à me rendre, quand j'ai à peine passé cent ans entre tes bras, tu me quittes pour aller voyager avec un géant d'un autre monde ; va, tu n'es qu'un curieux, tu n'as jamais eu d'amour : si tu étais un vrai Saturnien, tu serais fidèle. Où vas-tu courir ? Que veux-tu ? Nos cinq lunes sont moins errantes que toi, notre anneau est moins changeant. Voilà qui est fait, je n'aimerai jamais plus personne.

Le philosophe l'embrassa, pleura avec elle, tout philosophe qu'il était ; et la dame, après s'être pâmée, alla se consoler avec un petit maître du pays.

Cependant nos deux curieux partirent ; ils sautèrent d'abord sur l'anneau, qu'ils trouvèrent assez plat, comme l'a fort bien deviné un illustre habitant de notre petit globe ; de là ils allèrent de lune en lune. Une comète passait tout auprès de la dernière ; ils s'élancèrent sur elle avec leurs domestiques et leurs instruments. Quand ils eurent fait environ cent cinquante millions de lieues, ils rencontrèrent les satellites de Jupiter. Ils passèrent dans Jupiter même, et y restèrent une année, pendant laquelle ils apprirent de fort beaux secrets qui seraient actuellement sous presse sans messieurs les inquisiteurs, qui ont trouvé quelques propositions un peu dures. Mais j'en ai lu le manuscrit dans la bibliothèque de l'illustre archevêque de..., qui m'a laissé voir ses livres avec cette générosité et cette bonté qu'on ne saurait assez louer.

Mais revenons à nos voyageurs. En sortant de Jupiter, ils traversèrent un espace d'environ cent millions de lieues, et ils côtoyèrent la planète de Mars, qui, comme on sait, est cinq fois plus petite que notre petit globe; ils virent deux lunes qui servent à cette planète, et qui ont échappé aux regards de nos astronomes. Je sais bien que le père Castel écrira, et même assez plaisamment, contre l'existence de ces deux lunes; mais je m'en rapporte à ceux qui raisonnent par analogie. Ces bons philosophes-là savent combien il serait difficile que Mars, qui est si loin du soleil, se passât à moins de deux lunes. Quoi qu'il en soit, nos gens trouvèrent cela si petit qu'ils craignirent de n'y pas trouver de quoi y coucher, et ils passèrent leur chemin comme deux voyageurs qui dédaignent un mauvais cabaret de village et poussent jusqu'à la ville voisine. Mais le Sirien et son compagnon se repentirent bientôt. Ils allèrent longtemps, et ne trouvèrent rien. Enfin ils aperçurent une petite lueur : c'était la terre : cela fit pitié à des gens qui venaient de Jupiter. Cependant de peur de se repentir une seconde fois, ils résolurent de débarquer. Ils passèrent sur la queue de la comète, et, trouvant une aurore boréale toute prête, ils se mirent dedans, et arrivèrent à terre sur le bord septentrional de la mer Baltique, le cinq juillet mil sept cent trente-sept, nouveau style.

CHAPITRE QUATRIEME

CE QUI LEUR ARRIVE SUR LE GLOBE DE LA TERRE

Après s'être reposés quelque temps, ils mangèrent à leur déjeuner deux montagnes, que leurs gens leur apprêtèrent assez proprement. Ensuite ils voulurent reconnaître le petit pays où ils étaient. Ils allèrent d'abord du nord au sud. Les pas ordinaires du Sirien et de ses gens étaient d'environ trente mille pieds de roi; le nain de Saturne suivait de loin en haletant; or il fallait qu'il fît environ douze pas, quand l'autre faisait une enjambée : figurez-vous (s'il est permis de faire de telles comparaisons) un très petit chien de manchon qui suivrait un capitaine des gardes du roi de Prusse.

Comme ces étrangers-là vont assez vite, ils eurent fait le tour du globe en trente-six heures; le soleil, à la vérité, ou plutôt la terre, fait un pareil voyage en une journée; mais il faut songer qu'on va bien plus à son aise quand on tourne sur son axe que quand on marche sur ses pieds.

Les voilà donc revenus d'où ils étaient partis, après avoir vu cette mare, presque imperceptible pour eux, qu'on nomme *la Méditerranée,* et cet autre petit étang qui, sous le nom du *grand Océan,* entoure la taupinière. Le nain n'en avait eu jamais qu'à mi-jambe, et à peine l'autre avait-il mouillé son talon. Ils firent tout ce qu'ils purent en allant et en revenant dessus et dessous pour tâcher d'apercevoir si ce globe était habité ou non. Ils se baissèrent, ils se couchèrent, ils tâtèrent partout; mais leurs yeux et leurs mains n'étant point proportionnés aux petits êtres qui rampent ici, ils ne reçurent pas la moindre sensation qui pût leur faire soupçonner que nous et nos confrères les autres habitants de ce globe avons l'honneur d'exister.

Le nain, qui jugeait quelquefois un peu trop vite, décida d'abord qu'il n'y avait personne sur la terre. Sa première raison était qu'il n'avait vu personne. Micromégas lui fit sentir poliment que c'était raisonner assez mal :

— Car, disait-il, vous ne voyez pas avec vos petits yeux certaines étoiles de la cinquantième grandeur que j'aperçois très distinctement; concluez-vous de là que ces étoiles n'existent pas ? Mais, dit le nain, j'ai bien tâté.

— Mais, répondit l'autre, vous avez mal senti.

— Mais, dit le nain, ce globe-ci est si mal construit cela est si irrégulier et d'une forme qui me paraît si ridicule ! tout semble être ici dans le chaos : voyez-vous ces petits ruisseaux dont aucun ne va de droit fil, ces étangs qui ne sont ni ronds, ni carrés, ni ovales, ni sous aucune forme régulière; tous ces petits grains pointus dont ce globe est hérissé, et qui m'ont écorché les pieds ? (Il voulait parler des montagnes.) Remarquez-vous encore la forme de tout le globe, comme il est plat aux pôles, comme il tourne autour du soleil d'une manière gauche, de façon que les climats des pôles sont nécessairement incultes ? En vérité, ce qui fait que je pense qu'il n'y a ici personne, c'est qu'il me paraît que des gens de bon sens ne voudraient pas y demeurer.

— Eh bien, dit Micromégas, ce ne sont peut-être pas non plus des gens de bon sens qui l'habitent. Mais enfin il y a quelque apparence que ceci n'est pas fait pour rien. Tout vous paraît irrégulier ici, dites-vous, parce que tout est tiré au cordeau dans Saturne et dans Jupiter. Eh ! c'est peut-être par cette raison-là même qu'il y a ici un peu de confusion. Ne vous ai-je pas dit que dans mes voyages j'avais toujours remarqué de la variété ?

Le Saturnien répliqua à toutes ces raisons. La dispute n'eût jamais fini, si par bonheur Micromégas, en s'échauffant à parler, n'eût cassé le fil de son collier de diamants. Les diamants tombèrent; c'étaient de jolis petits carats assez inégaux, dont les plus gros pesaient quatre cents livres, et les plus petits cinquante. Le nain en ramassa quelques-uns; il s'aperçut, en les approchant de ses yeux, que ces diamants, de la façon dont ils étaient taillés, étaient d'excellents microscopes. Il prit donc un petit microscope de cent soixante pieds de diamètre, qu'il appliqua à sa prunelle; et Micromégas en choisit un de deux mille cinq cents pieds. Ils étaient excellents; mais d'abord on ne vit rien par leur secours : il fallait s'ajuster. Enfin l'habitant de Saturne vit quelque chose d'imperceptible qui remuait entre deux eaux dans la mer Baltique : c'était une baleine. Il la prit avec le petit doigt fort adroitement; et la mettant sur l'ongle de son pouce, il la fit voir au Sirien, qui se mit à rire pour la seconde fois de l'excès de petitesse dont étaient les habitants de notre globe. Le Saturnien, convaincu que notre monde est habité, s'imagina bien vite qu'il ne l'était que par des baleines; et comme il était grand raisonneur, il voulut deviner d'où un si petit atome tirait son mouvement, s'il avait des idées, une volonté, une liberté. Micromégas y fut fort embarrassé; il examina l'animal fort patiemment, et le résultat de l'examen fut qu'il n'y avait pas moyen de croire qu'une âme fût logée là. Les deux voyageurs inclinaient donc à penser qu'il n'y a point d'esprit dans notre habitation, lorsqu'à l'aide du microscope ils aperçurent quelque chose d'aussi gros qu'une baleine qui flottait sur la mer Baltique. On sait que dans ce temps-là même une volée de philosophes revenait du cercle polaire, sous lequel ils avaient été faire des observations dont personne ne s'était avisé jusqu'alors. Les gazettes dirent que leur vaisseau échoua aux côtes de Botnie, et qu'ils eurent bien de la peine à se sauver; mais on ne sait jamais dans ce monde le dessous des cartes. Je vais raconter ingénument comme la chose se passa, sans y rien mettre du mien : ce qui n'est pas un petit effort pour un historien.

CHAPITRE CINQUIEME

EXPERIENCES ET RAISONNEMENTS DES DEUX VOYAGEURS

Micromégas étendit la main tout doucement vers l'endroit où l'objet paraissait, et avançant deux doigts, et les retirant par la crainte de se tromper, puis les ouvrant et les serrant, il saisit fort adroitement le vaisseau qui portait ces messieurs, et le mit encore sur son ongle, sans le trop presser, de peur de l'écraser.

— Voici un animal bien différent du premier; dit le nain de Saturne. Le Sirien mit le prétendu animal dans le creux de sa main. Les passagers et les gens de l'équipage, qui s'étaient crus enlevés par un ouragan, et qui se croyaient sur une espèce de rocher, se mettent tous en mouvement; les matelots prennent des tonneaux de vin, les jettent sur la main de Micromégas, et se précipitent après. Les géomètres prennent leurs quarts de cercle, leurs secteurs, et des filles laponnes, et descendent sur les doigts du Sirien. Ils en firent tant qu'il sentit enfin remuer quelque chose qui lui chatouillait les doigts : c'était un bâton ferré qu'on lui enfonçait d'un pied dans l'index; il jugea, par ce picotement, qu'il était sorti quelque chose du petit animal qu'il tenait; mais il n'en soupçonna pas d'abord davantage. Le microscope, qui faisait à peine discerner une baleine et un vaisseau, n'avait point de prise sur un être aussi imperceptible que des hommes. Je ne prétends choquer ici la vanité de personne, mais je suis obligé de prier les importants de faire ici une petite remarque avec moi : c'est qu'en prenant la taille des hommes d'environ cinq pieds, nous ne faisons pas sur la terre une plus grande figure qu'en ferait sur une boule de dix pieds de tour un animal qui aurait à peu près la six cent millième partie d'un pouce en hauteur. Figurez-vous une substance qui pourrait tenir la terre dans sa main, et qui aurait des organes en proportion des nôtres; et il se peut très bien faire qu'il y ait un grand nombre de ces substances : or concevez, je vous prie, ce qu'elles penseraient de ces batailles qui nous ont valu deux villages qu'il a fallu rendre.

Je ne doute pas que si quelque capitaine des grands grenadiers lit jamais cet ouvrage, il ne hausse de deux grands pieds au moins les bonnets de sa troupe; mais je l'avertis qu'il aura beau faire, et que lui et les siens ne seront jamais que des infiniment petits.

Quelle adresse merveilleuse ne fallut-il donc pas à notre philosophe de Sirius pour apercevoir les atomes dont je viens de parler ? Quand Leuwenhoek et Hartsoeker virent les premiers, ou crurent voir la graine dont nous sommes formés, ils ne firent pas à beaucoup près une si étonnante découverte. Quel plaisir sentit Micromégas en voyant remuer ces petites machines, en examinant tous leurs tours, en les suivant dans toutes leurs opérations ! comme il s'écria ! comme il mit avec joie un de ses microscopes dans les mains de son compagnon de voyage !

— Je les vois, disaient-ils tous deux à la fois; ne les voyez-vous pas qui portent des fardeaux, qui se baissent, qui se relèvent.

En parlant ainsi les mains leur tremblaient, par le plaisir de voir des objets si nouveaux, et par la crainte de les perdre. Le Saturnien, passant d'un excès de défiance à un excès de crédulité, crut apercevoir qu'ils travaillaient à la propagation. *Ah !* disait-il, *j'ai pris la nature sur le fait.* Mais il se trompait sur les apparences : ce qui n'arrive que trop, soit qu'on se serve ou non de microscopes.

CHAPITRE SIXIEME

CE QUI LEUR ARRIVA AVEC DES HOMMES

Micromégas, bien meilleur observateur que son nain, vit clairement que les atomes se parlaient; et il le fit remarquer à son compagnon, qui, honteux de s'être mépris sur l'article de la génération, ne voulut point croire que de pareilles espèces puissent se communiquer des idées. Il avait le don des langues aussi bien que le Sirien; il n'entendait point parler nos atomes, et il supposait qu'ils ne parlaient pas. D'ailleurs, comment ces êtres imperceptibles auraient-ils les organes de la voix, et qu'auraient-ils à dire ? Pour parler, il faut penser, ou à peu près; mais s'ils pensaient, ils auraient donc l'équivalent d'une âme. Or, attribuer l'équivalent d'une âme à cette espèce, cela lui paraissait absurde.

— Mais, dit le Sirien, vous avez cru tout à l'heure qu'ils faisaient l'amour; est-ce que vous croyez qu'on puisse faire l'amour sans penser et sans proférer quelque parole, ou du moins sans se faire entendre ? Supposez-vous d'ailleurs qu'il soit plus difficile de produire un argument qu'un enfant ? Pour moi, l'un et l'autre me paraissent de grands mystères.

— Je n'ose plus ni croire ni nier, dit le nain ; je n'ai plus d'opinion. Il faut tâcher d'examiner ces insectes, nous raisonnerons après.

— C'est fort bien dit, reprit Micromégas ; et aussitôt il tira une paire de ciseaux dont il se coupa les ongles, et d'une rognure de l'ongle de son pouce, il fit sur-le-champ une espèce de grande trompette parlante, comme un vaste entonnoir, dont il mit le tuyau dans son oreille.

La circonférence de l'entonnoir enveloppait le vaisseau et tout l'équipage. La voix la plus faible entrait dans les fibres circulaires de l'ongle ; de sorte que, grâce à son industrie, le philosophe de là-haut entendit parfaitement le bourdonnement de nos insectes de là-bas. En peu d'heures il parvint à distinguer les paroles, et enfin à entendre le français. Le nain en fit autant, quoique avec plus de difficulté. L'étonnement des voyageurs redoublait à chaque instant. Ils entendaient des mites parler d'assez bon sens : ce jeu de la nature leur paraissait inexplicable. Vous croyez bien que le Sirien et son nain brûlaient d'impatience de lier conversation avec les atomes ; il craignait que sa voix de tonnerre, et surtout celle de Micromégas, n'assourdît les mites sans en être entendue. Il fallait en diminuer la force. Ils se mirent dans la bouche des espèces de petits cure-dents, dont le bout fort effilé venait donner auprès du vaisseau. Le Sirien tenait le nain sur ses genoux, et le vaisseau avec l'équipage sur un ongle ; il baissait la tête et parlait bas. Enfin, moyennant toutes ces précautions et bien d'autres encore, il commença ainsi son discours :

« Insectes invisibles, que la main du Créateur s'est plu à faire naître dans l'abîme de l'infiniment petit, je le remercie de ce qu'il a daigné me découvrir des secrets qui semblaient impénétrables. Peut-être ne daignerait-on pas vous regarder à ma cour; mais je ne méprise personne, et je vous offre ma protection. »

Si jamais il y a eu quelqu'un d'étonné, ce furent les gens qui entendirent ces paroles. Ils ne pouvaient deviner d'où elles partaient. L'aumônier du vaisseau récita les prières des exorcismes, les matelots jurèrent, et les philosophes du vaisseau firent un système; mais quelque système qu'ils fissent, ils ne purent jamais deviner qui leur parlait. Le nain de Saturne, qui avait la voix plus douce que Micromégas, leur apprit alors en peu de mots à quelles espèces ils avaient affaire. Il leur conta le voyage de Saturne, les mit au fait de ce qu'était monsieur Micromégas; et, après les avoir plaints d'être si petits, il leur demanda s'ils avaient toujours été dans ce misérable état si voisin de l'anéantissement, ce qu'ils faisaient dans un globe qui paraissait appartenir à des baleines, s'ils étaient heureux, s'ils multipliaient, s'ils avaient une âme, et cent autres questions de cette nature.

Un raisonneur de la troupe, plus hardi que les autres, et choqué de ce qu'on doutait de son âme, observa l'interlocuteur avec des pinnules braquées sur un quart de cercle, fit deux stations, et à la troisième il parla ainsi :

— Vous croyez donc, monsieur, parce que vous avez mille toises depuis la tête jusqu'aux pieds, que vous êtes un...

— Mille toises ! s'écria le nain; juste ciel ! d'où peut-il savoir ma hauteur ? mille toises ! Il ne se trompe pas d'un pouce; quoi ! cet atome m'a mesuré ! il est géomètre, il connaît ma grandeur; et moi, qui ne le vois qu'à travers un microscope, je ne connais pas encore la sienne !

— Oui, je vous ai mesuré, dit le physicien, et je mesurerai bien encore votre grand compagnon.

La proposition fut acceptée; Son Excellence se coucha de son long : car, s'il se fût tenu debout, sa tête eût été trop au-dessus des nuages. Nos philosophes lui plantèrent un grand arbre dans un endroit que le docteur Swift nommerait, mais que je me garderai bien d'appeler par son nom, à cause de mon grand respect pour les dames. Puis, par une suite de triangles liés ensemble, ils conclurent que ce qu'ils voyaient était en effet un jeune homme de cent vingt mille pieds de roi.

Alors Micromégas prononça ces paroles :

— Je vois plus que jamais qu'il ne faut juger de rien sur sa grandeur apparente. O Dieu ! qui avez donné une intelligence à des substances qui paraissent si méprisables, l'infiniment petit vous coûte aussi peu que l'infiniment grand; et, s'il est possible qu'il y ait des êtres plus petits que ceux-ci, ils peuvent encore avoir un esprit supérieur à ceux de ces superbes animaux que j'ai vus dans le ciel, dont le pied seul couvrirait le globe où je suis descendu.

Un des philosophes lui répondit qu'il pouvait en toute sûreté croire qu'il est en effet des êtres intelligents beaucoup plus petits que l'homme. Il lui conta, non pas tout ce que Virgile a dit de fabuleux sur les abeilles, mais ce que Swammerdam a découvert, et ce que Réaumur a disséqué. Il lui apprit enfin qu'il y a des animaux qui sont pour les abeilles ce que les abeilles sont pour l'homme, ce que le Sirien lui-même était pour ces animaux si vastes dont il parlait, et ce que ces grands animaux sont pour d'autres substances devant lesquelles ils ne paraissent que comme des atomes.

Peu à peu la conversation devint intéressante, et Micromégas parla ainsi.

CHAPITRE SEPTIEME

CONVERSATION AVEC LES HOMMES

— O atomes intelligents, dans qui l'Etre éternel s'est plu à manifester son adresse et sa puissance, vous devez sans doute goûter des joies bien pures sur votre globe : car, ayant si peu de matière, et paraissant tout esprit, vous devez passer votre vie à aimer et à penser; c'est la véritable vie des esprits. Je n'ai vu nulle part le vrai bonheur; mais il est ici, sans doute.

A ce discours, tous les philosophes secouèrent la tête; et l'un d'eux, plus franc que les autres, avoua de bonne foi que, si l'on en excepte un petit nombre d'habitants fort peu considérés, tout le reste est un assemblage de fous, de méchants et de malheureux.

— Nous avons plus de matière qu'il ne nous en faut, dit-il, pour faire beaucoup de mal, si le mal vient de la matière; et trop d'esprit, si le mal vient de l'esprit. Savez-vous bien, par exemple, qu'à l'heure que je vous parle, il y a cent mille fous de notre espèce, couverts de chapeaux, qui tuent cent mille autres animaux couverts d'un turban, ou qui sont massacrés par eux, et que, presque par toute la terre, c'est ainsi qu'on en use de temps immémorial ?

Le Sirien frémit, et demanda quel pouvait être le sujet de ces horribles querelles entre de si chétifs animaux.

— Il s'agit, dit le philosophe, de quelque tas de boue grand comme votre talon. Ce n'est pas qu'aucun

de ces millions d'hommes qui se font égorger prétende un fétu sur ce tas de boue. Il ne s'agit que de
savoir s'il appartiendra à un certain homme qu'on
nomme *Sultan*, ou à un autre qu'on nomme, je ne
sais pourquoi, *César*. Ni l'un ni l'autre n'a jamais vu
ni ne verra jamais le petit coin de terre dont il s'agit;
et presque aucun de ces animaux, qui s'égorgent
mutuellement, n'a jamais vu l'animal pour lequel ils
s'égorgent.

— Ah ! malheureux ! s'écria le Sirien avec indignation, peut-on concevoir cet excès de rage forcenée !
Il me prend envie de faire trois pas, et d'écraser de
trois coups de pied toute une fourmilière d'assassins
ridicules.

— Ne vous en donnez pas la peine, lui répondit-
on; ils travaillent assez à leur ruine. Sachez qu'au bout
de dix ans, il ne reste jamais la centième partie de ces
misérables; sachez que, quand même ils n'auraient
pas tiré l'épée, la faim, la fatigue ou l'intempérance,
les emportent presque tous. D'ailleurs, ce n'est pas
eux qu'il faut punir, ce sont ces barbares sédentaires
qui du fond de leur cabinet ordonnent, dans le temps
de leur digestion, le massacre d'un million d'hommes, et qui ensuite en font remercier Dieu solennelle-
ment.

Le voyageur se sentait ému de pitié pour la petite
race humaine, dans laquelle il découvrait de si éton-
nants contrastes.

— Puisque vous êtes du petit nombre des sages,
dit-il à ces messieurs, et qu'apparemment vous ne
tuez personne pour de l'argent, dites-moi, je vous en
prie, à quoi vous vous occupez.

— Nous disséquons des mouches, dit le philosophe, nous mesurons des lignes, nous assemblons des
nombres; nous sommes d'accord sur deux ou trois

points que nous entendons, et nous disputons sur deux ou trois mille que nous n'entendons pas.

Il prit aussitôt fantaisie au Sirien et au Saturnien d'interroger ces atomes pensants, pour savoir les choses dont ils convenaient.

— Combien comptez-vous, dit-il, de l'étoile de la Canicule à la grande étoile des Gémeaux ?

Ils répondirent tous à la fois :

— Trente-deux degrés et demi.

— Combien comptez-vous d'ici à la lune ?

— Soixante demi-diamètres de la terre en nombre rond.

— Combien pèse votre air ?

Il croyait les attraper, mais tous lui dirent que l'air pèse environ neuf cents fois moins qu'un pareil volume de l'eau la plus légère, et dix-neuf cents fois moins que l'or de ducat. Le petit nain de Saturne, étonné de leurs réponses, fut tenté de prendre pour des sorciers ces mêmes gens auxquels il avait refusé une âme un quart d'heure auparavant.

Enfin Micromégas leur dit :

— Puisque vous savez si bien ce qui est hors de vous, sans doute vous savez encore mieux ce qui est en dedans. Dites-moi ce que c'est que votre âme, et comment vous formez vos idées.

Les philosophes parlèrent tous à la fois comme auparavant ; mais ils furent tous de différents avis. Le plus vieux citait Aristote, l'autre prononçait le nom de Descartes ; celui-ci, de Malebranche ; cet autre, de Leibnitz ; cet autre, de Locke. Un vieux péripatéticien dit tout haut avec confiance :

— L'âme est une *entéléchie*, et une raison par qui elle a la puissance d'être ce qu'elle est. C'est ce que déclare expressément Aristote, page 633 de l'édition du Louvre. Ἐντελεχεῖα ἐστι.

— Je n'entends pas trop bien le grec, dit le géant.

— Ni moi non plus, dit la mite philosophique.

— Pourquoi donc, reprit le Sirien, citez-vous un certain Aristote en grec ?

— C'est, répliqua le savant, qu'il faut bien citer ce qu'on ne comprend point du tout dans la langue qu'on entend le moins.

Le cartésien prit la parole, et dit :

— L'âme est un esprit pur qui a reçu dans le ventre de sa mère toutes les idées métaphysiques, et qui, en sortant de là, est obligée d'aller à l'école, et d'apprendre tout de nouveau ce qu'elle a si bien su, et qu'elle ne saura plus.

— Ce n'était donc pas la peine, répondit l'animal de huit lieues, que ton âme fût si savante dans le ventre de ta mère, pour être si ignorante quand tu aurais de la barbe au menton. Mais qu'entends-tu par esprit ?

— Que me demandez-vous là ? dit le raisonneur; je n'en ai point d'idée; on dit que ce n'est pas de la matière.

— Mais sais-tu au moins ce que c'est que de la matière ?

— Très bien, répondit l'homme. Par exemple cette pierre est grise, et d'une telle forme, elle a ses trois dimensions, elle est pesante et divisible.

— Eh bien ! dit le Sirien, cette chose qui te paraît être divisible, pesante et grise, me dirais-tu bien ce que c'est ? Tu vois quelques attributs; mais le fond de la chose, le connais-tu ?

— Non dit l'autre.

— Tu ne sais donc point ce que c'est la matière;

Alors monsieur Micromégas, adressant la parole à un autre sage qu'il tenait sur son pouce, lui demanda ce que c'était que son âme, et ce qu'elle faisait. « Rien du tout, répondit le philosophe malebranchiste; c'est Dieu qui fait tout pour moi : je vois tout en lui, je fais tout en lui; c'est lui qui fait tout sans que je m'en mêle.

— Autant vaudrait ne pas être, reprit le sage de Sirius. Et toi, mon ami, dit-il à un Leibnitzien qui était là, qu'est-ce que ton âme ?

— C'est, répondit le Leibnitzien, une aiguille qui montre les heures pendant que mon corps carillonne, ou bien, si vous voulez, c'est elle qui carillonne pendant que mon corps montre l'heure; ou bien mon âme est le miroir de l'univers, et mon corps est la bordure du miroir : cela est clair.

Un petit partisan de Locke était là tout auprès; et quand on lui eut enfin adressé la parole :

— Je ne sais pas, dit-il, comment je pense, mais je sais que je n'ai jamais pensé qu'à l'occasion de mes sens. Qu'il y ait des substances immatérielles et intelligentes, c'est de quoi je ne doute pas; mais qu'il soit impossible à Dieu de communiquer la pensée à la matière, c'est de quoi je doute fort. Je révère la puissance éternelle; il ne m'appartient pas de la borner : je n'affirme rien; je me contente de croire qu'il y a plus de choses qu'on ne pense.

L'animal de Sirius sourit : il ne trouve pas celui-là le moins sage; et le nain de Saturne aurait embrassé le sectateur de Locke sans l'extrême disproportion. Mais il y avait là, par malheur, un petit animalcule en bonnet carré qui coupa la parole à tous les animalcules philosophes; il dit qu'il savait tout le secret, que cela se trouvait dans la *Somme* de saint Thomas; il regarda de haut en bas les deux habitants célestes; il leur soutint que leurs personnes, leurs mondes, leurs soleils, leurs étoiles, tout était fait uniquement pour l'homme. A ce discours, nos deux voyageurs se laissèrent aller l'un sur l'autre en étouffant de ce rire inextinguible qui, selon Homère, est le partage des dieux : leurs épaules et leurs ventres allaient et venaient, et dans ces convulsions le vaisseau, que le Sirien avait sur son ongle, tomba dans une poche de la culotte du Saturnien. Ces deux bonnes gens le cherchèrent longtemps; enfin ils retrouvèrent l'équipage, et le rajustèrent fort proprement. Le Sirien reprit les petites mites; il leur parla encore avec beaucoup de bonté, quoiqu'il fût un peu fâché dans le fond du cœur de voir que les infiniment petits eussent un orgueil presque infiniment grand. Il leur promit de leur faire un beau livre de philosophie, écrit fort menu pour leur usage, et que, dans ce livre, ils verraient le bout des choses. Effectivement, il leur donna ce volume avant son départ : on le porta à Paris à l'Académie des sciences; mais, quand le secrétaire l'eut ouvert, il ne vit qu'un livre tout blanc :

— Ah ! dit-il, je m'en étais bien douté.

Denis Diderot

Les Deux Amis de Bourbonne

Il y avait ici deux hommes, qu'on pourrait appeler les
Oreste et Pylade de Bourbonne. L'un se nommait Olivier, et l'autre Félix; ils étaient nés le même jour, dans
la même maison, et des deux sœurs. Ils avaient été
nourris du même lait; car l'une des mères étant morte
en couche, l'autre se chargea des deux enfants. Ils
avaient été élevés ensemble; ils étaient toujours sépa-
rés des autres : ils s'aimaient comme on existe, comme
on vit, sans s'en douter; ils le sentaient à tout
moment, et ils ne se l'étaient peut-être jamais dit.
Olivier avait une fois sauvé la vie à Félix, qui se
piquait d'être grand nageur, et qui avait failli de se
noyer : ils ne s'en souvenaient ni l'un ni l'autre. Cent
fois Félix avait tiré Olivier des aventures fâcheuses où
son caractère impétueux l'avait engagé; et jamais
celui-ci n'avait songé à l'en remercier : ils s'en retour-
naient ensemble à la maison, sans se parler, ou en parlant d'autre chose.

Lorsqu'on tira pour la milice, le premier billet fatal
étant tombé sur Félix, Olivier dit :

— L'autre est pour moi.

Ils firent leur temps de service; ils revinrent au
pays : plus chers l'un à l'autre qu'ils ne l'étaient

encore auparavant, c'est ce que je ne saurais vous assurer : car, petit frère, si les bienfaits réciproques cimentent les amitiés réfléchies, peut-être ne font-ils rien à celles que j'appellerais volontiers des amitiés animales et domestiques. A l'armée, dans une rencontre, Olivier étant menacé d'avoir la tête fendue d'un coup de sabre, Félix se mit machinalement au-devant du coup, et en resta balafré : on prétend qu'il était fier de cette blessure; pour moi, je n'en crois rien. A Hastembeck, Olivier avait retiré Félix d'entre la foule des morts, où il était demeuré. Quand on les interrogeait, ils parlaient quelquefois des secours qu'ils avaient reçus l'un de l'autre, jamais de ceux qu'ils avaient rendus l'un à l'autre. Olivier disait de Félix, Félix disait d'Olivier; mais ils ne se louaient pas. Au bout de quelque temps de séjour au pays, ils aimèrent; et le hasard voulut que ce fût la même fille. Il n'y eut entre eux aucune rivalité; le premier qui s'aperçut de la passion de son ami se retira : ce fut Félix. Olivier épousa; et Félix dégoûté de la vie sans savoir pourquoi, se précipita dans toutes sortes de métiers dangereux; le dernier fut de se faire contrebandier.

Vous n'ignorez pas, petit frère, qu'il y a quatre tribunaux en France, Caen, Reims, Valence et Toulouse, où les contrebandiers sont jugés; et que le plus sévère des quatre, c'est celui de Reims, où préside un nommé Coleau, l'âme la plus féroce que la nature ait encore formée. Félix fut pris les armes à la main, conduit devant le terrible Coleau, et condamné à mort, comme cinq cents autres qui l'avaient précédé. Olivier apprit le sort de Félix. Une nuit, il se lève d'à côté de sa femme, et, sans lui rien dire, il s'en va à Reims. Il s'adresse au juge Coleau; il se jette à ses pieds, et lui demande la grâce de voir et d'embrasser Félix. Coleau le regarde, se tait un moment, et lui fait signe de s'asseoir. Olivier s'assied. Au bout d'une demi-heure, Coleau tire sa montre et dit à Olivier :

— Si tu veux voir et embrasser ton ami vivant, dépêche-toi, il est en chemin; et si ma montre va bien, avant qu'il soit dix minutes il sera pendu.

Olivier, transporté de fureur, se lève, décharge sur la nuque du cou au juge Coleau un énorme coup de bâton, dont il l'étend presque mort; court vers la place, arrive, crie, frappe le bourreau, frappe les gens de la justice, soulève la populace indignée de ces exécutions. Les pierres volent; Félix délivré s'enfuit; Olivier songe à son salut : mais un soldat de maréchaussée lui avait percé les flancs d'un coup de baïonnette, sans qu'il s'en fût aperçu. Il gagna la porte de la ville, mais il ne put aller plus loin; des voituriers charitables le jetèrent sur leur charrette, et le déposèrent à la porte de sa maison un moment avant qu'il expirât; il n'eut que le temps de dire à sa femme :

— Femme, approche, que je t'embrasse; je me meurs, mais le balafré est sauvé.

Un soir que nous allions à la promenade, selon notre usage, nous vîmes au-devant d'une chaumière une grande femme debout, avec quatre petits enfants à ses pieds; sa contenance triste et ferme attira notre attention, et notre attention fixa la sienne. Après un moment de silence, elle nous dit :

— Voilà quatre petits enfants, je suis leur mère, et je n'ai plus de mari.

Cette manière haute de solliciter la commisération était bien faite pour nous toucher. Nous lui offrîmes nos secours, qu'elle accepta avec honnêteté : c'est à cette occasion que nous avons appris l'histoire de son mari Olivier et de Félix son ami. Nous avons parlé d'elle, et j'espère que notre recommandation ne lui aura pas été inutile. Vous voyez, petit frère, que la grandeur d'âme et les hautes qualités sont de toutes les conditions et de tous les pays; que tel meurt obscur, à qui il n'a manqué qu'un autre théâtre; et qu'il ne faut pas aller jusque chez les Iroquois pour trouver deux amis.

Dans le temps que le brigand Testalunga infestait la Sicile avec sa troupe, Romano, son ami et son confident, fut pris. C'était le lieutenant de Testalunga, et son second. Le père de ce Romano fut arrêté et emprisonné pour crimes. On lui promit sa grâce et sa liberté, pourvu que Romano trahît et livrât son chef Testalunga. Le combat entre la tendresse filiale et l'amitié jurée fut violent. Mais Romano père persuada son fils de donner la préférence à l'amitié, honteux de devoir la vie à une trahison. Romano se rendit à l'avis de son père. Romano père fut mis à mort; et jamais les tortures les plus cruelles ne purent arracher de Romano fils la délation de ses complices.

Vous avez désiré, petit frère, de savoir ce qu'est devenu Félix; c'est une curiosité si simple, et le motif en est si louable, que nous nous sommes un peu reproché de ne l'avoir pas eue. Pour réparer cette faute, nous avons pensé d'abord à M. Papin, docteur en théologie, et curé de Sainte-Marie à Bourbonne : mais maman s'est ravisée; et nous avons donné la préférence au subdélégué Aubert, qui est un bon homme, bien rond, et qui nous a envoyé le récit suivant, sur la vérité duquel vous pouvez compter :

«Le nommé Félix vit encore. Echappé des mains de la justice de Reims, il se jeta dans les forêts de la province, dont il avait appris à connaître les tours et les détours pendant qu'il faisait la contrebande, cherchant à s'approcher peu à peu de la demeure d'Olivier, dont il ignorait le sort.

»Il y avait au fond d'un bois, où vous vous êtes promenée quelquefois, un charbonnier dont la cabane servait d'asile à ces sortes de gens; c'était aussi l'entrepôt de leurs marchandises et de leurs armes : ce fut là que Félix se rendit, non sans avoir couru le danger de tomber dans les embûches de la maréchaussée, qui le suivait à la piste. Quelques-uns de ses associés y avaient porté la nouvelle de son emprisonnement à Reims; et le charbonnier et la charbonnière le croyaient justicié, lorsqu'il leur apparut.

» Je vais vous raconter la chose, comme je la tiens de la charbonnière, qui est décédée ici il n'y a pas longtemps.

» Ce furent ses enfants, en rôdant autour de la cabane, qui le virent les premiers. Tandis qu'il s'arrêtait à caresser le plus jeune, dont il était le parrain, les autres entrèrent dans la cabane en criant : « Félix ! Félix ! » Le père et la mère sortirent en répétant le même cri de joie; mais ce misérable était si harassé de fatigue et de besoin, qu'il n'eut pas la force de répondre, et qu'il tomba presque défaillant entre leurs bras.

» Ces bonnes gens le secoururent de ce qu'ils avaient, lui donnèrent du pain, du vin, quelques légumes : il mangea, et s'endormit.

» A son réveil, son premier mot fut : « Olivier ! Enfants, ne savez-vous rien d'Olivier ? — Non », lui répondirent-ils. Il leur raconta l'aventure de Reims; il passa la nuit et le jour suivant avec eux. Il soupirait, il prononçait le nom d'Olivier; il le croyait dans les prisons de Reims; il voulait y aller, il voulait aller mourir avec lui; et ce ne fut pas sans peine que le charbonnier et la charbonnière le détournèrent de ce dessein.

» Sur le milieu de la seconde nuit, il prit un fusil, il mit un sabre sous son bras, et s'adressant à voix basse au charbonnier. « Charbonnier !

— Félix !

— Prends ta cognée, et marchons.

— Où !

— Belle demande ! chez Olivier. »

Ils vont ; mais tout en sortant de la forêt, les voilà
enveloppés d'un détachement de maréchaussée.

» Je m'en rapporte à ce que m'en a dit la charbonnière ; mais il est inouï que deux hommes à pied aient
pu tenir contre une vingtaine d'hommes à cheval :
apparemment que ceux-ci étaient épars, et qu'ils voulaient se saisir de leur proie en vie. Quoi qu'il en soit,
l'action fut très chaude ; il y eut cinq chevaux d'estropiés et sept cavaliers de hachés ou sabrés. Le pauvre
charbonnier resta mort sur la place d'un coup de feu
à la tempe ; Félix regagna la forêt ; et comme il est
d'une agilité incroyable, il courait d'un endroit à
l'autre ; en courant, il chargeait son fusil, tirait, donnait un coup de sifflet. Ces coups de sifflet, ces coups
de fusil donnés, tirés à différents intervalles et de différents côtés, firent craindre aux cavaliers de maréchaussée qu'il n'y eût là une horde de contrebandiers ;
et ils se retirèrent en diligence.

» Lorsque Félix les vit éloignés, il revint sur-le-
champ de bataille ; il mit le cadavre du charbonnier
sur ses épaules, et reprit le chemin de la cabane, où
la charbonnière et ses enfants dormaient encore. Il
s'arrête à la porte, il étend le cadavre à ses pieds, et
s'assied le dos appuyé contre un arbre et le visage
tourné vers l'entrée de la cabane. Voilà le spectacle
qui attendait la charbonnière au sortir de sa baraque.

» Elle s'éveille, elle ne trouve point son mari à côté
d'elle ; elle cherche des yeux Félix, point de Félix. Elle
se lève, elle sort, elle voit, elle crie, elle tombe à la ren-
verse. Ses enfants accourent, ils voient, ils crient ; ils se
roulent sur leur père, ils se roulent sur leur mère. La

charbonnière, rappelée à elle-même par le tumulte et les cris de ses enfants, s'arrache les cheveux, se déchire les joues. Félix immobile au pied de son arbre, les yeux fermés, la tête renversée en arrière, leur disait d'une voix éteinte : « Tuez-moi. » Il se faisait un moment de silence; ensuite la douleur et les cris reprenaient, et Félix leur redisait : « Tuez-moi; enfants par pitié, tuez-moi. »

» Ils passèrent ainsi trois jours et trois nuits à se désoler; le quatrième, Félix dit à la charbonnière : « Femme, prends ton bissac, mets-y du pain, et suis-moi. » Après un long circuit à travers nos montagnes et nos forêts, ils arrivèrent à la maison d'Olivier, qui est située, comme vous savez, à l'extrémité du bourg, à l'endroit où la voie se partage en deux routes, dont l'une conduit en Franche-Comté et l'autre en Lorraine.

» C'est là que Félix va apprendre la mort d'Olivier et se trouver entre les veuves de deux hommes massacrés à son sujet. Il entre et dit brusquement à la femme Olivier : « Où est Olivier ? » Au silence de cette femme, à son vêtement, à ses pleurs, il comprit qu'Olivier n'était plus. Il se trouva mal : il tomba et se fendit la tête contre la huche à pétrir le pain. Les deux veuves le relevèrent; son sang coulait sur elles; et tandis qu'elles s'occupaient à l'étancher avec leurs tabliers, il leur disait : « Et vous êtes leurs femmes, et vous me secourez ! » Puis il défaillait, puis il revenait et disait en soupirant : « Que ne me laissait-il ? Pourquoi s'en venir à Reims ? Pourquoi l'y laisser venir ?... » Puis sa tête se perdait, il entrait en fureur, il se roulait à terre et déchirait ses vêtements. Dans un de ces accès, il tira son sabre, et il allait s'en frapper; mais les deux femmes se jetèrent sur lui, crièrent au secours; les voisins accoururent : on le lia avec des cordes, et il fut saigné sept à huit fois. Sa fureur tomba avec l'épuisement de ses forces; et il resta comme mort pendant trois ou quatre jours, au bout desquels la raison lui revint. Dans le premier moment, il tourna ses yeux autour de lui, comme un homme qui sort d'un profond sommeil, et il dit : «Où suis-je ? Femmes, qui êtes-vous ? » La charbonnière lui répondit : «Je suis la charbonnière. » Il reprit : « Ah ! oui, la charbonnière... Et vous ?... » La femme Olivier se tut. Alors il se mit à pleurer, il se tourna du côté de la muraille, et dit en sanglotant : «Je suis chez Olivier... ce lit est celui d'Olivier... et cette femme qui est là, c'était la sienne ! Ah ! »

» Ces deux femmes en eurent tant de soin, elles lui inspirèrent tant de pitié, elles le prièrent si instamment de vivre, elles lui remontrèrent d'une manière si touchante qu'il était leur unique ressource, qu'il se laissa persuader.

» Pendant tout le temps qu'il resta dans cette maison, il ne se coucha plus. Il sortait la nuit, il errait dans les champs, il se roulait sur la terre, il appelait Olivier; une des femmes le suivait et le ramenait au point du jour.

» Plusieurs personnes le savaient dans la maison d'Olivier; et parmi ces personnes il y en avait de mal intentionnées. Les deux veuves l'avertirent du péril qu'il courait : c'était une après-midi, il était assis sur un banc, son sabre sur ses genoux, les coudes appuyés sur une table et ses deux poings sur ses deux yeux. D'abord il ne répondit rien. La femme Olivier avait un garçon de dix-sept à dix-huit ans, la charbonnière une fille de quinze. Tout à coup il dit à la charbonnière : «La charbonnière, va chercher ta fille et amène-la ici... » Il avait quelques fauchées de prés, il les vendit. La charbonnière revint avec sa fille, le fils d'Olivier l'épousa : Félix leur donna l'argent de ses prés, les embrassa, leur demanda pardon en pleurant; et ils allèrent s'établir dans la cabane où ils sont encore et où ils servent de père et de mère aux autres enfants. Les deux veuves demeurèrent ensemble; et les enfants d'Olivier eurent un père et deux mères.

» Il y a à peu près un an et demi que la charbonnière est morte; la femme d'Olivier la pleure encore tous les jours.

» Un soir qu'elles épiaient Félix (car il y en avait une des deux qui le gardait toujours à vue), elles le virent qui fondait en larmes; il tournait en silence ses bras vers la porte qui le séparait d'elles, et il se remettait ensuite à faire son sac. Elles ne lui dirent rien, car elles comprenaient de reste combien son départ était nécessaire. Ils soupèrent tous les trois sans parler. La nuit, il se leva; les femmes ne dormaient point : il s'avança vers la porte sur la pointe des pieds. Là, il s'arrêta, regarda vers le lit des deux femmes essuya ses yeux de ses mains et sortit. Les deux femmes se serrèrent dans les bras l'une de l'autre et passèrent le reste de la nuit à pleurer. On ignore où il se réfugia; mais il n'y a guère eu de semaines où il ne leur ait envoyé quelque secours.

» La forêt où la fille de la charbonnière vit avec le fils d'Olivier, appartient à un M. Leclerc de Rançonnières, homme fort riche et seigneur d'un autre village de ces cantons, appelé Courcelles. Un jour que M. de Rançonnières ou de Courcelles, comme il vous plaira, faisait une chasse dans sa forêt, il arriva à la cabane du fils d'Olivier; il y entra, il se mit à jouer avec les enfants, qui sont jolis; il les questionna; la figure de la femme, qui n'est pas mal, lui revint; le ton ferme du mari, qui tient beaucoup de son père, l'intéressa; il apprit l'aventure de leurs parents, il promit de solliciter la grâce de Félix; il la sollicita et l'obtint.

» Félix passa au service de M. de Rançonnières, qui lui donna une place de garde-chasse.

» Il y avait environ deux ans qu'il vivait dans le château de Rançonnières, envoyant aux veuves une bonne partie de ses gages, lorsque l'attachement à son maître et la fierté de son caractère l'impliquèrent dans une affaire qui n'était rien dans son origine, mais qui eut les suites les plus fâcheuses.

» M. de Rançonnières avait pour voisin à Courcelles, un M. Fourmont, conseiller au présidial de Ch... Les deux maisons n'étaient séparées que par une borne; cette borne gênait la porte de M. de Rançonnières et en rendait l'entrée difficile aux voitures. M. de Rançonnières la fit reculer de quelques pieds du côté de M. Fourmont; celui-ci renvoya la borne d'autant sur M. de Rançonnières; et puis voilà de la haine, des insultes, un procès entre les deux voisins. Le procès de la borne en suscita deux ou trois autres plus considérables. Les choses en étaient là, lorsqu'un soir M. de Rançonnières, revenant de la chasse, accompagné de son garde Félix, fit rencontre, sur le grand chemin, de M. Fourmont le magistrat et de son frère le militaire. Celui-ci dit à son frère : « Mon frère, si l'on coupait le visage à ce vieux bouc-là, qu'en pensez-vous ? » Ce propos ne fut pas entendu de M. de Rançonnières, mais il le fut malheureusement de Félix, qui s'adressant fièrement au jeune homme, lui dit : « Mon officier, seriez-vous assez brave pour vous mettre seulement en devoir de faire ce que vous avez dit ? » Au même instant, il pose son fusil à terre et met la main sur la garde de son sabre, car il n'allait jamais sans son sabre. Le jeune militaire tire son épée, s'avance sur Félix; M. de Rançonnières accourt, s'interpose, saisit son garde. Cependant le militaire s'empare du fusil qui était à terre, tire sur Félix, le manque; celui-ci riposte d'un coup de sabre, fait tomber l'épée de la main au jeune homme, et avec l'épée la moitié du bras : et voilà un procès criminel en sus de trois au quatre procès civils; Félix confiné dans les prisons; une procédure effrayante; et à la suite de cette procédure, un magistrat dépouillé de son état et presque déshonoré, un militaire exclu de son corps, M. de Rançonnières mort de chagrin, et Félix, dont la détention durait toujours, exposé à tout le ressentiment des Fourmont. Sa fin eût été malheureuse, si l'amour ne l'eût secouru; la fille du geôlier prit de la passion pour lui et facilita son évasion : si cela n'est pas vrai, c'est du moins l'opinion publique. Il s'en est allé en Prusse, où il sert aujourd'hui dans le régiment des gardes. On dit qu'il y est aimé de ses camarades, et même connu du roi. Son nom de guerre est le Triste; la veuve Olivier m'a dit qu'il continuait à la soulager.

» Voilà, madame, tout ce que j'ai pu recueillir de l'histoire de Félix. Je joins à mon récit une lettre de M. Papin, notre curé. Je ne sais ce qu'elle contient; mais je crains bien que le pauvre prêtre, qui a la tête un peu étroite et le cœur assez mal tourné, ne vous parle d'Olivier et de Félix d'après ses préventions. Je vous conjure, madame, de vous en tenir aux faits sur la vérité desquels vous pouvez compter, et à la bonté de votre cœur, qui vous conseillera mieux que le premier casuiste de Sorbonne, qui n'est pas M. Papin. »

LETTRE

DE M. PAPIN, DOCTEUR EN THÉOLOGIE, ET CURÉ DE SAINTE-MARIE A BOURBONNE

J'ignore, madame, ce que M. le subdélégué a pu vous

conter d'Olivier et de Félix, ni quel intérêt vous pouvez prendre à deux brigands, dont tous les pas dans ce monde ont été trempés de sang. La Providence qui a châtié l'un, a laissé à l'autre quelque moment de répit, dont je crains bien qu'il ne profite pas; mais que la volonté de Dieu soit faite! Je sais qu'il y a des gens ici (et je ne serais point étonné que M. le subdélégué fût de ce nombre) qui parlent de ces deux hommes comme de modèles d'une amitié rare; mais qu'est-ce aux yeux de Dieu que la plus sublime vertu, dénuée des sentiments de la piété, du respect dû à l'Eglise et à ses ministres, et de la soumission à la loi du souverain? Olivier est mort à la porte de sa maison, sans sacrements; quand je fus appelé auprès de Félix, chez les deux veuves, je n'en pus jamais tirer autre chose que le nom d'Olivier; aucun signe de religion, aucune marque de repentir. Je n'ai pas mémoire que celui-ci se soit présenté une fois au tribunal de la pénitence. La femme Olivier est une arrogante qui m'a manqué en plus d'une occasion; sous prétexte qu'elle sait lire et écrire, elle se croit en état d'élever ses enfants; et on ne les voit ni aux écoles de la paroisse, ni à mes instructions. Que madame juge d'après cela, si des gens de cette espèce sont bien dignes de ses bontés! L'Évangile ne cesse de nous recommander la commisération pour les pauvres; mais on double le mérite de sa charité par un bon choix des misérables; et personne ne connaît mieux les vrais indigents que le pasteur commun des indigents et des riches. Si madame daignait m'honorer de sa confiance, je placerais peut-être les marques de sa bienfaisance d'une manière plus utile pour les malheureux, et plus méritoire pour elle.

Je suis avec respect, etc.

Madame de ... remercia M. le subdélégué Aubert

de son attention, et envoya ses aumômes à M. Papin,
avec le billet qui suit :

« Je vous suis très obligée, monsieur, de vos sages
conseils. Je vous avoue que l'histoire de ces deux hommes m'avait touchée; et vous conviendrez que l'exemple d'une amitié aussi rare était bien fait pour séduire
une âme honnête et sensible : mais vous m'avez éclairée, et j'ai conçu qu'il valait mieux porter ses secours
à des vertus chrétiennes et malheureuses, qu'à des vertus naturelles et païennes. Je vous prie d'accepter la
somme modique que je vous envoie, et de la distri-
buer d'après une charité mieux entendue que la
mienne.

« J'ai l'honneur d'être, etc. »

On pense bien que la veuve Olivier et Félix
n'eurent aucune part aux aumônes de madame de...
Félix mourut; et la pauvre femme aurait péri de
misère avec ses enfants, si elle ne s'était réfugiée dans
la forêt, chez son fils aîné, où elle travaille, malgré son
grand âge, et subsiste comme elle peut à côté de ses
enfants et de ses petits-enfants.

Et puis, il y a trois sortes de contes... Il y en a bien
davantage, me direz-vous... A la bonne heure; mais
je distingue le conte à la manière d'Homère, de Virgile, du Tasse, et je l'appelle le conte merveilleux. La
nature y est exagérée; la vérité y est hypothétique : et
si le conteur a bien gardé le module qu'il a choisi, si
tout répond à ce module, et dans les actions, et dans
les discours, il a obtenu le degré de perfection que le
genre de son ouvrage comportait, et vous n'avez rien
de plus à lui demander. En entrant dans son poème,
vous mettez le pied dans une terre inconnue, où rien
ne se passe comme dans celle que vous habitez, mais
où tout se fait en grand comme les choses se font
autour de vous en petit. Il y a le conte plaisant à la

façon de La Fontaine, de Vergier, de l'Arioste, d'Hamilton, où le conteur ne se propose ni l'imitation de la nature, ni la vérité, ni l'illusion; il s'élance dans les espaces imaginaires. Dites à celui-ci : Soyez gai, ingénieux, varié, original, même extravagant, j'y consens; mais séduisez-moi par les détails; que le charme de la forme me dérobe toujours l'invraisemblance du fond : et si ce conteur fait ce que vous exigez ici, il a tout fait. Il y a enfin le conte historique, tel qu'il est écrit dans les Nouvelles de Scarron, de Cervantes, etc. Au diable le conte et le conteur historique ! c'est un menteur plat et froid... Oui, s'il ne sait pas son métier. Celui-ci se propose de vous tromper; il est assis au coin de votre âtre; il a pour objet la vérité rigoureuse; il veut être cru; il veut intéresser, toucher, entraîner, émouvoir, faire frissonner la peau et couler les larmes; effet qu'on n'obtient point sans éloquence et sans poésie. Mais l'éloquence est une source de mensonge, et rien de plus contraire à l'illusion que la poésie; l'une et l'autre exagèrent, surfont, amplifient, inspirent la méfiance : comment s'y prendra donc ce conteur-ci pour vous tromper ? Le voici. Il parsèmera son récit de petites circonstances si liées à la chose, de traits si simples, si naturels, et toutefois si difficiles à imaginer, que vous serez forcé de vous dire en vous-même : Ma foi, cela est vrai : on n'invente pas ces choses-là. C'est ainsi qu'il sauvera l'exagération de l'éloquence et de la poésie; que la vérité de la nature couvrira le prestige de l'art; et qu'il satisfera à deux conditions qui semblent contradictoires, d'être en même temps historien et poète, véridique et menteur.

Un exemple emprunté d'un autre art rendra peut-être plus sensible ce que je veux vous dire. Un peintre exécute sur la toile une tête. Toutes les formes en sont fortes, grandes et régulières; c'est l'ensemble le plus parfait et le plus rare. J'éprouve, en le considérant, du respect, de l'admiration, de l'effroi. J'en cherche le modèle dans la nature, et ne l'y trouve pas; en comparaison, tout y est faible, petit et mesquin; c'est une tête idéale; je le sens, je me le dis. Mais que l'artiste me fasse apercevoir au front de cette tête une cicatrice légère, une verrue à l'une de ses tempes, une coupure imperceptible à la lèvre inférieure; et, d'idéale qu'elle était, à l'instant la tête devient un portrait; une marque de petite vérole au coin de l'œil ou à côté du nez, et ce visage de femme n'est plus celui de Vénus; c'est le portrait de quelqu'une de mes voisines. Je dirai donc à nos conteurs historiques : Vos figures sont belles, si vous voulez; mais il y manque la verrue à la tempe, la coupure à la lèvre inférieure; et, d'idéale qu'elle était, à l'instant la tête devient un portrait; une marque de petite vérole au coin de l'œil ou à côté du nez, et ce visage de femme n'est plus celui de Vénus; c'est le portrait de quelqu'une de mes voisines. Je dirai donc à nos conteurs historiques : Vos figures sont belles, si vous voulez; mais il y manque la verrue à la tempe, la coupure à la lèvre, la marque de petite vérole à côté du nez, qui les rendraient vraies; et, comme disait mon ami Caillot : « Un peu de poussière sur mes souliers, et je ne sors pas de ma loge, je reviens de la campagne. »

Atque ita mentitur, sic veris falsa remiscet,
Primo ne medium, medio ne discrepet imum

HORAT. *art. poet.* V. 151.

Et puis un peu de morale après un peu de poétique, cela va si bien ! Félix était un gueux qui n'avait rien; Olivier était un autre gueux qui n'avait rien : dites-en autant du charbonnier, de la charbonnière, et des autres personnages de ce conte; et concluez qu'en général il ne peut guère y avoir d'amitiés entières et solides qu'entre des hommes qui n'ont rien. Un homme alors est toute la fortune de son ami, et son ami est toute la sienne. De là la vérité de l'expérience, que le malheur resserre les liens; et la matière d'un petit paragraphe de plus pour la première édition du livre de *l'Esprit*.

Marquis de Sade

L'heureuse feinte

Il y a tout plein de femmes imprudentes qui s'imaginent que, pourvu qu'elles n'en viennent pas au fait avec un amant, elles peuvent sans offenser leur époux se permettre au moins un commerce de galanterie, et il résulte souvent de cette manière de voir les choses des suites plus dangereuses que si leur chute eût été complète. Ce qui arriva à la marquise de Guissac, femme de condition de Nîmes en Languedoc, est une preuve sûre de ce que nous posons ici pour maxime.

Folle, étourdie, gaie, pleine d'esprit et de gentillesse, Mme de Guissac crut que quelques lettres galantes, écrites et reçues entre elle et le baron d'Aumelas, n'entraîneraient aucune conséquence, premièrement qu'elles seraient ignorées et que si malheureusement elles venaient à être découvertes, pouvant prouver son innocence à son mari, elle ne mériterait nullement sa disgrâce; elle se trompa... M. de Guissac, excessivement jaloux, soupçonne le commerce, il interroge une femme de chambre, il se saisit d'une lettre, il n'y trouve pas d'abord de quoi légitimer ses craintes, mais infiniment plus qu'il n'en faut pour nourrir des soupçons. Dans ce cruel état d'incertitude, il se munit d'un pistolet et d'un verre de limonade, entre comme un furieux dans la chambre de sa femme...

— Je suis trahi, madame, lui crie-t-il en fureur, lisez ce billet : il m'éclaire; il n'est plus temps de balancer, je vous laisse le choix de votre mort.

La marquise se défend, elle jure à son époux qu'il se trompe, qu'elle peut être, il est vrai, coupable d'imprudence, mais qu'elle ne l'est assurément pas d'aucun crime.

— Vous ne m'en imposerez plus, perfide, répond le mari furieux, vous ne m'en imposerez plus, dépêchez-vous de choisir, ou cette arme à l'instant va vous priver du jour.

La pauvre Mme de Guissac effrayée se détermine pour le poison, prend la coupe et l'avale.

— Arrêtez, lui dit son époux dès qu'elle en a bu une partie, vous ne périrez pas seule; haï de vous, trompé par vous, que voudriez-vous que je devinsse au monde ?, et en disant cela, il avale le reste du calice.

— Oh monsieur, s'écrie Mme de Guissac, dans l'état affreux où vous venez de nous réduire l'un et l'autre, ne me refusez pas un confesseur, et que je puisse en même temps embrasser pour la dernière fois mon père et ma mère.

On envoie chercher sur-le-champ les personnes que demande cette femme infortunée, elle se jette dans le sein de ceux qui lui ont donné le jour et proteste de nouveau qu'elle n'est point coupable. Mais quels reproches faire à un mari qui se croit trompé et qui punit aussi cruellement sa femme qu'en s'immolant lui-même ? Il ne s'agit que de se désespérer, et les pleurs coulent également de toutes parts.

Cependant le confesseur arrive...

— Dans ce cruel instant de ma vie, dit la marquise, je veux pour la consolation de mes parents et pour l'honneur de ma mémoire faire une confession publique.

Le mari attentif et qui n'entend point parler du baron d'Aumelas, bien sûr que ce n'est point dans un moment pareil où sa femme osera employer la dissimulation, se relève au comble de la joie.

— O mes chers parents, s'écrie-t-il en embrassant à la fois son beau-père et sa belle-mère, consolez-vous, et que votre fille me pardonne la peur que je lui ai faite, elle m'a donné assez d'inquiétude pour qu'il me fût permis de lui en rendre un peu. Il n'y a jamais eu de poison dans ce que nous avons pris l'un et l'autre, qu'elle soit tranquille, soyons-le tous, et qu'elle retienne au moins qu'une femme vraiment honnête non seulement ne doit point faire le mal, mais qu'elle ne doit même jamais le laisser soupçonner.

La marquise eut toutes les peines du monde à revenir de son état; elle avait si bien cru être empoisonnée que la force de son imagination lui avait déjà fait sentir toutes les angoisses d'une pareille mort; elle se relève tremblante, elle embrasse son époux, la joie remplace la douleur, et la jeune femme trop corrigée par cette terrible scène promet bien qu'elle évitera à l'avenir jusqu'à la plus légère apparence des torts. Elle a tenu parole et a vécu depuis plus de trente ans avec son mari sans que jamais celui-ci ait eu le plus léger reproche à lui faire.

Charles Nodier

La Nonne sanglante

Un revenant fréquentait le château de Lindemberg,
de manière à le rendre inhabitable. Apaisé ensuite par
un saint homme, il se réduisit à n'occuper qu'une
chambre, qui était constamment fermée. Mais tous les
cinq ans, le cinq de mai, à une heure précise du
matin, le fantôme sortait de son asile.

C'était une religieuse couverte d'un voile, et vêtue
d'une robe souillée de sang. Elle tenait d'une main un
poignard, et de l'autre une lampe allumée, descendait
ainsi le grand escalier, traversait les cours, sortait par
la grande porte, qu'on avait soin de laisser ouverte, et
disparaissait.

Le retour de cette mystérieuse époque était près
d'arriver, lorsque l'amoureux Raymond reçut l'ordre
de renoncer à la main de la jeune Agnès, qu'il aimait
éperdument.

Il lui demanda un rendez-vous, l'obtint, et lui proposa un enlèvement. Agnès connaissait trop la pureté
du cœur de son amant, pour hésiter à le suivre :

— C'est dans cinq jours, lui dit-elle, que la *nonne
sanglante* doit faire sa promenade. Les portes lui
seront ouvertes, et personne n'osera se trouver sur son

passage. Je saurai me procurer des vêtements convenables, et sortir sans être reconnue; soyez prêt à quelque distance...

Quelqu'un entra alors et les força de se séparer.

Le cinq de mai, à minuit, Raymond était aux portes du château. Une voiture et deux chevaux l'attendaient dans une caverne voisine.

Les lumières s'éteignent, le bruit cesse, une heure sonne : le portier, suivant l'antique usage, ouvre la porte principale. Une lumière se montre dans la tour de l'est, parcourt une partie du château, descend... Raymond aperçoit Agnès, reconnaît le vêtement, la lampe, le sang et le poignard. Il s'approche; elle se jette dans ses bras. Il la porte presque évanouie dans la voiture; il part avec elle, au galop des chevaux.

Agnès ne proférait aucune parole.

Les chevaux couraient à perte d'haleine : deux postillons, qui essayèrent vainement de les retenir, furent renversés.

En ce moment, un orage affreux s'élève; les vents sifflent déchaînés; le tonnerre gronde au milieu de mille éclairs; la voiture emportée se brise... Raymond tombe sans connaissance.

Le lendemain matin, il se voit entouré de paysans qui le rappellent à la vie. Il leur parle d'Agnès, de la voiture, de l'orage; ils n'ont rien vu, ne savent rien, et il est à dix lieues du château de Lindemberg.

On le transporte à Ratisbonne : un médecin panse ses blessures et lui recommande le repos. Le jeune amant ordonne mille recherches inutiles, et fait cent questions, auxquelles on ne peut répondre. Chacun croit qu'il a perdu la raison.

Cependant la journée s'écoule, la fatigue et l'épuisement lui procurent le sommeil. Il dormait assez paisiblement, lorsque l'horloge d'un couvent voisin le réveille, en sonnant une heure. Une secrète horreur le saisit, ses cheveux se hérissent, son sang se glace. Sa porte s'ouvre avec violence; et, à la lueur d'une lampe posée sur la cheminée, il voit quelqu'un s'avancer : c'est la *nonne sanglante*. Le spectre s'approche, le regarde fixement et s'assied sur son lit, pendant une heure entière. L'horloge sonne deux heures. Le fantôme alors se lève, saisit la main de Raymond, de ses doigts glacés, et lui dit : «*Raymond, je suis à toi; tu es à moi pour la vie.*» Elle sortit aussitôt, et la porte se referma sur elle.

Libre alors, il crie, il appelle; on se persuade de plus en plus qu'il est insensé; son mal augmente, et les secours de la médecine sont vains.

La nuit suivante la nonne revint encore, et ses visites se renouvelèrent ainsi pendant plusieurs semaines. Le spectre, visible pour lui seul, n'était aperçu par aucun de ceux qu'il faisait coucher dans sa chambre.

Cependant Raymond apprit qu'Agnès, sortie trop tard, l'avait inutilement cherché dans les environs du château; d'où il conclut qu'il avait enlevé la nonne sanglante. Les parents d'Agnès, qui n'approuvaient point son amour, profitèrent de l'impression que fit cette aventure sur son esprit pour la déterminer à prendre le voile.

Enfin Raymond fut délivré de son effrayante compagne. On lui amena un personnage mystérieux, qui passait par Ratisbonne; on l'introduisit dans sa chambre, à l'heure où devait paraître la nonne sanglante. Elle le vit et trembla, à son ordre, elle expliqua le motif de ses importunités : religieuse espagnole, elle avait quitté le couvent, pour vivre dans le désordre, avec le seigneur du château de Lindemberg : infidèle à son amant, comme à son Dieu, elle l'avait poignardé : assassinée elle-même par son complice qu'elle voulait épouser, son corps était resté sans sépulture et son âme sans asile errait depuis un siècle. Elle demandait un peu de terre pour l'un, des prières pour l'autre. Raymond les lui promit, et ne la vit plus.

Stendhal

*San Francesco a Ripa**

Ariste et Dorante ont traité ce sujet, ce qui a donné à Eraste l'idée de le traiter aussi.

30 septembre.

Je traduis d'un chroniqueur italien le détail des amours d'une princesse romaine avec un Français. C'était en 1726, au commencement du dernier siècle. Tous les abus du népotisme florissaient alors à Rome. Jamais cette cour n'avait été plus brillante. Benoît XIII (Orsini) régnait, ou plutôt son neveu, le prince Campobasso, dirigeait sous son nom toutes les affaires grandes et petites. De toutes parts, les étrangers affluaient à Rome; les princes italiens, les nobles d'Espagne, encore riches de l'or du Nouveau-Monde, y accouraient en foule. Tout homme riche et puissant s'y trouvait au-dessus des lois. La galanterie et la magnificence semblaient la seule occupation de tant d'étrangers et de nationaux réunis.

Les deux nièces du pape, la comtesse Orsini et la princesse Campobasso, se partageaient la puissance de

---

* Église de Rome dans le Transtévère.

leur oncle et les hommages de la cour. Leur beauté les aurait fait distinguer même dans les derniers rangs de la société. L'Orsini, comme on dit familièrement à Rome, était gaie et *disinvolta*, la Campobasso tendre et pieuse : mais cette âme tendre était susceptible des transports les plus violents. Sans être ennemies déclarées, quoique se rencontrant tous les jours chez le pape et se voyant souvent chez elles, ces dames étaient rivales en tout : beauté, crédit, richesse.

La comtesse Orsini, moins jolie, mais brillante, légère, agissante, intrigante, avait des amants dont elle ne s'occupait guère, et qui ne régnaient qu'un jour. Son bonheur était de voir deux cents personnes dans ses salons et d'y régner. Elle se moquait fort de sa cousine, la Campobasso, qui, après s'être fait voir partout, trois ans de suite, avec un duc espagnol, avait fini par lui ordonner de quitter Rome dans les vingt-quatre heures, et ce, sous peine de mort.

— Depuis cette grande expédition, disait l'Orsini, ma sublime cousine n'a plus souri. Voici quelques mois surtout qu'il est évident que la pauvre femme meurt d'ennui ou d'amour, et son mari, qui n'est pas gaucher, fait passer cet ennui aux yeux du pape, notre oncle, pour de la haute piété. Je m'attends que cette piété la conduira à entreprendre un pèlerinage en Espagne.

La Campobasso était bien éloignée de regretter son Espagnol, qui, pendant deux ans au moins l'avait mortellement ennuyée. Si elle l'eût regretté, elle l'eût envoyé chercher, car c'était un de ces caractères *naturels* et passionnés, comme il n'est pas rare d'en rencontrer à Rome. D'une dévotion exaltée, quoique à peine âgée de vingt-trois ans et dans toute la fleur de la beauté, il lui arrivait de se jeter aux genoux de son oncle en le suppliant de lui donner la *bénédiction papale*, qui, comme on ne le sait pas assez, à l'exception de deux ou trois péchés atroces, absout tous les autres, *même sans confession*. Le bon Benoît XIII pleurait de tendresse.

— Lève-toi, ma nièce lui disait-il, tu n'as pas besoin de ma bénédiction, tu vaux mieux que moi aux yeux de Dieu.

En cela, bien qu'infaillible, il se trompait, ainsi que Rome entière. La Campobasso était éperdument amoureuse, son amant partageait sa passion et, cependant elle était fort malheureuse. Il y avait plusieurs mois qu'elle voyait tous les jours le chevalier de Sénecé, neveu du duc de Saint-Aignan, alors ambassadeur de Louis XV à Rome.

Fils d'une des maîtresses du régent Philippe d'Orléans, le jeune Sénecé jouissait en France de la plus haute faveur : colonel depuis longtemps, quoiqu'il eût à peine vingt-deux ans, il avait les habitudes de la fatuité, et ce qui la justifie, sans toutefois en avoir le caractère. La gaieté, l'envie de s'amuser de tout et toujours, l'étourderie, le courage, la bonté, formaient les traits les plus saillants de ce singulier caractère, et l'on pouvait dire alors, à la louange de la nation qu'il en était un échantillon parfaitement exact. En le voyant la princesse de Campobasso l'avait distingué.

— Mais, lui avait-elle dit, je me méfie de vous, vous êtes français; mais je vous avertis d'une chose : le jour où l'on saura dans Rome que je vous vois quelquefois en secret, je serai convaincue que vous l'avez dit, et je ne vous aimerai plus.

Tout en jouant avec l'amour, la Campobasso s'était éprise d'une passion véritable. Sénecé aussi l'avait aimée, mais il y avait déjà huit mois que leur intelligence durait, et le temps qui redouble la passion d'une Italienne, tue celle d'un Français. La vanité du chevalier le consolait un peu de son ennui; il avait déjà envoyé à Paris deux ou trois portraits de la Campobasso. Du reste comblé de tous les genres de biens et d'avantages, pour ainsi dire, dès l'enfance, il portait l'insouciance de son caractère jusque dans les intérêts de la vanité, qui d'ordinaire maintient si inquiets les cœurs de sa nation.

Sénecé ne comprenait nullement le caractère de sa maîtresse, ce qui fait que quelquefois sa bizarrerie l'amusait. Bien souvent encore, le jour de le fête de sainte Balbine, dont elle portait le nom, il eut à vaincre les transports et les remords d'une piété ardente et sincère. Sénecé ne lui avait pas fait *oublier la religion*, comme il arrive auprès des femmes vulgaires d'Italie; il l'avait vaincue de vive force, et le combat se renouvelait souvent.

Cet obstacle, le premier que ce jeune homme comblé par le hasard eût rencontré dans sa vie, l'amusait et maintenait vivante l'habitude d'être tendre et attentif auprès de la princesse; de temps à autre, il croyait de son devoir de l'aimer. Il y avait une autre raison fort peu romanesque. Sénecé n'avait qu'un seul confident, c'était son ambassadeur, le Duc de Saint-Aignan, auquel il rendait quelques services par la Campobasso, qui savait tout. Et l'importance qu'il acquérait aux yeux de l'ambassadeur le flattait singulièrement. La Campobasso, bien différente de Sénecé, n'était nullement touchée des avantages sociaux de son amant. Être ou n'être pas aimée était tout pour elle.

— Je lui sacrifie mon bonheur éternel, se disait-elle; lui qui est un hérétique, un Français, ne peut rien me sacrifier de pareil.

Mais le chevalier paraissait, et sa gaieté, si aimable,

intarissable, et cependant si spontanée, étonnait l'âme de la Campobasso et la charmait. A son aspect, tout ce qu'elle avait formé le projet de lui dire, toutes les idées sombres disparaissaient. Cet état, si nouveau pour cette âme altière, durait encore longtemps après que Sénecé avait disparu. Elle finit par trouver qu'elle ne pouvait penser, qu'elle ne pouvait vivre loin de Sénecé.

La mode à Rome, qui, pendant deux siècles, avait été pour les Espagnols, commençait à revenir un peu aux Français. On commençait à comprendre ce caractère qui porte le plaisir et le bonheur partout où il arrive. Ce caractère ne se trouvait alors qu'en France et, depuis la révolution de 1789 ne se trouve nulle part. C'est qu'une gaieté si constante a besoin d'insouciance, et il n'y a plus pour personne de carrière sûre en France, pas même pour l'homme de génie, s'il en est.

La guerre est déclarée entre les hommes de la classe de Sénecé et le reste de la nation. Rome aussi était bien différente alors de ce qu'on la voit aujourd'hui. On ne s'y doutait guère, en 1726, de ce qui devait y arriver soixante-sept ans plus tard, quand le peuple, payé par quelques curés, égorgeait le jacobin Basseville, qui voulait, disait-il, civiliser la capitale du monde chrétien.

Pour la première fois, auprès de Sénecé la Campobasso avait perdu la raison, s'était trouvée dans le ciel ou horriblement malheureuse pour des choses non approuvées par la raison. Dans ce caractère sévère et sincère, une fois que Sénecé eut vaincu la religion, qui pour elle était bien autre chose que la raison, cet amour devait s'élever rapidement jusqu'à la passion le plus effrénée.

La princesse avait distingué monsignor Ferraterra,

dont elle avait entrepris la fortune. Que devint-elle quand Ferraterra lui annonça que non seulement Sénecé allait plus souvent que de coutume chez l'Orsini, mais encore était cause que la comtesse venait de renvoyer un castrat célèbre, son amant en titre depuis plusieurs semaines !

Notre histoire commence le soir du jour où la Campobasso avait reçu cette annonce fatale.

Elle était immobile dans un immense fauteuil de cuir doré. Posées auprès d'elle sur une petite table de marbre noir, deux grandes lampes d'argent au long pied, chefs-d'œuvre du célèbre Benvenuto Cellini, éclairaient ou plutôt montraient les ténèbres d'une immense salle au rez-de-chaussée de son palais ornée de tableaux noircis par le temps; car déjà, à cette époque, le règne des grands peintres datait de loin.

Vis-à-vis de la princesse et presque à ses pieds, sur une petite chaise de bois d'ébène garnie d'ornements d'or massif, le jeune Sénecé venait d'étaler sa personne élégante. La princesse le regardait, et depuis qu'il était entré dans cette salle, loin de voler à sa rencontre et de se jeter dans ses bras, elle ne lui avait pas adressé une parole.

En 1726, déjà Paris était cité reine des élégances de la vie et des parures. Sénecé en faisait venir régulièrement par des courriers tout ce qui pouvait relever les grâces d'un des plus jolis hommes de France. Malgré l'assurance si naturelle à un homme de ce rang, qui avait fait ses premières armes auprès des beautés de la cour du régent et sous la direction du fameux Canillac, son oncle, un des *roués* de ce prince, bientôt il fut facile de lire quelque embarras dans les traits de Sénecé. Les beaux cheveux blonds de la princesse étaient un peu en désordre; ses grands yeux bleu foncé étaient fixés sur lui : leur expression était douteuse.

S'agissait-il d'une vengeance mortelle ? était-ce seulement le sérieux profond de l'amour passionné ?

— Ainsi vous ne m'aimez plus ? dit-elle enfin
d'une voix oppressée.

Un long silence suivit cette déclaration de guerre.

Il en coûtait à la princesse de se priver de la grâce
charmante de Sénecé qui, si elle ne lui faisait pas de
scène, était sur le point de lui dire cent folies; mais
elle avait trop d'orgueil pour différer de s'expliquer.
Une coquette est jalouse par amour-propre; une
femme galante l'est par habitude; une femme qui
aime avec sincérité et passionnément a la conscience
de ses droits. Cette façon de regarder particulièrement
à la passion romaine, amusait fort Sénecé : il y trouvait
profondeur et incertitude; on voyait l'âme à nu pour
ainsi dire. L'Orsini n'avait pas cette grâce.

Cependant, comme cette fois le silence se prolongeait outre mesure, le jeune Français qui n'était pas
bien habile dans l'art de pénétrer les sentiments
cachés d'un cœur italien, trouva un air de tranquillité
et de raison qui le mit à son aise. Du reste, en ce
moment il avait un chagrin : en traversant les caves et
les souterrains qui, d'une maison voisine du palais
Campobasso, le conduisaient dans cette salle basse, la
broderie toute fraîche d'un habit charmant et arrivé
de Paris la veille s'était chargée de plusieurs toiles
d'araignée. La présence de ses toiles d'araignée le mettait mal à son aise, et d'ailleurs il avait cet insecte en
horreur.

Sénecé, croyant voir du calme dans l'œil de la princesse, songeait à éviter la scène, à tourner le reproche
au lieu de lui répondre; mais porté au sérieux par la
contrariété qu'il éprouvait : « Ne serait-ce point ici
une occasion favorable, se disait-il, pour lui faire
entrevoir la vérité ? Elle vient de poser la question elle-

même; voilà déjà la moitié de l'ennui évité. Certainement il faut que je ne sois pas fait pour l'amour. Je n'ai jamais rien vu de si beau que cette femme avec ses yeux singuliers. Elle a de mauvaises manières, elle me fait passer par des souterrains dégoûtants; mais c'est la nièce du souverain auprès duquel le roi m'a envoyé. De plus, elle est blonde dans un pays où toutes les femmes sont brunes : c'est une grande distinction. Tous les jours j'entends porter sa beauté aux nues par des gens dont le témoignage n'est pas suspect, et qui sont à mille lieues de penser qu'il parlent à l'heureux possesseur de tant de charmes. Quant au pouvoir qu'un homme doit avoir sur sa maîtresse, je n'ai point d'inquiétude à cet égard. Si je veux prendre la peine de dire un mot, je l'enlève à son palais, à ses meubles d'or, à son oncle-roi, et tout cela pour l'emmener en France, au fond de la province, vivoter tristement dans une de mes terres... Ma foi, la perspective de ce dénouement ne m'inspire que la résolution la plus vive de ne jamais le lui demander. L'Orsini est bien moins jolie : elle m'aime, si elle m'aime, tout juste un peu plus que le castrat Butofaco que je lui ai fait renvoyer hier; mais elle a de l'usage, elle sait vivre, on peut arriver chez elle en carrosse. Et je me suis bien assuré qu'elle ne fera jamais de scène; elle ne m'aime pas assez pour cela »

Pendant ce long silence, le regard fixe de la princesse n'avait pas quitté le joli front du jeune Français.

« Je ne le verrai plus », se dit-elle. Et tout à coup elle se jeta dans ses bras et couvrit de baisers ce front et ces yeux qui ne rougissaient plus de bonheur en la revoyant. Le chevalier se fût mésestimé, s'il n'eût pas oublié à l'instant tous ses projets de rupture; mais sa maîtresse était trop profondément émue pour oublier sa jalousie. Peu d'instants après, Sénecé la regardait avec étonnement; des larmes de rage tombaient rapidement sur ses joues. « Quoi ! disait-elle à demi-voix, je m'avilis jusqu'à lui parler de son changement; je lui reproche, moi, qui m'étais juré de ne jamais m'en apercevoir ! Et ce n'est pas assez de bassesse, il faut encore que je cède à la passion que m'inspire cette charmante figure ! Ah ! vile, vile, vile princesse !... Il faut en finir. »

Elle essuya ses larmes et parut reprendre quelque tranquillité.

— Chevalier, il faut en finir, lui dit-elle assez tranquillement. Vous paraissez souvent chez la comtesse... Ici elle pâlit extrêmement. Si tu l'aimes, vas-y tous les jours, soit; mais ne reviens plus ici...

Elle s'arrêta comme malgré elle. Elle attendait un mot du chevalier; ce mot ne fut point prononcé. Elle continua avec un petit mouvement convulsif et comme en serrant les dents :

— Ce sera l'arrêt de ma mort et de la vôtre.

Cette menace décida l'âme incertaine du chevalier, qui jusque-là n'était qu'étonné de cette bourrasque imprévue après tant d'abandon. Il se mit à rire.

Une rougeur subite couvrit les joues de la princesse, qui devinrent écarlates. « La colère va la suffoquer pensa le chevalier; elle va avoir un coup de sang. » Il s'avança pour délacer sa robe; elle le repoussa avec une résolution et une force auxquelles il n'était pas accoutumé. Sénecé se rappela plus tard que, tandis qu'il essayait de la prendre dans ses bras, il l'avait entendue se parler à elle-même. Il se retira un peu : discrétion inutile, car elle semblait ne plus le voir. D'une voix basse et concentrée, comme si elle eût parlé à son confesseur, elle se disait :

« Il m'insulte, il me brave. Sans doute, à son âge et avec l'indiscrétion naturelle à son pays, il va raconter à l'Orsini toutes les indignités auxquelles je m'abaisse… Je ne suis pas sûre de moi; je ne puis me répondre même de rester insensible devant cette tête charmante… » Ici il y eut un nouveau silence, qui sembla fort ennuyeux au chevalier. La princesse se leva enfin en répétant d'un ton plus sombre : *il faut en finir.*

Sénecé, à qui la réconciliation avait fait perdre l'idée d'une explication sérieuse, lui adressa deux ou trois mots plaisants sur une aventure dont on parlait beaucoup à Rome…

— Laissez-moi, chevalier, lui dit la princesse l'interrompant; je ne me sens pas bien…

« Cette femme s'ennuie, se dit Sénecé en se hâtant d'obéir, et rien de contagieux comme l'ennui. » La princesse l'avait suivi des yeux jusqu'au bout de la salle…

— Et j'allais décider à l'étourdie du sort de ma vie ! dit-elle avec un sourire amer. Heureusement, ses plaisanteries déplacées m'ont réveillée. Quelle sottise chez cet homme ! Comment puis-je aimer un être qui me comprend si peu ? Il veut m'amuser par un mot plaisant quand il s'agit de ma vie et de la sienne !… Ah ! je reconnais bien là cette disposition sinistre et sombre qui fait mon malheur !

Et elle se leva de son fauteuil avec fureur. « Comme ses yeux étaient jolis quand il m'a dit ce mot… Et, il faut l'avouer, l'intention de ce pauvre chevalier était aimable. Il a connu le malheur de mon caractère; il voulait me faire oublier le sombre chagrin qui m'agitait, au lieu de m'en demander la cause. Aimable Français ! Au fait, ai-je connu le bonheur avant de l'aimer ? »

Elle se mit à penser et avec délices aux perfections de son amant. Peu à peu elle fut conduite à la contemplation des grâces de la comtesse Orsini. Son âme commença à voir tout en noir. Les tourments de la plus affreuse jalousie s'emparèrent de son cœur. Réellement un pressentiment funeste l'agitait depuis deux mois; elle n'avait de moments passables que ceux qu'elle passait auprès du chevalier, et cependant presque toujours, quand elle n'était pas dans ses bras, elle lui parlait avec aigreur.

Sa soirée fut affreuse. Epuisée et comme un peu calmée par la douleur, elle eut l'idée de parler au chevalier : « Car enfin il m'a vue irritée, mais il ignore le sujet de mes plaintes. Peut-être il n'aime pas la comtesse. Peut-être il ne se rend chez elle que parce qu'un voyageur doit voir la société du pays où il se trouve, et surtout la famille du souverain. Peut-être si je me fais présenter Sénecé, s'il peut venir ouvertement chez moi, il y passera des heures entières comme chez l'Orsini.

» Non, cria-t-elle avec rage, je m'avilirais en parlant; il me méprisera, et voilà tout ce que j'aurai gagné. Le caractère évaporé de l'Orsini que j'ai si souvent méprisé, folle que j'étais, est dans le fait plus agréable que le mien, et surtout aux yeux d'un Français. Moi, je suis faite pour m'ennuyer avec un Espagnol. Quoi de plus absurde que d'être toujours au sérieux, comme si les événements de la vie ne l'étaient pas assez par eux-mêmes !... Que deviendrais-je quand je n'aurai plus mon chevalier pour me donner la vie, pour jeter dans mon cœur ce feu qui me manque ? »

Elle avait fait fermer sa porte; mais cet ordre n'était point pour monsignor Ferraterra, qui vint lui rendre compte de ce qu'on avait fait chez l'Orsini jusqu'à une heure du matin. Jusqu'ici ce prélat avait servi de bonne foi les amours de la princesse; mais il ne doutait plus, depuis cette soirée, que bientôt Sénecé ne fût au mieux avec la comtesse Orsini, si ce n'était déjà fait.

« La princesse dévote, pensa-t-il, me serait plus utile que femme de la société. Toujours il y aura un être qu'elle me préférera : ce sera son amant; et si un jour cet amant est romain, il peut avoir un oncle à faire cardinal. Si je la convertis, c'est au directeur de sa conscience qu'elle pensera avant tout, et avec tout le feu de son caractère... Que ne puis-je pas espérer d'elle auprès de son oncle ! »

Et l'ambitieux prélat se perdait dans un avenir délicieux; il voyait la princesse se jetant aux genoux de son oncle pour lui faire donner le chapeau. Le pape serait très reconnaissant de ce qu'il allait entreprendre... Aussitôt la princesse convertie, il ferait parvenir sous les yeux du pape des preuves irréfragables de son intrigue avec le jeune Français. Pieux, sincère et abhorrant les Français, comme est Sa Sainteté, elle aura une reconnaissance éternelle pour l'agent qui aura fait finir une intrigue aussi contrariante pour lui. Ferraterra appartenait à la haute noblesse de Ferrare; il était riche, il avait plus de cinquante ans... Animé par la perspective si voisine du chapeau, il fit des merveilles; il osa changer brusquement de rôle auprès de la princesse. Depuis deux mois que Sénecé la négligeait évidemment, il eût pu être dangereux de l'attaquer, car à son tour le prélat, comprenant mal Sénecé, le croyait ambitieux.

Le lecteur trouverait bien long le dialogue de la jeune princesse, folle d'amour et de jalousie, et du prélat ambitieux. Ferraterra avait débuté par l'aveu le plus ample de la triste vérité. Après un début aussi saisissant, il ne lui fut pas difficile de réveiller tous les sentiments de religion et de piété passionnée qui n'étaient qu'assoupis au fond du cœur de la jeune

Romaine; elle avait une foi sincère.

— Toute passion impie doit finir par le malheur et par le déshonneur lui disait le prélat.

— Il était grand jour quand il sortit du palais Campobasso. Il avait exigé de la nouvelle convertie la promesse de ne pas recevoir Sénecé ce jour-là. Cette promesse avait peu coûté à la princesse; elle se croyait pieuse et, dans le fait, avait peur de se rendre méprisable par sa faiblesse aux yeux du chevalier.

Cette résolution tint ferme jusqu'à quatre heures : c'était le moment de la visite probable du chevalier. Il passa dans la rue, derrière le jardin du palais Campobasso, vit le signal qui annonçait l'impossibilité de l'entrevue, et, tout content, s'en alla chez la comtesse Orsini.

Peu à peu la Campobasso se sentit comme devenir folle. Les idées et les résolutions les plus étranges se succédaient rapidement. Tout à coup elle descendit le grand escalier de son palais comme en démence, et monta en voiture en criant au cocher : « Palais Orsini. »

L'excès de son malheur la poussait comme malgré elle à voir sa cousine. Elle la trouva au milieu de cinquante personnes. Tous les gens d'esprit, tous les ambitieux de Rome, ne pouvant aborder au palais Campobasso, affluaient au palais Orsini. L'arrivée de la princesse fit événement; tout le monde s'éloigna par respect; elle ne daigna pas s'en apercevoir : elle regardait sa rivale, elle l'admirait. Chacun des agréments de sa cousine était un coup de poignard pour son cœur. Après les premiers compliments, l'Orsini la voyant silencieuse et préoccupée, reprit une conversation brillante et *disinvolta*.

« Comme sa gaieté convient mieux au chevalier que ma folle et ennuyeuse passion ! » se disait la Campobasso.

Dans un inexplicable transport d'admiration et de haine, elle se jeta au cou de la comtesse. Elle ne voyait que les charmes de sa cousine; de près comme de loin également adorables. Elle comparait ses cheveux aux siens, ses yeux, sa peau. A la suite de cet étrange examen, elle se prenait elle-même en horreur et en dégoût. Tout lui semblait adorable, supérieur chez sa rivale.

Immobile et sombre, la Campobasso était comme une statue de basalte au milieu de cette foule gesticulante et bruyante. On entrait, on sortait; tout ce bruit importunait, offensait la Campobasso. Mais que devint-elle quand tout à coup elle entendit annoncer M. de Sénecé! Il avait été convenu, au commencement de leurs relations qu'il lui parlerait fort peu dans le monde, et comme il sied à un diplomate étranger qui ne rencontre que deux ou trois fois par mois la nièce du souverain auquel il est accrédité.

Sénecé la salua avec le respect et le sérieux accoutumés; puis revenant à la comtesse Orsini, il reprit le ton de gaieté presque intime que l'on a avec une femme d'esprit qui vous reçoit bien et que l'on voit tous les jours. La Campobasso en était atterrée. « La comtesse me montre ce que j'aurais dû être, se disait-elle. Voilà ce qu'il faut être, et que pourtant je ne serai jamais ! »

Elle sortit dans le dernier degré de malheur où puisse être jetée une créature humaine, presque résolue à prendre du poison. Tous les plaisirs que l'amour lui avait donnés n'auraient pu égaler l'excès de douleur où elle fut plongée pendant toute une longue nuit. On dirait que ces âmes romaines ont pour souffrir des trésors d'énergie inconnus aux autres femmes.

Le lendemain, Sénecé repassa et vit le signe négatif. il s'en allait gaiement; cependant il fut piqué. « C'est donc mon congé qu'elle m'a donné l'autre jour ? Il faut que je la voie dans les larmes » dit sa vanité. Il éprouvait une légère nuance d'amour en perdant à tout jamais une aussi belle femme, nièce du pape. Il quitta sa voiture et s'engagea dans les souterrains peu propres qui lui déplaisaient si fort, et vint forcer la porte de la grande salle au rez-de-chaussée où la princesse le recevait.

— Comment ! vous osez paraître ici ! dit la princesse étonnée.

« Cet étonnement manque de sincérité, pensa le jeune Français ; elle ne se tient dans cette pièce que quand elle m'attend. »

Le chevalier lui prit la main ; elle frémit. Ses yeux se remplirent de larmes ; elle sembla si jolie au chevalier, qu'il eut un instant d'amour. Elle, de son côté, oublia tous les serments que pendant deux jours elle avait faits à la religion ; elle se jeta dans ses bras, parfaitement heureuse : « Et voilà le bonheur dont désormais l'Orsini jouira !... » Sénecé, comprenant mal, comme à l'ordinaire, une âme romaine, crut qu'elle voulait se séparer de lui avec bonne amitié, rompre avec des formes.

« Il ne me convient pas, attaché que je suis à l'ambassade du roi, d'avoir pour ennemie mortelle (car telle elle serait) la nièce du souverain auprès duquel je suis employé. » Tout fier de l'heureux résultat auquel il croyait arriver, Sénecé se mit à parler raison. Ils vivraient dans l'union la plus agréable ; pourquoi ne seraient-ils pas très heureux ? Qu'avait-on, dans le fait, à lui reprocher ? L'amour ferait place à une bonne et tendre amitié. Il réclamait instamment le privilège de revenir de temps à autre dans le lieu où ils se trouvaient ; leurs rapports auraient toujours de la douceur...

D'abord la princesse ne le comprit pas. Quand avec horreur, elle l'eut compris, elle resta debout, immobile, les yeux fixes. Enfin, à ce dernier trait de la *douceur de leurs rapports*, elle l'interrompit d'une voix qui semblait sortir du fond de sa poitrine, et en prononçant lentement :

— C'est-à-dire que vous me trouvez, après tout, assez jolie pour être une fille employée à votre service !

— Mais chère et bonne amie, l'amour-propre n'est-il pas sauf ? répliqua Sénecé, à son tour vraiment étonné. Comment pourrait-il vous passer par la tête de vous plaindre ? Heureusement jamais notre intelligence n'a été soupçonnée de personne. Je suis homme d'honneur ; je vous donne de nouveau ma parole que jamais être vivant ne se doutera du bonheur dont j'ai joui.

— Pas même l'Orsini ? ajouta-t-elle d'un ton froid qui fit encore illusion au chevalier.

— Vous ai-je jamais nommé, dit naïvement le chevalier, les personnes que j'ai pu aimer avant d'être votre esclave ?

— Malgré tout mon respect pour votre parole d'honneur, c'est cependant une chance que je ne courrai pas, dit la princesse d'un air résolu, et qui enfin commença à étonner un peu le jeune Français.

— Adieu ! chevalier...

Et, comme il s'en allait un peu indécis :

— Viens m'embrasser, lui dit-elle.

Elle s'attendrit évidemment ; puis elle lui dit d'un ton ferme :

— Adieu chevalier...

La princesse envoya chercher Ferraterra.

— C'est pour me venger, lui dit-elle.

Le prélat fut ravi. « Elle va se compromettre ; elle est à moi à jamais. »

Deux jours après, comme la chaleur était accablante, Sénecé alla prendre l'air au Cours sur le minuit. Il y trouva toute la société de Rome. Quand il voulut reprendre sa voiture, son laquais put à peine lui répondre : il était ivre; le cocher avait disparu; le laquais lui dit, en pouvant à peine parler, que le cocher avait pris dispute avec un *ennemi*.

— Ah ! mon cocher a des *ennemis* ! dit Sénecé en riant.

En revenant chez lui, il était à peine à deux ou trois rues du Corso, qu'il s'aperçut qu'il était suivi. Des hommes, au nombre de quatre ou cinq, s'arrêtaient quand il s'arrêtait, recommençaient à marcher quand il marchait. « Je pourrais faire le crochet et regagner le Corso par une autre rue, pensa Sénecé. Bah ! ces malotrus n'en valent pas la peine; je suis bien armé. » Il avait son poignard nu à la main.

Il parcourut, en pensant ainsi, deux ou trois rues écartées et de plus en plus solitaires. Il entendait ces hommes, qui doublaient le pas. A ce moment, en levant les yeux, il remarqua droit devant lui une petite église desservie par des moines de l'ordre de Saint-François, dont les vitraux jetaient un éclat singulier. Il se précipita vers la porte, et frappa très fort avec le manche de son poignard. Les hommes qui semblaient le poursuivre étaient à cinquante pas de lui. Ils se mirent à courir sur lui. Un moine ouvrit la porte; Sénecé se jeta dans l'église; le moine referma la barre de fer de la porte. Au même moment, les assassins donnèrent des coups de pied à la porte.

— Les impies ! dit le moine.

Sénecé lui donna un sequin.

— Décidément ils m'en voulaient, dit-il.

Cette église était éclairée par un millier de cierges au moins.

— Comment ! un service à cette heure ! dit-il au moine.

— Excellence, il y a une dispense de l'éminentissime cardinal-vicaire.

Tout le parvis étroit de la petite église de *San Francesco a Ripa* était occupé par un mausolée magnifique ; on chantait l'office des morts ;

— Qui est-ce qui est mort ? quelque prince ? dit Sénecé.

— Sans doute, répondit le prêtre car rien n'est épargné ; mais tout ceci, c'est argent et cire perdus ; monsieur le doyen nous a dit que le défunt est mort dans l'impénitence finale.

Sénecé s'approchait ; il vit des écussons d'une forme française ; sa curiosité redoubla ; il s'approcha tout à fait et reconnut ses armes ! il y avait une inscription latine :

Nobilis homo Johannes Norbertus Senece eques decessit Romae. « Haut et puissant seigneur Jean Norbert de Sénecé, chevalier mort à Rome. »

« Je suis le premier homme, pensa Sénecé, qui ait eu l'honneur d'assister à ses propres obsèques... Je ne vois que l'empereur Charles Quint qui se soit donné ce plaisir... Mais il ne fait pas bon pour moi dans cette église. »

Il donna un second sequin au sacristain.

— Mon père, lui dit-il, faites-moi sortir par une porte de derrière de votre couvent.

— Bien volontiers, dit le moine.

A peine dans la rue, Sénecé qui avait un pistolet à chaque main, se mit à courir avec une extrême rapidité. Bientôt il entendit derrière lui des gens qui le poursuivaient. En arrivant près de son hôtel, il vit la porte fermée et un homme devant.

« Voici le moment de l'assaut » pensa le jeune Français; il se préparait à tuer l'homme d'un coup de pistolet, lorsqu'il reconnut son valet de chambre.

— Ouvrez la porte, lui cria-t-il.

Elle était ouverte; ils entrèrent rapidement et la refermèrent.

— Ah ! monsieur, je vous ai cherché partout; voici de bien tristes nouvelles : le pauvre Jean, votre cocher, a été tué à coups de couteau. Les gens qui l'ont tué vomissaient des imprécations contre vous. Monsieur, on en veut à votre vie...

Comme le valet parlait, huit coups de tromblon partant à la fois d'une fenêtre qui donnait sur le jardin, étendirent Sénecé mort à côté de son valet de chambre; ils étaient percés de plus de vingt balles chacun.

Deux ans après, la princesse Campobasso était vénérée à Rome comme le modèle de la plus haute piété, et depuis longtemps monsignor Ferraterra était cardinal.

Excusez les fautes de l'auteur.

de femme

Honoré de Balzac

Étude de femme

DÉDIÉ AU MARQUIS JEAN-CHARLES DI NEGRO

La marquise de Listomère est une de ces jeunes femmes élevées dans l'esprit de la Restauration. Elle a des principes, elle fait maigre, elle communie, et va très parée au bal, aux Bouffons, à l'Opéra : son directeur lui permet d'allier le profane et le sacré. Toujours en règle avec l'Eglise et avec le monde, elle offre une image du temps présent, qui semble avoir pris le mot de *Légalité* pour épigraphe. La conduite de la marquise comporte précisément assez de dévotion pour pouvoir arriver sous une nouvelle Maintenon à la sombre piété des derniers jours de Louis XIV, et assez de mondanité pour adopter également les mœurs galantes des premiers jours de ce règne, s'il revenait. En ce moment, elle est vertueuse par calcul, ou par goût peut-être. Mariée depuis sept ans au marquis de Listomère, un de ces députés qui attendent la pairie, elle croit peut-être aussi servir par sa conduite l'ambition de sa famille. Quelques femmes attendent pour la juger le moment où monsieur de Listomère sera pair de France, et où elle aura trente-six ans, époque de la vie où la plupart des femmes s'aperçoivent qu'elles sont dupes des lois sociales. Le marquis est un homme assez insignifiant : il est bien en cour, ses qualités sont négatives comme ses défauts; les unes ne peuvent pas plus lui faire une réputation de vertu que les autres ne lui donnent l'espèce d'éclat jeté par les vices. Député, il ne parle jamais, mais il vote *bien*; il se comporte dans son ménage comme à la Chambre. Aussi passe-t-il pour être le meilleur mari de France. S'il n'est pas susceptible de s'exalter, il ne gronde jamais, à moins qu'on ne le fasse attendre. Ses amis l'ont nommé *le temps couvert*. Il ne se rencontre en effet chez lui ni lumière trop vive, ni obscurité complète. Il ressemble à tous les ministères qui se sont succédé en France depuis la Charte. Pour une femme à principes, il était difficile de tomber en de meilleures mains. N'est-ce pas beaucoup pour une femme vertueuse que d'avoir épousé un homme incapable de faire des sottises ? Il s'est rencontré des dandies qui ont eu l'impertinence de presser légèrement la main de la marquise en dansant avec elle, ils n'ont recueilli que des regards de mépris, et tous ont éprouvé cette indifférence insultante qui, semblable aux gelées de printemps, détruit le germe des plus belles espérances. Les beaux, les spirituels, les fats, les hommes à sentiments qui se nourrissent en tétant leurs cannes, ceux à grand nom ou à grosse renommée, les gens de haute et petite volée, auprès d'elle tout a blanchi. Elle a conquis le droit de causer aussi longtemps et aussi souvent qu'elle le veut avec les hommes qui lui semblent spirituels, sans qu'elle soit couchée sur l'album de la médisance. Certaines femmes coquettes sont capables de suivre ce plan-là pendant sept ans pour satisfaire plus tard leurs fantaisies; mais supposer cette arrière-pensée à la marquise de Listomère serait la calomnier. J'ai eu le bonheur de voir ce phénix des marquises : elle cause bien, je sais écouter, je lui ai plu, je vais à ses soirées. Tel était le but de mon ambition. Ni laide ni jolie, madame de Listomère a des dents blanches, le teint éclatant et les lèvres très rouges : elle est grande et bien faite; elle a le pied petit, fluet, et ne l'avance pas; ses yeux, loin d'être éteints, comme le sont presque tous les yeux parisiens, ont un éclat doux qui devient magique si par hasard elle s'anime. On devine une âme à travers cette forme indécise. Si elle s'intéresse à la conversation, elle y déploie une grâce ensevelie sous les précautions d'un maintien froid, et alors elle est charmante. Elle ne veut pas de succès et en obtient. On trouve toujours ce qu'on ne cherche pas. Cette phrase est trop souvent vraie pour ne pas se changer un jour en proverbe. Ce sera la moralité de cette aventure, que je ne me permettrais pas de raconter, si elle ne retentissait en ce moment dans tous les salons de Paris. La marquise de Listomère a dansé, il y a un mois environ, avec un jeune homme aussi modeste qu'il est étourdi, plein de bonnes qualités, et ne laissant voir que ses défauts; il est passionné et se moque des passions; il a du talent et il le cache; il fait le savant avec les aristocrates et fait de l'aristocratie avec les savants. Eugène de Rastignac est un de ces jeunes gens très sensés qui essaient de tout, et semble tâter les hommes pour savoir ce que porte l'avenir. En attendant l'âge de l'ambition, il se moque de tout; il a de la grâce et de l'originalité, deux qualités rares parce qu'elles s'excluent l'une l'autre. Il a causé sans préméditation de succès avec la marquise de Listomère, pendant une demi-heure environ. En se jouant des caprices d'une conversation qui, après avoir commencé à l'opéra de *Guillaume Tell*, en était venue aux devoirs des femmes, il avait plus d'une fois regardé la marquise de manière à l'embarrasser; puis il la quitta et ne lui parla plus de toute la soirée; il dansa, se mit à l'écarté, perdit quelque argent, et s'en alla se coucher. J'ai l'honneur de vous affirmer que tout se passa ainsi. Je n'ajoute, je ne retranche rien.

Le lendemain matin Rastignac se réveilla tard, resta dans son lit, où il se livra sans doute à quelques-unes de ces rêveries matinales pendant lesquelles un jeune homme se glisse comme un sylphe sous plus d'une courtine de soie, de cachemire ou de coton. En ces moments, plus le corps est lourd de sommeil, plus l'esprit est agile. Enfin Rastignac se leva sans trop bâiller, comme font tant de gens mal appris, sonna son valet de chambre, se fit apprêter du thé, en but immodérément, ce qui ne paraîtra pas extraordinaire aux personnes qui aiment le thé : mais pour expliquer cette circonstance aux gens qui ne l'acceptent que comme la panacée des indigestions, j'ajouterai qu'Eugène écrivait : il était commodément assis, et avait les pieds plus souvent sur ses chenets que dans sa chancelière. Oh ! avoir les pieds sur la barre polie qui réunit les deux griffons d'un garde-cendre, et penser à ses amours quand on se lève et qu'on est en robe de chambre, est chose si délicieuse que je regrette infiniment de n'avoir ni maîtresse, ni chenets, ni robe de chambre. Quand j'aurai tout cela, je ne raconterai pas mes observations, j'en profiterai.

La première lettre qu'Eugène écrivit fut achevée en un quart d'heure ; il la plia, la cacheta et la laissa devant lui sans y mettre l'adresse. La seconde lettre, commencée à onze heures, ne fut finie qu'à midi. Les quatre pages étaient pleines.

— Cette femme me trotte dans la tête, dit-il en pliant cette seconde épître, qu'il laissa devant lui, comptant y mettre l'adresse après avoir achevé sa rêverie involontaire.

Il croisa les deux pans de sa robe de chambre à

ramages, posa ses pieds sur un tabouret, coula ses mains dans les goussets de son pantalon de cachemire rouge, et se renversa dans une délicieuse bergère à oreilles dont le siège et le dossier décrivaient l'angle confortable de cent-vingt degrés. Il ne prit plus de thé et resta immobile, les yeux attachés sur la main dorée qui couronnait sa pelle, sans voir ni main, ni pelle, ni dorure. Il ne tisonna même pas. Faute immense ! N'est-ce pas un plaisir bien vif que de tracasser le feu quand on pense aux femmes ? Notre esprit prête des phrases aux petites langues bleues qui se dégagent soudain et babillent dans le foyer. On interprète le langage puissant et brusque d'un *bourguignon*.

A ce mot arrêtons-nous et plaçons ici pour les ignorants une explication due à un étymologiste très distingué qui a désiré garder l'anonyme. *Bourguignon* est le nom populaire et symbolique donné, depuis le règne de Charles VI, à ces détonations bruyantes dont l'effet est d'envoyer sur un tapis ou sur une robe un petit charbon, léger principe d'incendie. Le feu dégage, dit-on, une bulle d'air qu'un ver rongeur a laissée dans le cœur du bois. *Inde amor, inde burgundus.* L'on tremble en voyant rouler comme une avalanche le charbon qu'on avait si industrieusement essayé de poser entre deux bûches flamboyantes. Oh ! tisonner quand on aime, n'est-ce pas développer matériellement sa pensée ?

Ce fut en ce moment que j'entrai chez Eugène, il fit un soubresaut et me dit :

— Ah ! te voilà, mon cher Horace. Depuis quand es-tu là ?

— J'arrive.

— Ah !

Il prit les deux lettres, y mit les adresses et sonna son domestique.

— Porte cela en ville.

Et Joseph y alla sans faire d'observations, excellent domestique !

Nous nous mîmes à causer de l'expédition de Morée, dans laquelle je désirais être employé en qualité de médecin. Eugène me fit observer que je perdrais beaucoup à quitter Paris, et nous parlâmes de choses indifférentes. Je ne crois pas que l'on me sache mauvais gré de supprimer notre conversation.

Au moment où la marquise de Listomère se leva sur les deux heures après-midi, sa femme de chambre, Caroline, lui remit une lettre; elle la lut pendant que Caroline la coiffait. (Imprudence que commettent beaucoup de jeunes femmes.)

O cher ange d'amour, trésor de vie et de bonheur ! A ces mots, la marquise allait jeter la lettre au feu; mais il lui passa par la tête une fantaisie que toute femme vertueuse comprendra merveilleusement, et qui était de voir comment un homme qui débutait ainsi pouvait finir. Elle lut. Quand elle eut tourné la quatrième page, elle laissa tomber ses bras comme une personne fatiguée.

— Caroline, allez savoir qui a remis cette lettre chez moi.

— Madame, je l'ai reçue du valet de chambre de monsieur le baron de Rastignac.

Il se fit un long silence.

— Madame veut-elle s'habiller ? demanda Caroline.

— Non.

« Il faut qu'il soit bien impertinent ! » pensa la marquise.

Je prie toutes les femmes d'imaginer elles-mêmes le commentaire.

Madame de Listomère termina le sien par la résolution formelle de consigner monsieur Eugène à sa porte, et si elle le rencontrait dans le monde de lui témoigner plus que du dédain; car son insolence ne pouvait se comparer à aucune de celles que la marquise avait fini par excuser. Elle voulut d'abord garder la lettre, mais, toute réflexion faite, elle la brûla.

— Madame vient de recevoir une fameuse déclaration d'amour, et elle l'a lue ! dit Caroline à la femme de charge.

— Je n'aurais jamais cru cela de madame, répondit la vieille tout étonnée.

Le soir, la comtesse alla chez le marquis de Beauséant, où Rastignac devait probablement se trouver. C'était un samedi. La marquis de Beauséant étant un peu parent à monsieur de Rastignac, ce jeune homme ne pouvait manquer de venir pendant la soirée. A deux heures du matin, madame de Listomère, qui n'était restée que pour accabler Eugène de sa froideur, l'avait attendu vainement. Un homme d'esprit, Stendhal, a eu la bizarre idée de nommer *cristallisation* le travail que la pensée de la marquise fit avant, pendant et après cette soirée.

Quatre jours après, Eugène grondait son valet de chambre.

— Ah ça ! Joseph, je vais être forcé de te renvoyer, mon garçon !

— Plaît-il, monsieur ?

— Tu ne fais que des sottises. Où as-tu porté les deux lettres que je t'ai remises vendredi ?

Joseph devint stupide. Semblable à quelque statue du porche d'une cathédrale, il resta immobile, entièrement absorbé par le travail de son imaginative. Tout à coup il sourit bêtement et dit :

— Monsieur, l'une était pour madame la marquise de Listomère, rue Saint-Dominique, et l'autre pour l'avoué de monsieur...

— Es-tu certain de ce que tu dis là ?

Joseph demeura tout interdit. Je vis bien qu'il fallait que je m'en mêlasse, moi qui, par hasard, me trouvais encore là.

— Joseph a raison, dis-je. Eugène se tourna de mon côté.

— J'ai lu les adresses fort involontairement, et...

— Et, dit Eugène en m'interrompant, l'une des lettres n'était pas pour madame de Nucingen ?

— Non, de par tous les diables ! Aussi, ai-je cru, mon cher, que ton cœur avait pirouetté de la rue Saint-Lazare à la rue Saint-Dominique.

Eugène se frappa le front du plat de sa main et se mit à sourire. Joseph vit bien que la faute ne venait pas de lui.

Maintenant, voilà où sont les moralités que tous les jeunes gens devraient méditer. *Première faute :* Eugène trouva plaisant de faire rire madame de Listomère de la méprise qui l'avait rendue maîtresse d'une lettre d'amour qui n'était pas pour elle. *Deuxième faute :* Il n'alla chez madame de Listomère que quatre jours après l'aventure, laissant ainsi les pensées d'une vertueuse jeune femme se cristalliser. Il se trouvait encore une dizaine de fautes qu'il faut passer sous silence, afin de donner aux dames le plaisir de les déduire *ex professo* à ceux qui ne les devineront pas. Eugène arrive à la porte de la marquise; mais quand il veut passer, le concierge l'arrête et lui dit que madame la marquise est sortie. Comme il remontait en voiture, le marquis entra.

— Venez donc, Eugène ? ma femme est chez elle.

Oh ! excusez le marquis. Un mari, quelque bon qu'il soit, atteint difficilement à la perfection. En montant l'escalier, Rastignac s'aperçut alors des dix fautes de logique mondaine qui se trouvaient dans ce passage du beau livre de sa vie. Quand madame de Listomère vit son mari entrant avec Eugène, elle ne put s'empêcher de rougir. Le jeune baron observa cette rougeur subite. Si l'homme le plus modeste conserve encore un petit fonds de fatuité dont il ne se dépouille pas plus que la femme ne se sépare de sa fatale coquetterie, qui pourrait blâmer Eugène de s'être alors dit en lui-même : « Quoi ! cette forteresse aussi ? » Et il se posa dans sa cravate. Quoique les jeunes gens ne soient pas très avares, ils aiment tous à mettre une tête de plus dans leur médailler.

Monsieur de Listomère se saisit de la *Gazette de France,* qu'il aperçut dans un coin de la cheminée, et alla vers l'embrasure d'une fenêtre pour acquérir, le journaliste aidant, une opinion à lui sur l'état de la France. Une femme, voire même une prude, ne reste pas longtemps embarrassée, même dans la situation la plus difficile où elle puisse se trouver : il semble qu'elle ait toujours à la main la feuille de figuier que lui a donnée notre mère Eve. Aussi, quand Eugène, interprétant en faveur de sa vanité la consigne donnée à la porte, salua madame de Listomère d'un air passablement délibéré, sut-elle voiler toutes ses pensées par un de ces sourires féminins plus impénétrables que ne l'est la parole d'un roi.

— Seriez-vous indisposée, madame ? vous aviez fait défendre votre porte.

— Non, monsieur.

— Vous alliez sortir, peut-être ?

— Pas davantage.

— Vous attendiez quelqu'un ?

— Personne.

— Si ma visite est indiscrète, ne nous en prenez qu'à monsieur le marquis. J'obéissais à votre mystérieuse consigne quand il m'a lui-même introduit dans le sanctuaire.

— Monsieur de Listomère n'était pas dans ma confidence. Il n'est pas toujours prudent de mettre un mari au fait de certains secrets…

L'accent ferme et doux avec lequel la marquise prononça ces paroles et le regard imposant qu'elle lança firent bien juger à Rastignac qu'il s'était trop pressé de se poser dans sa cravate.

— Madame, je vous comprends, dit-il en riant : je dois alors me féliciter doublement d'avoir rencontré monsieur le marquis, il me procure l'occasion de vous présenter une justification qui serait pleine de dangers si vous n'étiez pas la bonté même.

La marquise regarda le jeune baron d'un air assez étonné; mais elle répondit avec dignité :

— Monsieur, le silence sera de votre part la meilleure des excuses. Quant à moi, je vous promets le plus entier oubli, pardon que vous méritez à peine.

— Madame, dit vivement Eugène, le pardon est inutile là où il n'y a pas eu d'offense. La lettre, ajouta-t-il à voix basse, que vous avez reçue et qui a dû vous paraître si inconvenante, ne vous était pas destinée.

La marquise ne put s'empêcher de sourire, elle voulait avoir été offensée.

— Pourquoi mentir ? reprit-elle d'un air dédaigneusement enjoué mais d'un son de voix assez doux. Maintenant que je vous ai grondé, je rirai volontiers d'un stratagème qui n'est pas sans malice. Je connais de pauvres femmes qui s'y prendraient. Dieu ! comme il aime ! diraient-elles.

La marquise se mit à rire forcément, et ajouta d'un air d'indulgence :

— Si nous voulons rester amis, qu'il ne soit plus question de méprise dont je ne puis être la dupe.

— Sur mon honneur, madame, vous l'êtes beaucoup plus que vous ne pensez, répliqua vivement Eugène.

— Mais de quoi parlez-vous donc là ? demanda monsieur de Listomère qui depuis un instant écoutait la conversation sans pouvoir en percer l'obscurité.

— Oh ! cela n'est pas intéressant pour vous, répondit la marquise.

Monsieur de Listomère reprit tranquillement la lecture de son journal et dit :

— Ah ! madame de Mortsauf est morte : votre pauvre frère est sans doute à Clochegourde.

— Savez-vous, monsieur, reprit la marquise en se tournant vers Eugène, que vous venez de dire une impertinence ?

— Si je ne connaissais pas la rigueur de vos principes, répondit-il naïvement, je croirais que vous voulez ou me donner des idées desquelles je me défends, ou m'arracher mon secret. Peut-être encore voulez-vous vous amuser de moi.

La marquise sourit. Ce sourire impatienta Eugène.

— Puissiez-vous, madame, dit-il, toujours croire à une offense que je n'ai point commise ! et je souhaite bien ardemment que le hasard ne vous fasse pas découvrir dans le monde la personne qui devait lire cette lettre...

— Hé quoi ! ce serait toujours pour madame de Nucingen ? s'écria madame de Listomère, plus curieuse de pénétrer un secret que de se venger des épigrammes du jeune homme.

Eugène rougit. Il faut avoir plus de vingt-cinq ans pour ne pas rougir en se voyant reprocher la bêtise d'une fidélité que les femmes raillent pour ne pas montrer combien elles en sont envieuses. Néanmoins il dit avec assez de sang-froid :

— Pourquoi pas, madame ?

Voilà les fautes que l'on commet à vingt-cinq ans. Cette confidence causa une commotion violente à madame de Listomère; mais Eugène se savait pas encore analyser un visage de femme en le regardant à la hâte ou de côté. Les lèvres seules de la marquise avaient pâli. Madame de Listomère sonna pour demander du bois, et contraignit ainsi Rastignac à se lever pour sortir.

— Si cela est, dit alors la marquise en arrêtant Eugène par un air froid et composé, il vous serait difficile de m'expliquer, monsieur, par quel hasard mon nom a pu se trouver sous votre plume. Il n'en est pas d'une adresse écrite sur une lettre comme du claque d'un voisin qu'on peut par étourderie prendre pour le sien en quittant le bal.

Eugène décontenancé regarda la marquise d'un air à la fois fat et bête; il sentit qu'il devenait ridicule, balbutia une phrase d'écolier et sortit. Quelques jours après la marquise acquit des preuves irrécusables de la véracité d'Eugène. Depuis seize jours elle ne va plus dans le monde.

Le marquis dit à tous ceux qui lui demandent raison de ce changement :

— Ma femme a une gastrite.

Moi qui la soigne et qui connais son secret, je sais qu'elle a seulement une petite crise nerveuse de laquelle elle profite pour rester chez elle.

Paris, février 1830.

Prosper Mérimée

Mateo Falcone

En sortant de Porto-Vecchio et se dirigeant au nord-
ouest, vers l'intérieur de l'île, on voit le terrain s'élever assez rapidement, et après trois heures de marche
par des sentiers tortueux, obstrués par de gros quartiers de rocs, et quelquefois coupés par des ravins, on
se trouve sur le bord d'un *maquis* très étendu. Le
maquis est la patrie des bergers corses et de quiconque
s'est brouillé avec la justice. Il faut savoir que le labou-
reur corse, pour s'épargner la peine de fumer son
champ, met le feu à une certaine étendue de bois :
tant pis si la flamme se répand plus loin que besoin
n'est; arrive que pourra : on est sûr d'avoir une bonne
récolte en semant sur cette terre fertilisée par les cendres des arbres qu'elle portait. Les épis enlevés, car on
laisse la paille, qui donnerait de la peine à recueillir,
les racines qui sont restées en terre sans se consumer
poussent au printemps suivant, des cépées très épaisses qui, en peu d'années, parviennent à une hauteur
de sept ou huit pieds. C'est cette manière de taillis
fourré que l'on nomme maquis. Différentes espèces
d'arbres et d'arbrisseaux le composent, mêlés et con-
fondus comme il plaît à Dieu. Ce n'est que la hache
à la main que l'homme s'y ouvrirait un passage, et
l'on voit des maquis si épais et si touffus, que les mou-
flons eux-mêmes ne peuvent y pénétrer.

Si vous avez tué un homme, allez dans le maquis de Porto-Vecchio, et vous y vivrez en sûreté, avec un bon fusil, de la poudre et des balles; n'oubliez pas un manteau brun garni d'un capuchon*, qui sert de couverture et de matelas. Les bergers vous donnent du lait, du fromage et des châtaignes, et vous n'aurez rien à craindre de la justice ou des parents du mort, si ce n'est quand il vous faudra descendre à la ville pour y renouveler vos munitions.

Mateo Falcone, quand j'étais en Corse en 18.., avait sa maison à une demi-lieue de ce maquis. C'était un homme assez riche pour le pays; vivant noblement, c'est-à-dire sans rien faire, du produit de ses troupeaux, que des bergers, espèces de nomades, menaient paître çà et là sur les montagnes. Lorsque je le vis, deux années après l'événement que je vais raconter, il me parut âgé de cinquante ans tout au plus. Figurez-vous un homme petit, mais robuste, avec des cheveux crépus, noirs comme le jais, un nez aquilin, les lèvres minces, les yeux grands et vifs, et un teint couleur de revers de botte. Son habileté au tir du fusil passait pour extraordinaire, même dans son pays, où il y a tant de bons tireurs. Par exemple, Mateo n'aurait jamais tiré sur un mouflon avec des chevrotines; mais, à cent vingt pas, il l'abattait d'une balle dans la tête ou dans l'épaule, à son choix. La nuit, il se servait de ses armes aussi facilement que le jour, et l'on m'a cité de lui ce trait d'adresse qui paraîtra peutêtre incroyable à qui n'a pas voyagé en Corse. A quatre-vingts pas, on plaçait une chandelle allumée derrière un transparent de papier, large comme une assiette. Il mettait en joue, puis on éteignait la chandelle, et, au bout d'une minute dans l'obscurité la

---

* Pilone.

plus complète, il tirait et perçait le transparent trois fois sur quatre.

Avec un mérite aussi transcendant Mateo Falcone s'était attiré une grande réputation. On le disait aussi bon ami que dangereux ennemi : d'ailleurs serviable et faisant l'aumône, il vivait en paix avec tout le monde dans le district de Porto-Vecchio. Mais on contait de lui qu'à Corte, où il avait pris femme, il s'était débarrassé fort vigoureusement d'un rival qui passait pour aussi redoutable en guerre qu'en amour : du moins on attribuait à Mateo certain coup de fusil qui surprit ce rival comme il était à se raser devant un petit miroir pendu à sa fenêtre. L'affaire assoupie, Mateo se maria. Sa femme Giuseppa lui avait donné d'abord trois filles (dont il enrageait), et enfin un fils, qu'il nomma Fortunato : c'était l'espoir de sa famille, l'héritier du nom. Les filles étaient bien mariées : leur père pouvait compter au besoin sur les poignards et les escopettes de ses gendres. Le fils n'avait que dix ans, mais il annonçait déjà d'heureuses dispositions.

Un certain jour d'automne, Mateo sortit de bonne heure avec sa femme pour aller visiter un de ses troupeaux dans une clairière du maquis. Le petit Fortunato voulait l'accompagner, mais la clairière était trop loin; d'ailleurs, il fallait bien que quelqu'un restât pour garder la maison; le père refusa donc : on verra s'il n'eut pas lieu de s'en repentir.

Il était absent depuis quelques heures et le petit Fortunato était tranquillement étendu au soleil, regardant les montagnes bleues, et pensant que, le dimanche prochain, il irait dîner à la ville, chez son oncle le *caporal**, quand il fut soudainement interrompu dans

---

* Les caporaux furent autrefois les chefs que donnèrent les communes corses quand elles s'insurgèrent contre les seigneurs féodaux. Aujourd'hui, on donne encore quelquefois ce nom à un homme qui, par ses propriétés,

ses méditations par l'explosion d'une arme à feu. Il se leva et se tourna du côté de la plaine d'où partait ce bruit. D'autres coups de fusil se succédèrent, tirés à intervalles inégaux, et toujours de plus en plus rapprochés; enfin, dans le sentier qui menait de la plaine à la maison de Mateo parut un homme, coiffé d'un bonnet pointu comme en portent les montagnards, barbu, couvert de haillons, et se traînant avec peine en s'appuyant sur son fusil. Il venait de recevoir un coup de feu dans la cuisse.

Cet homme était un bandit*, qui, étant parti de nuit pour aller chercher de la poudre à la ville, était tombé en route dans une embuscade de voltigeurs corses**. Après une vigoureuse défense, il était parvenu à faire sa retraite, vivement poursuivi et tiraillant de rocher en rocher. Mais il avait peu d'avance sur les soldats et sa blessure le mettait hors d'état de gagner le maquis avant d'être rejoint.

Il s'approcha de Fortunato et lui dit :

— Tu es le fils de Mateo Falcone ?

— Oui.

— Moi, je suis Gianetto Sanpiero. Je suis poursuivi par les collets jaunes***. Cache-moi, car je ne puis aller plus loin.

— Et que dira mon père si je te cache sans sa permission ?

---

ses alliances et sa clientèle, exerce une influence et une sorte de magistrature effective sur une *pieve* ou un canton. Les Corses se divisent, par une ancienne habitude, en cinq castes : les *gentilshommes* (dont les uns sont *magnifiques*, les autres *signori*), les *caporali*, les *citoyens*, les *plébéiens* et les *étrangers*.

* Ce mot est ici synonyme de proscrit.

** C'est un corps levé depuis peu d'années par le gouvernement, et qui sert concurremment avec la gendarmerie au maintien de la police.

*** L'uniforme des voltigeurs était alors un habit brun avec un collet jaune.

— Il dira que tu as bien fait.

— Qui sait ?

— Cache-moi vite ; ils viennent.

— Attends que mon père soit revenu.

— Que j'attende ? malédiction ! Ils seront ici dans cinq minutes. Allons, cache-moi, ou je te tue.

Fortunato lui répondit avec le plus grand sang-froid :

— Ton fusil est déchargé, et il n'y a plus de cartouches dans ta carchera*.

— J'ai mon stylet.

— Mais courras-tu aussi vite que moi ?

Il fit un saut, et se mit hors d'atteinte.

— Tu n'es pas le fils de Mateo Falcone ! Me laisseras-tu donc arrêter devant ta maison ?

L'enfant parut touché.

— Que me donneras-tu si je te cache ? dit-il en se rapprochant.

Le bandit fouilla dans une poche de cuir qui pendait à sa ceinture, et il en tira une pièce de cinq francs qu'il avait réservée sans doute pour acheter de la poudre. Fortunato sourit à la vue de la pièce d'argent ; il s'en saisit, et dit à Gianetto :

— Ne crains rien.

Aussitôt il fit un grand trou dans un tas de foin placé auprès de la maison. Gianetto s'y blottit, et l'enfant le recouvrit de manière à lui laisser un peu d'air pour respirer, sans qu'il fût possible cependant de soupçonner que ce foin cachât un homme. Il s'avisa, de plus, d'une finesse de sauvage assez ingénieuse. Il alla prendre une chatte et ses petits, et les établit sur le tas de foin pour faire croire qu'il n'avait pas été remué depuis peu. Ensuite, remarquant des

---

* Ceinture de cuir qui sert de giberne et de portefeuille.

traces de sang sur le sentier près de la maison, il les couvrit de poussière avec soin, et, cela fait, il se recoucha au soleil avec la plus grande tranquillité.

Quelques minutes après, six hommes en uniforme brun à collet jaune, et commandés par un adjudant, étaient devant la porte de Mateo. Cet adjudant était quelque peu parent de Falcone. (On sait qu'en Corse on suit les degrés de parenté beaucoup plus loin qu'ailleurs.) Il se nommait Tiodoro Gamba : c'était un homme actif, fort redouté des bandits dont il avait déjà traqué plusieurs.

— Bonjour, petit cousin, dit-il à Fortunato en l'abordant; comme te voilà grandi ! As-tu vu passer un homme tout à l'heure ?

— Oh ! je ne suis pas encore si grand que vous, mon cousin, répondit l'enfant d'un air niais.

— Cela viendra. Mais n'as-tu pas vu passer un homme, dis-moi ?

— Si j'ai vu passer un homme ?

— Oui, un homme avec un bonnet pointu en velours noir, et une veste brodée de rouge et de jaune ?

— Un homme avec un bonnet pointu, et une veste brodée de rouge et de jaune ?

— Oui, réponds vite, et ne répète pas mes questions.

— Ce matin, M. le curé est passé devant notre porte, sur son cheval Piero. Il m'a demandé comment papa se portait, et je lui ai répondu...

— Ah ! petit drôle, tu fais le malin ! Dis-moi vite par où est passé Gianetto, car c'est lui que nous cherchons; et j'en suis certain, il a pris par ce sentier.

— Qui sait ?

— Qui sait ? C'est moi qui sais que tu l'as vu.

— Est-ce qu'on voit les passants quand on dort ?

— Tu ne dormais pas, vaurien; les coups de fusil t'ont réveillé.

— Vous croyez donc, mon cousin, que vos fusils font tant de bruit ? L'escopette de mon père en fait bien davantage.

— Que le diable te confonde, maudit garnement ! Je suis bien sûr que tu as vu le Gianetto. Peut-être même l'as-tu caché. Allons, camarades, entrez dans cette maison, et voyez si notre homme n'y est pas. Il n'allait plus que d'une patte, et il a trop de bon sens, le coquin, pour avoir cherché à gagner le maquis en clopinant. D'ailleurs, les traces de sang s'arrêtent ici.

— Et que dira papa ? demanda Fortunato en ricanant; que dira-t-il s'il sait qu'on est entré dans sa maison pendant qu'il était sorti ?

— Vaurien ! dit l'adjudant Gamba en le prenant par l'oreille, sais-tu qu'il ne tient qu'à moi de te faire changer de note ? Peut-être qu'en te donnant une vingtaine de coups de plat de sabre tu parleras enfin.

Et Fortunato ricanait toujours.

— Mon père est Mateo Falcone ! dit-il avec emphase.

— Sais-tu bien, petit drôle, que je puis t'emmener à Corte où à Bastia. Je te ferai coucher dans un cachot, sur la paille, les fers aux pieds, et je te ferai guillotiner si tu ne dis où est Gianetto Sanpiero.

L'enfant éclata de rire à cette ridicule menace. Il répéta :

— Mon père est Mateo Falcone !

— Adjudant, dit tout bas un des voltigeurs, ne nous brouillons pas avec Mateo.

Gamba paraissait évidemment embarrassé. Il causait à voix basse avec ses soldats, qui avaient déjà visité toute la maison. Ce n'était pas une opération fort longue, car la cabane d'un Corse ne consiste qu'en une seule pièce carrée. L'ameublement se compose d'une table, de bancs, de coffres et d'ustensiles de chasse ou de ménage. Cependant le petit Fortunato caressait sa chatte, et semblait jouir malignement de la confusion des voltigeurs et de son cousin.

Un soldat s'approcha du tas de foin. Il vit la chatte, et donna un coup de baïonnette dans le foin avec négligence, et haussant les épaules, comme s'il sentait que sa précaution était ridicule. Rien ne remua; et le visage de l'enfant ne trahit pas la plus légère émotion.

L'adjudant et sa troupe se donnaient au diable; déjà ils regardaient sérieusement du côté de la plaine, comme disposés à s'en retourner par où ils étaient venus, quand leur chef, convaincu que les menaces ne produiraient aucune impression sur le fils de Falcone, voulut faire un dernier effort et tenter le pouvoir des caresses et des présents.

— Petit cousin, dit-il, tu me parais un gaillard bien éveillé-! Tu iras loin. Mais tu joues un vilain jeu avec moi; et, si je ne craignais de faire de la peine à mon cousin Mateo, le diable m'emporte ! je t'emmènerais avec moi.

— Bah !

— Mais, quand mon cousin sera revenu, je lui conterai l'affaire, et, pour ta peine d'avoir menti, il te donnera le fouet jusqu'au sang.

— Savoir ?

— Tu verras... Mais tiens... sois brave garçon, et je te donnerai quelque chose.

— Moi, mon cousin, je vous donnerai un avis : c'est que, si vous tardez davantage, le Gianetto sera dans le maquis, et alors il faudra plus d'un luron comme vous pour aller l'y chercher.

L'adjudant tira de sa poche une montre d'argent qui valait bien dix écus; et, remarquant que les yeux du petit Fortunato étincelaient en la regardant, il lui dit en tenant la montre suspendue au bout de sa chaîne d'acier :

— Fripon ! tu voudrais bien avoir une montre comme celle-ci suspendue à ton col, et tu te promènerais dans les rues de Porto-Vecchio, fier comme un paon; et les gens te demanderaient : « Quelle heure est-il ? » et tu leur dirais : « Regardez à ma montre. »

— Quand je serai grand, mon oncle le caporal me donnera une montre.

— Oui; mais le fils de ton oncle en a déjà une... pas aussi belle que celle-ci, à la vérité... Cependant il est plus jeune que toi.

L'enfant soupira.

— Eh bien, la veux-tu cette montre, petit cousin ?

Fortunato, lorgnant la montre du coin de l'œil, ressemblait à un chat à qui l'on présente un poulet tout entier. Et comme il sent qu'on se moque de lui, il n'ose y porter la griffe, et de temps en temps il détourne les yeux pour ne pas s'exposer à succomber à la tentation; mais il se lèche les babines à tout moment, il a l'air de dire à son maître : « Que votre plaisanterie est cruelle ! »

Cependant l'adjudant Gamba semblait de bonne foi en présentant sa montre. Fortunato n'avança pas la main; mais il lui dit avec un sourire amer :

— Pourquoi vous moquez-vous de moi* ?

— Par Dieu ! je ne me moque pas. Dis-moi seulement où est Gianetto, et cette montre est à toi.

Fortunato laissa échapper un sourire d'incrédulité; et, fixant ses yeux noirs sur ceux de l'adjudant, il s'efforçait d'y lire la foi qu'il devait avoir en ses paroles.

* Perché me c... ?

— Que je perde mon épaulette, s'écria l'adju
si je ne te donne pas la montre à cette condition
camarades sont témoins; et je ne puis m'en dé
En parlant ainsi, il approchait toujours la mo
tant qu'elle touchait presque la joue pâle de l'en
Celui-ci montrait bien sur sa figure le combat q
livraient en son âme la convoitise et le respect
l'hospitalité. Sa poitrine nue se soulevait avec fo
il semblait près d'étouffer. Cependant la montre
lait, tournait, et quelquefois lui heurtait le bo
nez. Enfin, peu à peu, sa main droite s'éleva v
monte : le bout de ses doigts la toucha; et elle
tout entière dans sa main sans que l'adjudant
pourtant le bout de la chaîne... Le cadran
azuré... la boîte nouvellement fourbie... au sole
paraissait toute de feu... La tentation était trop
Fortunato éleva aussi sa main gauche, et indiq
pouce, par-dessus son épaule, le tas de foin au
était adossé. L'adjudant le comprit aussitôt. Il
donna l'extrémité de la chaîne; Fortunato se
seul possesseur de la montre. Il se leva avec l'
d'un daim, et s'éloigna de dix pas du tas de foi
les voltigeurs se mirent aussitôt à culbuter.
On ne tarda pas à voir le foin s'agiter; et un h
sanglant, le poignard à la main, en sortit ;
comme il essayait de se lever en pied, sa b
refroidie ne lui permit plus de se tenir deb
tomba. L'adjudant se jeta sur lui et lui arrac
stylet. Aussitôt on le garrotta fortement ma
résistance.
Gianetto, couché par terre et lié comme un
tourna la tête vers Fortunato qui s'était rappr
— Fils de... !, lui dit-il avec plus de mépris
colère.
L'enfant lui jeta la pièce d'argent qu'il e

reçue, sentant qu'il avait cessé de la mériter; mais le proscrit n'eut pas l'air de faire attention à ce mouvement. Il dit avec beaucoup de sang-froid à l'adjudant :

— Mon cher Gamba, je ne puis marcher; vous allez être obligé de me porter à la ville.

— Tu courais tout à l'heure plus vite qu'un chevreuil, repartit le cruel vainqueur; mais sois tranquille : je suis si content de te tenir, que je te porterais une lieue sur mon dos sans être fatigué. Au reste, mon camarade, nous allons te faire une litière avec des branches et ta capote; et à la ferme de Crespoli nous trouverons des chevaux.

— Bien, dit le prisonnier; vous mettrez aussi un peu de paille sur votre litière, pour que je sois plus commodément.

Pendant que les voltigeurs s'occupaient, les uns à faire une espèce de brancard avec des branches de châtaignier, les autres à panser la blessure de Gianetto, Mateo Falcone et sa femme parurent tout d'un coup au détour d'un sentier qui conduisait au maquis. La femme s'avançait courbée péniblement sous le poids d'un énorme sac de châtaignes, tandis que son mari se prélassait, ne portant qu'un fusil à la main et un autre en bandoulière; car il est indigne d'un homme de porter d'autre fardeau que ses armes.

A la vue des soldats, la première pensée de Mateo fut qu'ils venaient pour l'arrêter. Mais pourquoi cette idée ? Mateo avait-il donc quelques démêlés avec la justice ? Non. Il jouissait d'une bonne réputation. C'était, comme on dit, *un particulier bien famé*; mais il était Corse et montagnard, et il y a peu de Corses montagnards qui, en scrutant bien leur mémoire, n'y trouvent quelque peccadille, telle que coups de fusil, coups de stylet et autres bagatelles. Mateo, plus qu'un autre, avait la conscience nette; car depuis plus de dix ans il n'avait dirigé son fusil contre un homme; mais toutefois il était prudent, et il se mit en posture de faire une belle défense, s'il en était besoin.

— Femme, dit-il à Giuseppa, mets bas ton sac et tiens-toi prête.

Elle obéit sur-le-champ. Il lui donna le fusil qu'il avait en bandoulière et qui aurait pu le gêner. Il arma celui qu'il avait à la main, et il s'avança lentement vers sa maison, longeant les arbres qui bordaient le chemin, et prêt, à la moindre démonstration hostile, à se jeter derrière le plus gros tronc, d'où il aurait pu faire feu à couvert. Sa femme marchait sur ses talons, tenant son fusil de rechange et sa giberne. L'emploi d'une bonne ménagère, en cas de combat, est de charger les armes de son mari.

D'un autre côté, l'adjudant était fort en peine en voyant Mateo s'avancer ainsi, à pas comptés, le fusil en avant et le doigt sur la détente.

« Si par hasard, pensa-t-il, Mateo se trouvait parent de Gianetto, ou s'il était son ami, et qu'il voulût le défendre, les bourres de ses deux fusils arriveraient à deux d'entre nous, aussi sûr qu'une lettre à la poste, et s'il me visait, nonobstant la parenté !... »

Dans cette perplexité, il prit un parti fort courageux, ce fut de s'avancer seul vers Mateo pour lui conter l'affaire, en l'abordant comme une vieille connaissance; mais le court intervalle qui le séparait de Mateo lui parut terriblement long.

— Holà ! eh ! mon vieux camarade, criait-il, comment cela va-t-il, mon brave ? C'est moi, je suis Gamba, ton cousin.

Mateo, sans répondre un mot, s'était arrêté, et, à mesure que l'autre parlait, il relevait doucement le canon de son fusil, de sorte qu'il était dirigé vers le ciel au moment où l'adjudant le joignit.

— Bonjour, frère*, dit l'adjudant en lui tendant la main. Il y a bien longtemps que je ne t'ai vu.

— Bonjour, frère !

— J'étais venu pour te dire bonjour en passant, et à ma cousine Pepa. Nous avons fait une longue traite aujourd'hui ; mais il ne faut pas plaindre notre fatigue, car nous avons fait une fameuse prise. Nous venons d'empoigner Gianetto Sanpiero.

— Dieu soit loué ! s'écria Giuseppa. Il nous a volé une chèvre laitière la semaine passée.

Ces mots réjouirent Gamba.

— Pauvre diable ! dit Mateo, il avait faim.

— Le drôle s'est défendu comme un lion, poursuivit l'adjudant un peu mortifié ; il m'a tué un de mes voltigeurs, et, non content de cela, il a cassé le bras au caporal Chardon ; mais il n'y a pas grand mal, ce n'était qu'un Français... Ensuite, il s'était si bien caché, que le diable ne l'aurait pu découvrir. Sans mon petit cousin Fortunato, je ne l'aurais jamais pu trouver.

— Fortunato ! s'écria Mateo.

— Fortunato ! répéta Giuseppa.

— Oui, le Gianetto s'était caché sous ce tas de foin là-bas : mais mon petit cousin m'a montré la malice. Aussi je le dirai à son oncle le caporal, afin qu'il lui envoie un beau cadeau pour sa peine. Et son nom et le tien seront dans le rapport que j'enverrai à M. l'Avocat général.

— Malédiction !, dit tout bas Mateo.

Ils avaient rejoint le détachement. Gianetto était déjà couché sur la litière et prêt à partir. Quand il vit Mateo en la compagnie de Gamba, il sourit d'un sou-

---

* *Buon giorno, fratello*, salut ordinaire des Corses.

rire étrange; puis, se tournant vers la porte de la maison, il cracha sur le seuil en disant :

— Maison d'un traître !

Il n'y avait qu'un homme décidé à mourir qui eût osé prononcer le mot de traître en l'appliquant à Falcone. Un bon coup de stylet, qui n'aurait pas eu besoin d'être répété, aurait immédiatement payé l'insulte. Cependant Mateo ne fit pas d'autre geste que celui de porter sa main à son front comme un homme accablé.

Fortunato était entré dans la maison en voyant arriver son père. Il reparut bientôt avec une jatte de lait, qu'il présenta les yeux baissés à Gianetto.

— Loin de moi ! lui cria le proscrit d'une voix foudroyante.

Puis, se tournant vers un des voltigeurs :

— Camarade, donne-moi à boire, dit-il.

Le soldat remit sa gourde entre ses mains, et le bandit but l'eau que lui donnait un homme avec lequel il venait d'échanger des coups de fusil. Ensuite il demanda qu'on lui attachât les mains de manière qu'il les eût croisées sur sa poitrine, au lieu de les avoir liées derrière le dos.

— J'aime, disait-il, à être couché à mon aise.

On s'empressa de le satisfaire; puis l'adjudant donna le signal du départ, dit adieu à Mateo, qui ne lui répondit pas, et descendit au pas accéléré vers la plaine.

Il se passa près de dix minutes avant que Mateo ouvrît la bouche. L'enfant regardait d'un œil inquiet tantôt sa mère et tantôt son père, qui, s'appuyant sur son fusil, le considérait avec une expression de colère concentrée.

— Tu commences bien ! dit enfin Mateo d'une voix calme, mais effrayante pour qui connaissait l'homme.

— Mon père ! s'écria l'enfant et s'avançant les larmes aux yeux comme pour se jeter à ses genoux.

Mais Mateo lui cria :

— Arrière de moi !

Et l'enfant s'arrêta et sanglota, immobile, à quelques pas de son père.

Giuseppa s'approcha. Elle venait d'apercevoir la chaîne de la montre, dont un bout sortait de la chemise de Fortunato.

— Qui t'a donné cette montre ? demanda-t-elle d'un ton sévère.

— Mon cousin l'adjudant.

Falcone saisit la montre, et, la jetant avec force contre une pierre, il la mit en mille pièces.

— Femme, dit-il, cet enfant est-il de moi ?

Les joues brunes de Giuseppa devinrent d'un rouge de brique.

— Que dis-tu, Mateo ? et sais-tu bien à qui tu parles ?

— Eh bien, cet enfant est le premier de sa race qui ait fait une trahison.

Les sanglots et les hoquets de Fortunato redoublèrent, et Falcone tenait ses yeux de lynx toujours attachés sur lui. Enfin il frappa la terre de la crosse de son fusil, puis le jeta sur son épaule et reprit le chemin du maquis en criant à Fortunato de le suivre. L'enfant obéit.

— C'est ton fils, lui dit-elle d'une voix tremblante en attachant ses yeux noirs sur ceux de son mari, comme pour lire ce qui se passait dans son âme.

— Laisse-moi, répondit Mateo : je suis son père.

Giuseppa embrassa son fils et entra en pleurant dans sa cabane. Elle se jeta à genoux devant une image de la Vierge et pria avec ferveur. Cependant Falcone marcha quelque deux cents pas dans le sentier et ne s'arrêta que dans un petit ravin où il descendit. Il sonda la terre avec la crosse de son fusil et la trouva molle et facile à creuser. L'endroit lui parut convenable pour son dessein.

— Fortunato, va auprès de cette grosse pierre.

L'enfant fit ce qu'il lui commandait, puis il s'agenouilla.

— Dis tes prières.

— Mon père, mon père, ne me tuez pas.

— Dis tes prières ! répéta Mateo d'une voix terrible.

L'enfant, tout en balbutiant et en sanglotant, récita le *Pater* et le *Credo*. Le père, d'une voix forte, répondait *Amen* ! à la fin de chaque prière.

— Sont-ce là toutes les prières que tu sais ?

— Mon père, je sais encore l'*Ave Maria* et la litanie que ma tante m'a apprise.

— Elle est bien longue, n'importe.

L'enfant acheva la litanie d'une voix éteinte.

— As-tu fini ?

— Oh ! mon père, grâce ! pardonnez-moi ! Je ne le ferai plus ! Je prierai tant mon cousin le caporal qu'on fera grâce au Gianetto !

Il parlait encore : Mateo avait armé son fusil et le couchait en joue en lui disant :

— Que Dieu te pardonne !

L'enfant fit un effort désespéré pour se relever et embrasser les genoux de son père; mais il n'en eut pas le temps. Mateo fit feu, et Fortunato tomba roide mort.

Sans jeter un coup d'œil sur le cadavre, Mateo reprit le chemin de sa maison pour aller chercher une bêche afin d'enterrer son fils. Il avait fait à peine quelques pas qu'il rencontra Giuseppa, qui accourait alarmée du coup de feu.

   — Qu'as-tu fait ? s'écria-t-elle.

   — Justice.

   — Où est-il ?

   — Dans le ravin. Je vais l'enterrer. Il est mort en chrétien; je lui ferai chanter une messe. Qu'on dise à mon gendre Tiodoro Bianchi de venir demeurer avec nous.

Jules Barbey d'Aurevilly

Léa

Une voiture roulait sur la route de Neuilly. Deux jeunes hommes, en habit de voyage, en occupaient le fond, et semblaient s'abandonner au nonchaloir, d'une de ces conversations molles et mille fois brisées, imprégnées du charme de l'habitude et de l'intimité.

— Tu regrettes l'Italie, j'en suis sûr, dit à celui qui eût paru le moins beau à la foule, mais dont la face était largement empreinte de génie et de passion, le plus frais et le plus jeune de ces deux jeunes gens.

— J'aime l'Italie, il est vrai, répondit l'autre. C'est là que j'ai vécu de cette vie d'artiste imaginée avec tant de bonheur avant de la connaître. Mais auprès de toi, mon ami, il n'y a pas de place pour un regret.

Et en dessus de la barre d'acajou, les mains des deux amis se pressèrent.

— J'ai craint longtemps, reprit le premier interlocuteur, que la générosité de ton sacrifice ne te devînt amère. Quitter Florence, tes études, tes plaisirs, pour revenir avec moi à Neuilly, te faire le témoin des souffrances de ma pauvre sœur, et partager mes inquiétudes et celles de ma mère, n'est-ce pas là le plus triste échange ?

— En supposant qu'il y ait du mérite à éprouver un sentiment tout à fait involontaire, mon cher Amédée, tu t'exagérerais encore ce que mon amitié fait pour toi. Quand ta sœur ira mieux, ne pourrons-nous

pas reprendre le chemin de cette Italie que nous
venons de quitter ? Oh ! espérons que les craintes
exprimées dans la lettre de ta mère n'ont aucun fon-
dement.

— Je le saurai bientôt, dit Amédée, et il frappa du
fouet qu'il tenait à la main le cheval qui redoubla de
vitesse ; mais je n'augure rien que de sinistre du style
de ma mère : croirais-tu qu'elle me parle d'un commencement d'anévrisme.

Réginald de Beaugency et Amédée de Saint-
Séverin, deux amis d'enfance, dont la position de fortune était assez indépendante pour que leurs vies pussent se trouver toujours mêlées l'une à l'autre, ne
s'étaient jamais quittés. Jusqu'à vingt-cinq ans, tout
leur avait été commun. Ils avaient ensemble débuté
dans le monde, et là ils s'étaient confié leurs premières
observations. Cependant leur intimité partait beaucoup plus du cœur que de la tête ; c'était par ce point
qu'ils s'étaient touchés. Trop d'intervalle les séparait
d'ailleurs.

Réginald était une de ces hautes et fécondes natures
tout écumantes de spontanéité et d'avenir. Dès les
premiers instants de son existence intellectuelle, Réginald avait compris l'art, et dans l'enivrement de ce
pur et premier amour, il s'était juré à lui-même qu'il
ne serait jamais qu'un artiste. Mais on ne commence
pas par être artiste : l'homme finit par là. Quand nous
sommes jeunes, à l'éclat brillant de nos rêves nous ne
faisons que nous pressentir, nous deviner pour un
temps lointain encore. Ce n'est que quand la passion
a labouré notre cœur avec son soc de fer rougi, que
nous pouvons réaliser les préoccupations qui nous
avaient obsédés jusque-là. Or, il y a mille chances de
mort dans la passion. Aussi peut-être serait-il vrai de
dire que les hommes les plus prédestinés par leur

nature à être artistes meurent avant de le devenir. Keats se brisant un vaisseau sanguin dans la poitrine était plus nativement grand poète que ce splendide lord Byron lui-même, qu'un mouvement de rage ne put pas tuer.

Cette passion qui vient toujours troubler nos contemplations avec violence s'était déjà emparée de Réginald. Elle devait le tuer plus tard, le tuer comme artiste. Cherchez son nom parmi les noms dont la société s'enquête parce que ces noms ont marqué, et vous ne l'y trouverez pas. Non. Pas même tracé en caractères indistincts au bas de quelque ébauche hâtée. Nulle part ce nom n'a été écrit, si ce n'est sur ces pages qui vous racontent son histoire et que vous oublierez bientôt. Mais alors il ignorait, l'heureux enfant d'une imagination confiante ! il ignorait qu'il deviendrait athée à sa vocation et à son avenir. Déjà la passion l'avait mille fois jeté du haut en bas de l'idéal dans la réalité, lui obscurcissant ses perceptions les plus lumineuses, l'interrompant tout à coup dans le jet de ses créations. Douleur amère et fatale ! Tout le temps qu'il était entraîné vers les jouissances matérielles, on eût dit qu'il entrevoyait, au fond de ces frénétiques plaisirs, comme par une révélation sublime, quelque chose de grand et de divin, tant il les étreignait contre lui d'une main acharnée; mais cette illusion finissait par du déboire, et l'intelligence revenait avec ses implacables mépris. Voilà pourquoi son front devenait chauve avant le temps, et son regard débordait d'une telle tristesse qu'il en versait jusque dans les yeux indifférents ou joyeux de qui le fixait.

Amédée n'était pas un homme fait sur le fier patron de Réginald. Il cultivait aussi les arts, mais ils n'étaient pour lui qu'une fantaisie, un caprice, ce que sont les femmes pour tant d'hommes qui osent parler d'amour à leurs pieds. On ne voyait point, sur son front serein et ouvert, à travers la fatigue des organes, les vestiges de cette lutte cruelle entre la passion et la pensée, la gloire ou la mort de l'artiste, qui l'anéantit encore à l'état d'homme ou le transfigure tout vivant.

Amédée et Réginald venaient de passer trois ans en Italie. Un soir de juin parfumé et chaud, ils avaient causé longuement, sur la route de Neuilly à Paris, avec une femme d'un âge mûr, à l'air imposant quoique bon, qui tenait par la main une enfant de treize ans à peine, jolie petite fille à tête nue et aux longs cheveux blonds et suaves jusqu'à paraître nuancés d'un duvet comme celui des fleurs, et, qui, mollement, bouclaient sur une pèlerine de velours noir.

L'enfant reçut deux baisers sur le front, et les deux amis montant, avec cette frémissante rapidité du départ quand on a le cœur plein, dans l'aérien tilbury qui les attendait, volèrent vers Paris, laissant derrière eux un nuage de poussière qui s'évanouit, déchiré par le vent avec plus d'un adieu !

Cette femme était Mme de Saint-Séverin, et cette enfant sa fille, la sœur d'Amédée, malade à présent, et dont la maladie rappelait Amédée en France…

… Alors ils atteignaient cet endroit de la route d'où l'on apercevait la maison blanche, et ceinte de la vigne aux bras d'amoureuse, que Mme de Saint-Séverin habitait du côté gauche extérieur de Neuilly. Cet endroit où, trois ans auparavant, eux, attendris, mais heureux, mais confiants, mais fous de mille espoirs sans noms et de jeunesse, ils avaient laissé pour un temps indéfini la femme qui ne devait plus veiller que de loin sur ceux qu'elle avait soignés avec amour depuis leur enfance, car Réginald, ayant perdu ses parents peu de temps après sa naissance, avait partagé avec Amédée la tendresse de Mme de Saint-Séverin, et rien ne l'avait averti qu'une mère lui eût jamais manqué.

A cet endroit rien n'avait changé. Par une coïncidence du hasard, l'heure était la même que celle où ils étaient partis; et, comme il y a des journées que nous portons éternellement dans nos poitrines avec leurs plus petits accidents : un son de piano, un timbre de pendule, un nuage à l'horizon là-bas et le soir, ils se rappelèrent qu'il y avait trois ans le soleil se couchait ainsi, et que les teintes étaient les mêmes sur la courbe effacée des lointains. Seulement, au lieu d'une enfant et d'une femme sur la route, une femme isolée attendait.

— C'est vous, ma mère !, s'écria Amédée, et en une seconde Mme de Saint-Séverin fut couverte des caresses de son fils et de Réginald.

— Comment va Léa, ma mère ? Où est-elle ?

— Léa est toujours extrêmement souffrante, mon ami, répondit Mme de Saint-Séverin. Et l'expression perdue d'une joie instantanée permit de juger combien ses traits étaient flétris par un chagrin adurent; elle était affreusement vieillie. La douleur est plus impitoyable que le temps : elle a des secrets pour vous briser mieux; elle vous courbe encore que le temps vous donnerait le coup de grâce. Les rides qu'elle vous creuse au front sont profondes comme des cicatrices, et pourtant, ô mon Dieu ! ce n'est pas là que sont les blessures.

»Je n'ai pas voulu, ajouta Mme de Saint-Séverin, que Léa vînt au-devant de vous, je craignais pour elle la fatigue et encore plus l'émotion; je l'ai prévenue que tu arrivais ce soir, cher Amédée, et cela vaut mieux. Dans son état, disent les médecins, l'émotion lui serait si funeste qu'il me faut craindre de donner du bonheur à ma fille sous peine de la tuer.

Et en prononçant ces derniers mots, cette voix pleine de douceur contractait une dureté amère, ce regard touchant alla donner contre le ciel comme une tête de désespéré contre un mur. Le reproche était presque impie. Ame religieuse, toute d'amour et de dévouement, avait-elle immensément souffert, cette pauvre femme, pour sentir ainsi, comme un homme, le soudain regret qui nous prend tant de fois dans la vie de ne pouvoir poignarder Dieu.

Amédée baissa la tête; la physionomie de sa mère venait de lui en apprendre plus que tous les pressentiments qu'il tremblait de voir justifier.

Cependant, et peut-être pour ménager son fils (il paraît que les mères ont de ces courages), Mme de Saint-Séverin reprit son calme habituel. Bientôt ces trois personnes s'avancèrent vers la maison blanche, dans la direction du jardin qui s'étendait en face, tandis que le cabriolet, sous la conduite du jockey de Réginald, y accédait du côté opposé au jardin.

Léa était venue jusqu'à la barrière extérieure. Si Mme de Saint-Séverin n'avait pas dit à Amédée : « Voilà ta sœur », il ne l'aurait pas reconnue tant elle était changée et grandie. Léa se jeta au cou de son frère avec l'abandon d'un sentiment qui paraissait ne pas s'épandre souvent, avec ce laisser-aller d'adolescente dont toute l'âme devrait être une caresse. Mais Mme de Saint-Séverin, redoutant que cette joie ne fût trop vive, y coupa court en présentant à sa fille celui qu'elle appelait son second fils. Léa sourit à cette mâle figure qu'elle avait toujours aperçue réfléchie dans ses souvenirs à côté de celle de son frère, et Réginald, dont le cœur s'était ouvert à ces détails de famille, que la position de Léa rendait encore plus attendrissants, fut sur le point de la prendre dans ses bras et de l'y serrer comme on y serre une sœur; mais son regard sai-

sit tout à coup sur le visage de Mme de Saint-Séverin
tout ce qu'il y a de plus chaste, de plus éthéré, de plus
sensitif dans la délicatesse d'une femme, confondu
avec ce qu'il y a de plus intime dans une souffrance
de mère, et il retint son mouvement. Il venait de comprendre pour la première fois que l'amitié est aussi
une trompeuse, et que, même chez cette femme qui
l'appelait son fils, il n'était, hélas ! qu'un étranger.

J'ai dit que Léa était changée et grandie ; ce n'était
plus la petite fille à la pèlerine de velours noir dont le
teint se rosait impétueusement au moindre trouble
jusque dans la racine des cheveux et des cils, sans que
cette vaporeuse nuance, semblable à celle que, les
soirs d'automne, on voit parfois au rebord d'une blanche nuée, se fonçât jamais plus à un endroit qu'à un
autre de son visage. Nuance fugitive, mais inaltérée,
qui ne se perdait jamais en dégradations insensibles à
l'endroit où la robe joint le cou avec mystère, et faisait
présumer que tout le corps se colorait timidement
ainsi, et promettait aux ardeurs d'un amant des
voluptés divines. Ces ravissantes rougeurs s'étaient
exhalées et, suivant la loi incompréhensible de tout ce
qui est beau sur la terre, exhalées pour ne plus revenir ! La maladie de Léa, en se développant, semblait
avoir absorbé tout le sang de ses veines dans la région
du cœur, et lui avait laissé une pâleur ingrate à travers
laquelle l'émotion ne pouvait se faire jour. Ce n'était
pas une pâleur ordinaire, mais une pâleur profonde
comme celle d'un marbre : profonde, car le ciseau a
beau s'enfoncer dans ce marbre qu'il déchire, il trouve
toujours cette mate blancheur ! Ainsi, à la voir, cette
inanimée jeune fille, vous auriez dit que sa pâleur
n'était pas seulement à la surface, mais empreinte
dans l'intérieur des chairs.

Les deux amis furent d'autant plus frappés du changement qui s'était opéré en Léa en leur absence, qu'ils se souvenaient davantage de ce qu'elle était quand ils l'avaient quittée. Elle n'avait pas même conservé ses cheveux débouclés sur le cou et lissés sur ses tempes virginales, délicieuse coiffure qui jette je ne sais quel reflet de mélancolie autour d'une rieuse tête d'enfant. Elle les portait alors relevés sous un peigne comme toutes les femmes.

Réginald surtout, Réginald, qui sentait et observait en artiste, contemplait avec un intérêt immense de pitié cette fille de seize ans qu'un mal indomptable avait flétrie, qu'une douleur physique emportait au néant avec sa beauté ravagée avant qu'elle sût que ce qui bouillonnait dans son cœur pût être autre chose que du sang. Il était humilié comme artiste. Jamais la beauté d'une femme, quelque resplendissante qu'elle fût, n'avait parlé un plus inspirant langage à son imagination que cette forme altérée et qui bientôt serait détruite. Involontairement, il se demandait s'il y a donc plus de poésie dans l'horrible travail de la mort que dans le déploiement riche et varié de l'existence ? La maladie de Léa était de celles dont les progrès sont à peine perceptibles. Tout ce que l'homme en sait, de cette terrible maladie, c'est qu'elle est mortelle; mais il ne lui est guère possible de l'étudier dans ses développements et de prédire le moment où, comme irritée de la résistance de l'organisation, elle achèvera de la briser. Mme de Saint-Séverin n'entretenait plus, depuis longtemps, ces illusions qui, comme des femmes perfides, nous mettent leurs douces mains de soie sur les yeux pour nous cacher la réalité. Elle savait que l'état de sa fille était sans ressource, qu'un peu plus tôt ou un peu plus tard Léa n'achèverait pas sa jeunesse, et que ce moment d'angoisse et de larmes ne se ferait plus beaucoup attendre. Telle était la pensée qui lui mangeait vives les fibres du cœur, et qu'elle cachait sous d'angéliques sourires et sous une confiance si sereine que Léa, parfois dupe de ce calme sublime, sentait moins cruellement sa souffrance et croyait à un mieux prochain.

Réginald, en vivant chez Mme de Saint-Séverin, comprit avec quelle anxiété d'amour était surveillée cette vie tremblante, et qui pouvait se rompre comme un fil délié au moindre souffle. Il fut le témoin de ces mille précautions employées pour préserver de chocs trop violents, de touchers trop rudes, ce cristal fêlé, ce cœur qui, en se dilatant, aurait fait éclater sa frêle enveloppe. Hélas ! ce cœur, au moral tout comme au physique, ne battait que sous une plaque de plomb. Léa ne lisait aucun livre. A cette heure où l'imagination d'une jeune fille commence à passionner son regard d'insolites rêveries et à faire étinceler autre chose que deux gouttes de lumière dans les étoiles bleues de ses yeux, Léa ne connaissait pas un poète. Élevée solitairement à la campagne, elle n'avait senti au sortir de l'enfance que la douleur qui commença sa maladie et qui la fixa auprès de sa mère au moment où elle allait s'en séparer pour entrer dans un des meilleurs pensionnats de Paris. Cette retraite et cette inculture avaient nui autant au côté sensible de Léa qu'à son côté intellectuel. De peur que la sensibilité de sa fille ne fût trop ébranlée par ces premiers épanchements dans lesquels on se soulage de ces larmes oppressantes qui viennent on ne sait pas d'où..., et que toute femme qui fut jeune eut besoin de verser la tête sur l'épaule d'une autre femme pleurant aussi et bien-aimée, ou toute seule, le front dans ses mains, Mme de Saint-Séverin se priva du plus grand bonheur pour une mère, de la seule félicité humaine que la vertu n'ait pas condamnée. Dans ses relations avec sa fille, elle empêcha toujours l'effusion de naître. Miraculeux héroïsme, sacrifice de l'amour par l'amour ! Où cette femme, cet être fragile, puisait-elle tant de force pour plier à sa volonté les sentiments les plus vivaces de sa nature, si ce n'est dans l'idée qu'en s'y laissant entraîner elle pouvait provoquer une de ces palpitations torturantes dans lesquelles sa Léa pouvait perdre connaissance et mourir.

Ainsi Léa n'avait été modifiée ni par ces idées qui élèvent et fécondent les nôtres, ni par ces sentiments auxquels nos sentiments s'entremêlent. Tout ce qu'il y avait de poésie au fond de cette âme devait donc périr à l'état de germe, engloutie, abîmée, perdue dans les profondeurs d'une conscience sans écho. Que si quelquefois une tristesse, un retentissement intérieur, une ondulation rapide passaient sur cette âme isolée dans la création et venaient expirer dans un sourire sur ses lèvres pâles, c'était un point intangible dans la durée, ce n'était ni un désir ni un regret : pour un regret ne faut-il pas connaître, et pour un désir, au moins soupçonner ? C'était quelque chose de mystérieux, de vague et pourtant d'immense, semblable au sentiment de l'infini, comme nous croyons l'avoir éprouvé à une époque de notre vie avant de savoir que ce sentiment se nommât ainsi. Manquent les mots pour parler de cet état de l'âme. On l'imagine sans pouvoir le peindre : l'imagination est la seule faculté qui ne trouve pas sur son chemin la borne de l'incompréhensible. N'y a-t-il pas pour elle un Dieu ? Une couleur de plus dans le prisme ? Des amours purs et éternels ?

Cet état de l'âme fut pour Réginald un mystère... un problème... un rêve. Il aurait si bien voulu le pénétrer. Efforts inouïs et perdus ! Ce désir l'arrachait de son travail dès le matin. Quand, par la persienne entr'ouverte, il apercevait Léa cueillant des fleurs au jardin et les disposant dans les vases de porcelaine de la terrasse, il quittait son chevalet et sa toile et courait auprès de la jeune fille lui parler de sa souffrance, puis du soleil qui luisait dans sa chevelure blonde, du bleu du ciel, de la fraîcheur de l'air. Puis il revenait encore à sa souffrance pour lui demander si toute nature bonne et souriante ne lui causait pas quelque bien, et il cherchait dans ses réponses un mot, un pauvre accent qui lui révélât une des faces encore obscures de cette vie étrange et étouffée. Mais rien dans sa voix, faussée par la douleur et rendue plus touchante, rien dans ses regards languissants de fatigue et d'insomnie, rien sur cet ovale qui avait déjà perdu de sa perfection et de sa grâce, que l'indolent sourire de la bienveillance. Oh ! c'était un jeu cruel que ces déceptions inattendues et renaissantes, c'était un découragement à navrer ! Tous les jours s'écoulaient aussi mornes, aussi ternes pour la jeune fille. Un cercle plus large et plus noir autour de ses yeux, une taille plus abandonnée, une démarche plus traînante : voilà quelles étaient pour Léa les seules différences qu'à la veille apportait le lendemain.

Mais Réginald ne se rebuta pas. Lui qui regrettait, disait-il, ces moments perdus auprès des femmes, moments trop nombreux dans sa vie, et qui, de leur bonheur rapide, n'avaient point racheté la moindre des peines dont ce bonheur dérisoire est empoisonné toujours, consumait misérablement son temps auprès d'une enfant malade, ignorante, silencieuse, timide, l'opposé de ces Italiennes qu'il avait aimées, si pleines de pensées et de vie, dont l'amour de lave est, dit-on, un Styx qui rend invulnérable à toutes les voluptés molles et tièdes trouvées dans d'autres bras que les leurs. La passion, qui commence par faire de nous des enfants et des imbéciles, persuadait à Réginald qu'il n'avait que de la pitié pour Léa. De la pitié ! C'est une plainte stérile qu'on aumône, un serrement de main quand le mal n'est pas contagieux, au plus l'eau d'une larme, et puis on rit ! et puis on oublie ! Voilà toute la pitié. Dans nos cœurs égoïstes et froids, elle n'a pas d'autres caractères, et les hommes, qui ravalent le ciel au profit de leur orgueil, prétendent que la pitié est céleste !

Réginald s'abusait en prenant le sentiment que lui inspirait Léa pour une si chétive sympathie, mais il ne s'abusa pas bien longtemps. Son passé était là avec ses poignants souvenirs. Il reconnut cet amour qui avait séché sur pied, étiolées et noircies, les plus belles fleurs de sa jeunesse, ce simoun qui ravage nos vies plus d'une fois et qui en tourmente longtemps encore le sable aride, quand il n'y a plus que du sable à en soulever.

Qui ne sait pas que tous nos amours sont de la démence ? que tous nous laissent à la bouche la cuisante absinthe de la duperie ? et l'expérience ne l'avait-elle pas appris à Réginald ? Eh bien, de tous ces amours passés et de tous ces amours possibles, le plus insensé était encore ce dernier. Qu'espérait-il en le nourrissant ? Dans six mois cette jeune fille serait portée au cimetière. D'ailleurs y avait-il en elle des facultés aimantes ? Saurait-elle jamais ce que c'est que l'amour ? Ce que ce mot-là signifie, alors que tant de femmes restent hébétées devant ce sentiment qu'elles font naître ? Angles de marbre et d'acier que toutes ces questions, contre lesquelles Réginald se battait le front avec fureur. Mais son amour s'en augmentait encore. Toujours l'amour grandit et s'enflamme en raison de son absurdité.

Quel contresens dans ses idées d'artiste ! « Ah ! si du

moins elle était belle — se répétait-il quand il ne la voyait pas — je m'expliquerais mieux cet amour; mais qu'y a-t-il de beau dans des yeux inexpressifs, des traits amaigris, des formes qui s'évanouissent. Et, se reprenant tout à coup : « Mais si ! si ! ma Léa, tu es belle, tu es la plus belle des créatures ! Je ne te donnerais pas, toi, tes yeux battus, ta pâleur, ton corps malade, je ne te donnerais pas pour la beauté des anges dans le ciel. » Et ces yeux battus, cette pâleur, ce corps malade, il les étreignait dans tous ses rêves des enlacements de sa pensée frénétique et sensuelle; il mettait une âme dans ce corps défaillant, de la vie à flots dans ces yeux fixés sur les siens ! Il la créait passionnée, fougueuse, ses blanches lèvres écarlates sous ses baisers ! Et cependant c'était toujours Léa faible, malade, agonisante, à qui les lèvres redevenaient blanches quoiqu'elles brûlassent encore, dont le cœur soulevait la poitrine sous des bonds si terribles qu'il semblait battre dans sa gorge, mais qui disait : « Oh ! si c'est ton amour qui me tue, que je suis heureuse de mourir ! » Et puis il la pleurait comme morte, et non pas de la mort de tout à l'heure que, dans l'égoïsme féroce de son amour, il désirait parfois avec rage, mais de celle dont elle mourrait sans doute… un jour… bientôt… ignorant que l'on pût mourir autrement que d'un anévrisme, et que l'on pût souffrir davantage pour mourir, ne regrettant rien des biens inconnus de la terre, et n'envoyant pas la plus belle boucle de ses cheveux blonds à quelque amie d'enfance, mariée bien loin… car elle n'en avait pas.

Un jour Léa était assise dans l'embrasure d'une des fenêtres du salon. La lumière bleue et sereine découlait sur son cou penché. Léa était occupée à broder un voile pour sa mère. Réginald, non loin d'elle, tenait un livre par contenance. Ils étaient seuls. — Pour la

première fois depuis une heure, il ne la regardait pas;
il s'était perdu dans quelque ardente rêverie, et cette
rêverie, c'était elle encore, c'était comme s'il l'eût
regardée.

— Comme vous êtes pâle depuis quelques jours,
— lui dit-elle en relevant la tête; — vous l'êtes presque autant que moi. Réginald, est-ce que vous souffrez ?

— Oui, je souffre, — répondit-il. Car il ne pouvait
plus supporter cette familiarité douce avec cette
femme qu'il aimait à en perdre la raison et sous
laquelle son amour se sentait à l'étroit.

» Oui, je souffre, et non pas depuis quelques jours,
mais depuis plus longtemps, et des douleurs cruelles.

— Où donc ?

— Ici. — Et du doigt il indiqua son cœur.

— Comme moi, — reprit-elle, étonnée. — Mais
pourtant ce n'est pas contagieux, — ajouta-t-elle en
souriant d'un air triste.

— Non, pas comme vous, Léa, non, pas comme
vous. Oh! il y a une différence entre vos douleurs et
les miennes. Par pitié pour vous, je me garderais
d'échanger.

Léa avait laissé tomber sur ses genoux les petites
mains qui soutenaient sa broderie. Elle secoua la tête
lentement, à en faire onduler les boucles transparentes, avec un air incrédule. La douleur a aussi sa vanité.

— Pourquoi donc ne vous étiez-vous pas plaint
encore ?

— A quoi bon, Léa ? Se plaindre, est-ce guérir ? Et
puis se plaindre pour ne pas même être compris ?

— Ah! ce n'est pas moi toujours qui ne comprendrais pas quand vous diriez que vous souffrez! »

Et la voix qui dit ceci était ébranlée. Il y avait presque du reproche, de l'âme dans son accent. On s'y

serait volontiers mépris.

— Est-ce vrai, Léa ? —, s'écria Réginald avec l'entraînement d'une joie folle. — Oh ! alors je me plaindrai à vous !

— Oh ! oui, allez ! vous pouvez vous plaindre en toute confiance, car je sais ce que c'est que souffrir...
— Et après une seconde de silence, le voyant tremblant et les traits altérés d'émotion :

— Voulez-vous que je vous mette quelques gouttes de fleur d'oranger sur du sucre ?

C'était plus déchirant qu'une ironie; c'était sérieux et candide. Cette femme n'avait qu'un organisme.

Réginald se frappa le front de son poing fermé. Léa regardait cette face d'homme bouleversée par une passion furibonde... Elle la regardait comme les étoiles regardent... Il y avait entre ces deux êtres, placés à deux pieds l'un de l'autre dans l'espace et dans le temps, un abominable contraste, une incorrigible dissonance, qui séparait à toujours leurs destinées. Vous l'eussiez deviné rien qu'à les voir dans cette étroite embrasure, elle plus blanche que la moire blanche des rideaux qui tombait en-plis derrière sa tête, calme comme un ciel qu'on maudit, et lui n'en pouvant plus de désespoir, reprenant, avec la rage d'un damné et l'orgueil humilié d'un homme qui a perdu la foi en sa puissance d'amour, le sentiment qu'il vient de trahir, puisque ce sentiment elle n'en veut pas, elle n'en saurait vouloir, que c'est le jeter au vent comme de la poussière que de le répandre aux pieds de cette femme, innocemment cruelle, qui ne sait pas ce qu'elle repousse et qui doit l'ignorer toujours !

Le mot d'amour n'avait pas été prononcé; probablement, il allait l'être... Probablement Réginald n'aurait pas résisté à faire un aveu, à essayer, par un dernier effort, s'il ne découvrirait pas un sentiment qui retentît faiblement au sien, quand Mme de Saint-Séverin entra tout à coup dans le salon. — Sa figure prit l'expression du mécontentement en apercevant Réginald et Léa, tous deux seuls.

— Maman, Réginald est souffrant, — dit Léa; — gronde-le donc un peu de ne pas s'être plaint.

Mme de Saint-Séverin interrogea Réginald sur sa souffrance avec un regard si pénétrant qu'il balbutia quelques réponses assez incohérentes. Il lui sembla qu'il n'y avait plus rien de bienveillant dans l'accent inquiet de cette femme qu'il avait toujours connue affectueuse et bonne.

— J'ai besoin d'être seule avec Réginald — dit-elle à sa fille. — Ma Léa, descends sur la terrasse.

L'adolescente obéit, muette et non pas contrariée. La contrariété n'est que le premier degré de la douleur; mais pour l'éprouver, encore faut-il avoir une ombre d'intérêt dans la vie.

— Oui, Réginald, j'ai à vous parler — reprit Mme de Saint-Séverin quand Léa fut sortie.

Et il y avait une espèce de solennité dans ces paroles. Elle se plaça devant l'artiste, et, lui attachant son regard au front :

Réginald, — continua-t-elle après une pause, et sa voix tremblait à en faire mal — Réginald, vous aimez Léa.

Pourquoi haïssons-nous de dévoiler le fond de nos cœurs ? Pourquoi dissimulons-nous une magnifique passion, un amour sublime, comme si c'était un forfait ? Une pensée, un instinct, rapide comme l'éclair, sillonna l'esprit de Réginald : ce fut de nier son malheureux et fol amour. Mais, il l'avait dit à Léa, il souffrait depuis si longtemps, et quand le cœur est gros de larmes, elles montent si promptement aux paupières qu'il est impossible à un pauvre être humain de les empêcher de couler. Il se cacha la figure dans les deux mains.

Mais elle lui prit ces mains qu'il pressait avec force contre son visage en pleurs, et les écartant de ce front, que des sanglots dévorés avaient teint d'une rougeur subite :

— Oui, vous l'aimez, malheureux, — ajouta-t-elle; — vous n'avez pas besoin de répondre, c'est écrit dans ces larmes que voilà ! Ah ! je ne vous ferai point de reproches; vous n'êtes qu'à plaindre, mon ami. Mais vous qui avez vécu dans le monde, vous qui avez connu mille femmes plus séduisantes que Léa, qu'une pauvre fille qui se meurt, comment se peut-il que vous l'aimiez !

— Je ne sais pas, Madame, je ne sais, — répondit-il avec une voix entrecoupée; — c'est un incompréhensible délire.

— Et qu'espérez-vous de cet amour ? Croyez-vous le lui faire partager ? Le lui faire partager, grand Dieu ! Vous voulez donc tuer ma fille ? Oh ! Réginald, cela ne sera pas, cela ne sera jamais ! Savez-vous qu'il ne faudrait qu'un mot, qu'une émotion, pour éveiller cette âme qui sommeille, et qu'à force de soins, et quels soins ! comme ils m'ont coûté ! j'ai tenue endormie afin qu'elle ne mît pas en pièces une vie si fragile ? Et vous voudriez le dire, ce mot cruel ? Vous voudriez la causer, cette émotion ? Vous voudriez être le bourreau ?... Je ne dis pas le mien ! Qu'est-ce que cela fait d'être le bourreau de sa mère de choix, d'une pauvre vieille femme comme moi, mais le sien, le bourreau de Léa ! vous ! vous ! qui l'aimez !... O ma Léa, il te tuerait !

Et ses pleurs commencèrent à ruisseler aussi. Il y a dans l'amour une contagion si rapide. Et les yeux de Réginald éclatèrent de flammes rouges dans leurs prunelles noires en entendant que Léa pourrait l'aimer un jour. Mme de Saint-Séverin frissonna de cet épouvantable espoir.

— Grâce ! grâce ! Réginald, cria-t-elle, je vous ai aimé comme un fils, oh ! promettez-moi que jamais vous ne parlerez à Léa de votre amour. C'est la destinée qui a fait tout le mal, avec quelle joie de vous eusse donné ma fille ! Comme j'eusse été heureuse de vous voir devenir une seconde fois le frère d'Amédée ! Mais lui faire partager votre amour, c'est la tuer ! Elle ne résisterait pas à ces mouvements intérieurs qui épuisent les plus forts. Comment voulez-vous qu'elle y résiste ? Vous, jeune homme, vous, en pleine possession de l'existence, ne sentez-vous pas qu'une passion, un amour, attaque la vie jusque dans ses sources ? Et c'est dans un corps presque détruit que vous voudriez l'allumer ! Et moi, je me serais mise au supplice, j'aurais tremblé de voir Léa me donner une de ces affections dont le cœur maternel a tant soif, pour la conserver plus longtemps près de moi qui l'aime en silence, et ces efforts affreux seraient perdus ! et j'aurais des remords de mon passé et pas d'avenir ?... Ah ! mon ami, promettez-moi... Tiens, va-t'en plutôt, Réginald, va-t'en à Paris, dans ton Italie, où tu voudras. Je te chasse de ma maison ; laisse-moi Léa, ne me prends pas ma fille ! Oh ! ne pleure pas : tu me désoles ; ne t'en va pas. Non ! reste... Reste auprès de moi : ne suis-je pas ta mère ? Ta mère aussi, qui t'aime cent fois plus depuis que tu aimes sa fille, mais qui craint cet amour funeste et qui te demande à genoux d'avoir pitié de toutes deux !

Et c'était faux ! Elle n'était pas à genoux ; elle s'était jetée à Réginald tout entière, et de ses deux bras elle lui serrait la tête contre son sein avec une ineffable ardeur de prière. Rien n'était beau comme cette femme en transes et en accès de pleurs, demandant la vie de sa fille à un homme qui l'aimait bien plus qu'elle, et le suppliant comme s'il avait été un dieu, — que dis-je ! comme s'il avait été un pervers. Réginald fut subjugué par toute cette tendresse qui l'enveloppait, qui criait après lui aux abois. Il promit de tout taire à Léa. Il voulut, enthousiaste comme on est quand on aime, dresser un sacrifice à côté de ceux qu'avait faits cette femme à l'existence de sa fille; comparer de ces deux cœurs, du sien ou de celui d'une mère, lequel serait le plus saignant, le plus brisé, lequel l'emporterait des deux martyres. Hélas ! s'il ne devenait pas un parjure, à coup sûr, ce devait être le sien !

Non, rien n'est comparable à cette angoisse ! Être près de la femme qu'on aime, la voir, l'entendre, se mêler à tous les détails de ses journées, se promener avec elle, le matin, quand, à travers ses vêtements légers on est enivré de je ne sais quel parfum d'une nuit passée; le soir, quand l'air est plein de tiédeurs alanguissantes, et qu'elle vous dit : « Oh ! n'est-ce pas qu'il fait bien chaud ce soir ! » en étendant les bras et en se balançant sur sa taille cambrée et sur la pointe des pieds comme si elle allait tomber en arrière sur un canapé ou sur vos genoux; s'asseoir près d'elle, à la même place qu'elle, où elle laissa l'impression de son corps divin qui brûle; et être là, à ses côtés, à toute heure, toujours, et dévorer ces *je t'aime !* furibonds qui viennent à la bouche, et se taire, et paraître froid, et répondre, quand elle vous interroge, *oui* et *non*, comme répondent les autres, et rire avec elle d'une plaisanterie quand le cœur bout des larmes qu'on le force à contenir; et puis, si elle se penche vers vous, si elle vous frôle le visage avec son haleine, ne pouvoir l'attirer, ainsi penchée, l'absorber, ce souffle, comme une flamme et comme une rosée, jusqu'au fond de la poitrine, dans un de ces baisers affolants, ardents et humides, qui se donnent bouches entr'ouvertes, et qui dureraient des heures s'il était permis de les donner ! Et quand elle s'éloigne, quand elle tourne la tête, retenir cette prière de condamné qui demande la vie : « Oh ! reste encore comme tu étais ! » Dites, n'est-ce pas là de la douleur, inscrutable tant elle est profonde, à qui ne l'a pas éprouvée ! une douleur à faire honte à celles de l'enfer, car en enfer on ne trahit plus, et ici c'est du bonheur, le bonheur de voir celle qu'on aime, qui se retourne contre vous !

Voilà ce que souffrit Réginald. D'abord il domina sa douleur. La volonté a beau jeu dans les premiers moments qu'elle s'exerce. Mais la douleur ressemble à ces joueurs habiles qui laissent gagner la première partie pour mieux triompher ensuite d'un adversaire rendu plus confiant. Les jours, les mois se passèrent. D'abord l'exaltation d'une résolution généreuse s'éteignit dans Réginald. Il n'était plus soutenu que par la reconnaissance qu'il devait à Mᵐᵉ de Saint-Séverin. — Bientôt il eut besoin de se dire qu'elle avait le droit de le chasser de chez elle s'il ne tenait pas les serments qu'il lui avait faits. Ainsi les retranchements allaient bientôt lui manquer contre la douleur. De plus, en contenant sa passion, il l'avait irritée davantage :

— Je suis malade », répondait-il souvent à Amédée, qui l'interrogeait avec une tendre anxiété, et qui croyait que l'éloignement de l'Italie et l'ennui d'un genre de vie si opposé à toutes ses habitudes d'une date moins récente étaient la cause de sa tristesse. « Si je lui disais ce que j'ai, — pensait-il, — soit pour sa sœur, soit pour moi, il me tourmenterait de partir. » Ainsi la confiance de l'amitié ne lui était plus bonne à rien, c'est-à-dire l'amitié elle-même. Ce n'est pas un des moindres sacrilèges d'un amour de femme que de nous flétrir nos plus fraîches amitiés sans miséricorde, et de nous faire rire de mépris sur nous-mêmes quand nous songeons que si peu nous avait suffi pour être heureux.

Depuis le jour où Léa avait été témoin du désespoir de Réginald, que s'était-il passé en elle ? Son air était moins vague qu'à l'ordinaire, et dans ses paupières, plus souvent abaissées, on aurait cru du recueillement; car on baisse les yeux quand on regarde en soi : est-ce pour mieux voir ou bien parce que l'on a vu ? Une intuition de femme lui aurait-elle révélé ce que Réginald n'avait trahi qu'à moitié ? Dans l'obscurité de son âme, aurait-elle trouvé une seule de ses impressions ignées qui s'étendent d'abord d'un point imperceptible à l'être humain tout entier ? Elle n'avait plus ces yeux singuliers dont il n'y avait de doux que la teinte et qui semblaient manquer d'un point visuel, tant, hélas ! l'expression en était absente. Maintenant ils étaient plus pensifs, quoique bien faiblement encore, d'une pensée molle et indécise qui rasait le bleu sans rayons des prunelles pour s'évanouir après. — O vous, femme qui lirez ceci, vous dont le cœur diffère tellement du nôtre que nous ne savons pas avec quoi ce cœur a été fait, dites, croyez-vous qu'alors Léa eût soupçonné l'amour ?

Cependant l'état de cette enfant empirait; le mal faisait des progrès rapides. Elle se sentait tous les jours plus faible que la veille, et ne quittait presque plus sa chaise longue, si ce n'est le soir, lorsqu'elle se traînait jusque sur un des bancs de la terrasse pour voir se coucher le soleil. Était-ce un instinct de mourant ou une admiration secrète qui lui faisait demander à sa mère de venir là chaque soir ? On l'ignore. Jamais elle ne

dit à Réginald, en face de ce coucher de soleil qui a
l'air d'un mort : « Que cela est triste ! » car elle savait
plus triste : c'était elle mourant aussi, mais sans avoir
eu de rayons autour de la tête, astre charmant éteint
bien des heures avant l'heure du soir ! Et lui, l'artiste,
le contemplateur idolâtre de la nature, ne lui dit pas
plus : « Que cela est beau ! » car il savait plus beau,
comme elle savait plus triste, et c'était elle encore !
Elle, millier de perceptions mystérieuses pour les
autres, et lumineuses pour lui, que l'amour versait à
plein dans son intelligence, comme les molécules
transparentes d'un jour d'Italie dans un regard ; elle
enfin, que les autres, qui ne l'aimaient pas, auraient
pensé peut-être à plaindre, mais jamais à admirer !

La belle saison était avancée, et Mme de Saint-
Séverin, désolée, demandait à Dieu dans ses prières
que sa fille ne finît pas plus vite que l'été. Qu'il faut
de désespoir pour qu'une mère ne demande plus
davantage ! Oh ! qu'il faut de désespoir pour qu'une
femme ne croie plus à la possibilité d'un miracle en
faveur de l'être qu'elle chérit. Le dernier soir que Léa
vint à la terrasse, Mme de Saint-Séverin aurait bien
dit : « Elle ne reviendra pas s'asseoir ici », tant elle
voyait clair dans l'état de sa fille. Des pressentiments
ne trompent pas quand on aime ; mais ce n'étaient
plus des pressentiments qu'avait Mme de Saint-
Séverin, c'était la science du médecin habile qui verrait à travers le corps la maladie, et qui assignerait à
heure fixe le moment où il entrerait en dissolution.
Une connaissance, une infaillibilité que le savoir
humain ne donne pas, le sentiment la lui avait
acquise. Ah ! ne dites point que la nature n'est pas
cruelle, qu'elle a couvert l'instant de la mort d'une
incertitude compatissante : cela n'est pas vrai toujours
pour celui qui meurt, et cela ne l'est jamais pour celui

qui regarde mourir !

Réginald aussi ne s'illusionnait pas. Il se disait que la vierge de son amour rendrait bientôt son corps à la terre et son âme aux éléments : bouton de rose indéplié et flétri sous l'épais tissu de ses feuilles séchées sans un ouragan que l'on pût accuser; fleur inutile que personne n'avait respirée; avorton de fleur sous l'enveloppe fanée de laquelle l'haleine la plus avide, le souffle le plus brûlant, n'eût rien trouvé peut-être à aspirer. Et son amour se renforçait de cette accablante certitude et d'un doute aussi amèrement décevant. Il semblait que toute cette vie qui abandonnait Léa se coulât dans son sein par vagues débordantes et multipliât la sienne. Moquerie diabolique de la destinée ! On se sent du souffle pour deux, on sent, en mettant la main sur sa poitrine, que si cette maudite poitrine pouvait s'ouvrir on aurait du souffle à donner à des millions de créatures, et il faut tout garder pour soi !

Un jour que Léa était couchée sur le banc de la terrasse, Réginald se trouva placé à côté d'elle; il y restait silencieux sous le poids écrasant de ses pensées, écoutant dans son cœur cette vie intérieure qui ne fait pas de bruit tant elle est profonde, ces tempêtes sourdes qui bouleversent et qui n'ont pas même un murmure. Il n'entendait point les paroles qu'échangeaient Mme de Saint-Séverin et Amédée, assis plus loin, et dont les doigts crispés arrachaient alors les feuilles d'un oranger avec le mouvement âpre d'un homme qui dissimule sa souffrance. Leur conversation était insignifiante; entrecoupée de silences fréquents et longs, elle roulait sur quelques chétifs accidents de la soirée comme la douceur du temps ou le tintement d'une cloche au fond du paysage. Nous tous qui avons vécu, nous les avons prononcées, ces paroles qui n'expriment rien, avec des voix altérées, pour voiler nos inquiétudes et nos peines à qui les causait. La soirée s'avançait ainsi. Déjà la frange cramoisie qui bordait le ciel à l'horizon était toute rongée, et le vent apportait, par bouffées, ces trésors de parfums cachés dans le sein des fleurs et qui y ont été déposés pour faire oublier, pendant la nuit, aux hommes, la perte du jour. Le banc occupé par Léa, Réginald et Mme de Saint-Séverin, était entouré et surmonté de beaux jasmins. Léa aimait à plonger sa tête dans l'épaisseur de leurs branches souples et verdoyantes; c'était comme un moelleux oreiller de couleur foncée sur lequel tranchait cette tête si pâle et si blonde. Les boucles du devant de la coiffure de Léa lui tombaient toutes défrisées le long des joues; elle avait détaché son peigne et jeté sur les nattes de ses cheveux son mouchoir de mousseline brodée qu'elle avait noué sous son menton. Ainsi faite de défrisure, de pâleur, d'agonie, qu'elle était touchante! Sa pose, quoique un peu affaissée, était des plus gracieuses. Un grand châle de couleur cerise enveloppait sa taille, qui n'était plus même svelte et qu'on eût craint de rompre à la serrer. On eût dit une blanche morte dans un suaire de pourpre. Réginald la couvait de son regard; c'était presque posséder une femme que de la regarder ainsi. Le malheureux! Il souffrait autant qu'Amédée et Mme de Saint-Séverin, mais ce n'est pas de la même douleur. Du moins on aurait pu croire que cette douleur eût été pure, qu'en face de ce corps presque fondu comme de la cire aux rayons du soleil, les désirs de chair et de sang ne subsistaient plus, et que la pensée seule dans laquelle s'était réfugié et ennobli l'amour se prenait à cette autre pensée, tout le moi dans la créature et qui allait s'éteignant, s'évaporant pour toujours. Est-ce la force ou la faiblesse humaine, une gloire ou une

honte ? Mais il n'en était point ainsi pour Réginald :
cette mourante, dont il touchait le vêtement, le brûlait comme la plus ardente des femmes. Il n'y avait
pas de bayadère aux bords du Gange, pas d'odalisque
dans les baignoires de Stamboul, il n'y aurait point eu
de bacchante nue dont l'étreinte eût fait plus bouil-
lonner la moelle de ses os que le contact, le simple
contact de cette main frêle et fiévreuse dont on sentait
la moiteur à travers le gant qui la couvrait. C'étaient
en lui des ardeurs inconnues, des pâmoisons de cœur
à défaillir. Tous les rêves que son imagination avait
caressés depuis qu'il était revenu d'Italie et qu'il
s'était énamouré de Léa, lui revenaient plus poignants
encore de l'impossibilité de les voir se réaliser. La nuit
qui venait jetait dans son ombre la tête de Léa posée
sur l'épaule de sa mère, qui bénissait cette nuit d'être
bien obscure, parce qu'elle pouvait pleurer sans craindre que Léa n'interrogeât ses pleurs. Je ne sais... mais
cette nuit d'août qui pressait Réginald si près de Léa
qu'il sentait le corps de la malade se gonfler contre le
sien à chaque respiration longue, pénible, saccadée,
comme si elle avait été oppressée d'amour, cette nuit
où il y avait du crime et des plaisirs par toute la terre,
lui fit boire des pensées coupables dans son air tiède
et dans sa rosée. Toute cette nature étalée là aussi semblait amoureuse ! Elle lui servait une ivresse mortelle
dans chaque corolle des fleurs, dans ses mille coupes
de parfums. Pleuvaient de sa tête et de son cœur dans
ses veines, et y roulaient comme des serpents, des sensations délicieuses, altérant avant-goût de jouissances
imaginées plus délicieuses encore. Ses mains s'égarèrent comme sa raison. L'une d'elles se glissa autour de
la taille abandonnée de la jeune fille, l'autre passa sur
ses formes évanouies une pression timidement palpi-
tante.

A force d'émotion, il craignait que l'air ne manquât à ses poumons. Tout plein de passion frissonnante, il avait peur de se hâter dans son audace, — un cri, un geste, un soupir de cette enfant accablée pouvait le trahir. Le trahir ! car il savait bien qu'il faisait mal, mais la nature humaine est si perverse, elle est si lâche, cette nature humaine, que son bonheur furtif devenait plus ébranlant encore du double enivrement du crime et du mystère. Scène odieuse que cette profanation d'une jeune fille dans la nuit noire, sous ce ciel étoilé qui parle d'un monde à venir et qui ment peut-être, tout près d'une mère qui la pleure et d'un frère qui ne la vengera pas, parce qu'une seule de ces stupides étoiles n'envoie pas un dard de lumière sur le front pâlissant du coupable et n'illumine pas son infamie !

Soit prostration entière de forces vitales, soit confusion et défaillance sous le poids de sensations inconnues, soit ignorance complète, Léa resta dans le silence et immobile jusqu'à ce qu'un mouvement effrayant fît pousser un cri à sa mère et relever la tête de Réginald dont la bouche s'était collée à celle de l'adolescente, qui ne l'avait pas retirée.

Amédée s'élança pour appeler du secours.

Quand il revint, il n'était plus temps : les flambeaux que l'on apporta n'éclairèrent pas même une agonie. Le sang du cœur avait inondé les poumons et monté dans la bouche de Léa, qui, yeux clos et tête pendante, le vomissait encore, quoiqu'elle ne fût plus qu'un cadavre. Mme de Saint-Séverin, à genoux devant, était tellement anéantie qu'elle ne songeait pas à mettre la main sur ce cœur pour épier si la vie ne le réchauffait plus. Elle considérait, les dents serrées et les yeux fixes, sa Léa ainsi trépassée, et sa douleur était si horrible qu'Amédée oublia sa sœur pour elle, et lui dit avec l'expression d'une tendresse pieuse : «Oh ! ma mère, il vous reste encore deux enfants.» Elle regarda alors ce qui lui restait, la pauvre mère, mais quand elle fixa sur Réginald ses yeux qui s'étaient remplis de larmes au mot consolant de son fils, ils s'affilèrent comme deux pointes de poignard. Elle se dressa de toute sa hauteur, et, d'une voix qu'il ne dut pas oublier quand il l'eut entendue, elle lui cria aux oreilles :

— Réginald, tu es un parjure !

Elle s'était aperçue qu'il avait les lèvres sanglantes.

Gérard de Nerval

Octavie

Ce fut au printemps de l'année 1835 qu'un vif désir me prit de voir l'Italie. Tous les jours en m'éveillant j'aspirais d'avance l'âpre senteur des marronniers alpins; le soir, la cascade de Terni, la source écumante du Téverone jaillissaient pour moi seul entre les portants éraillés des coulisses d'un petit théâtre... Une voix délicieuse, comme celle des sirènes, bruissait à mes oreilles, comme si les roseaux de Trasimène eussent tout à coup pris une voix... Il fallut partir, laissant à Paris un amour contrarié, auquel je voulais échapper par la distraction.

C'est à Marseille que je m'arrêtai d'abord. Tous les matins, j'allais prendre les bains de mer au Château-Vert, et j'apercevais de loin en nageant les îles riantes du golfe. Tous les jours aussi, je me rencontrais dans la baie azurée avec une jeune fille anglaise, dont le corps délié fendait l'eau verte auprès de moi. Cette fille des eaux, qui se nommait Octavie, vint un jour à moi toute glorieuse d'une pêche étrange qu'elle avait faite. Elle tenait dans ses blanches mains un poisson qu'elle me donna.

Je ne pus m'empêcher de sourire d'un tel présent. Cependant le choléra régnait alors dans la ville, et pour éviter les quarantaines, je me résolus à prendre la route de terre. Je vis Nice, Gênes et Florence; j'admirai le Dôme et le Baptistère, les chefs-d'œuvre de Michel-Ange, la tour penchée et le Campo-Santo de Pise. Puis, prenant la route de Spolette, je m'arrêtai dix jours à Rome. Le dôme de Saint-Pierre, le Vatican, le Colisée m'apparurent ainsi qu'un rêve. Je me hâtai de prendre la poste pour Civita-Vecchia, où je devais m'embarquer. — Pendant trois jours, la mer furieuse retarda l'arrivée du bateau à vapeur. Sur cette plage désolée où je me promenais pensif, je faillis un jour être dévoré par les chiens. — La veille du jour où je partis, on donnait au théâtre un vaudeville français. Une tête blonde et sémillante attira mes regards. C'était la jeune Anglaise qui avait pris place dans une loge d'avant-scène. Elle accompagnait son père, qui paraissait infirme, et à qui les médecins avaient recommandé le climat de Naples.

Le lendemain matin, je prenais tout joyeux mon billet de passage. La jeune Anglaise était sur le pont, qu'elle parcourait à grands pas, et impatiente de la lenteur du navire, elle imprimait ses dents d'ivoire dans l'écorce d'un citron :

— Pauvre fille, lui dis-je, vous souffrez de la poitrine, j'en suis sûr, et ce n'est pas ce qu'il faudrait.

— Elle me regarda fixement et me dit :

— Qui l'a appris à vous ?

— La sibylle de Tibur, lui dis-je sans me déconcerter.

— Allez ! me dit-elle, je ne crois pas un mot de vous.

Ce disant, elle me regarda tendrement et je ne pus m'empêcher de lui baiser la main.

— Si j'étais plus forte, dit-elle, je vous apprendrais à mentir !... Et elle me menaçait, en riant, d'une badine à tête d'or qu'elle tenait à la main.

Notre vaisseau touchait au port de Naples et nous traversions le golfe, entre Ischia et Nisida, inondées des feux de l'orient.

— Si vous m'aimez, reprit-elle, vous irez m'attendre demain à Portici. Je ne donne pas à tout le monde de tels rendez-vous.

Elle descendit sur la place du Môle et accompagna son père à l'hôtel de Rome, nouvellement construit sur la jetée. Pour moi, j'allai prendre mon logement derrière le théâtre des Florentins. Ma journée se passa à parcourir la rue de Tolède, la place du Môle, à visiter le Musée des études; puis j'allai le soir voir le ballet à San-Carlo. J'y fis rencontre du marquis Gargallo, que j'avais connu à Paris et qui me mena, après le spectacle, prendre le thé chez ses sœurs.

Jamais je n'oublierai la délicieuse soirée qui suivit. La marquise faisait les honneurs d'un vaste salon rempli d'étrangers. La conversation était un peu celle des Précieuses; je me croyais dans la chambre bleue de l'hôtel de Rambouillet. Les sœurs de la marquise, belles comme les Grâces, renouvelaient pour moi les prestiges de l'ancienne Grèce. On discuta longtemps sur la forme de la pierre d'Eleusis, se demandant si sa forme était triangulaire ou carrée. La marquise aurait pu prononcer en toute assurance, car elle était belle et fière comme Vesta. Je sortis du palais la tête étourdie de cette discussion philosophique, et je ne pus parvenir à retrouver mon domicile. A force d'errer dans la ville, je devais y être enfin le héros de quelque aventure. La rencontre que je fis cette nuit-là est le sujet de la lettre suivante, que j'adressai plus tard à celle dont j'avais cru fuir l'amour fatal en m'éloignant de Paris.

« Je suis dans une inquiétude extrême. Depuis quatre jours, je ne vous vois pas ou je ne vous vois qu'avec tout le monde; j'ai comme un fatal pressentiment.

Que vous ayez été sincère avec moi, je le crois; que vous soyez changée depuis quelques jours, je l'ignore, mais je le crains. Mon Dieu! prenez pitié de mes incertitudes, ou vous attirerez sur nous quelque malheur. Voyez, ce serait moi-même que j'accuserais pourtant. J'ai été timide et dévoué plus qu'un homme ne le devrait montrer. J'ai entouré mon amour de tant de réserve, j'ai craint si fort de vous offenser, vous qui m'en aviez tant puni une fois déjà, que j'ai peut-être été trop loin dans ma délicatesse, et que vous avez pu me croire refroidi. Eh bien, j'ai respecté un jour important pour vous, j'ai contenu des émotions à briser l'âme, et je me suis couvert d'un masque souriant, moi dont le cœur haletait et brûlait. D'autres n'auront pas eu tant de ménagement, mais aussi nul ne vous a peut-être prouvé tant d'affection vraie, et n'a si bien senti tout ce que vous valez.

«Parlons franchement : je sais qu'il est des liens qu'une femme ne peut briser qu'avec peine, des relations incommodes qu'on ne peut rompre que lentement. Vous ai-je demandé de trop pénibles sacrifices? Dites-moi vos chagrins, je les comprendrai. Vos craintes, votre fantaisie, les nécessités de votre position, rien de tout cela ne peut ébranler l'immense affection que je vous porte, ni troubler même la pureté de mon amour. Mais nous verrons ensemble ce qu'on peut admettre ou combattre, et s'il était des nœuds qu'il fallût trancher et non dénouer, reposez-vous sur moi de ce soin. Manquer de franchise en ce moment serait de l'inhumanité peut-être; car, je vous l'ai dit, ma vie ne tient à rien qu'à votre volonté, et vous savez bien que ma plus grande envie ne peut être que de mourir pour vous!

«Mourir, grand Dieu! pourquoi cette idée me revient-elle à tout propos, comme s'il n'y avait que ma mort qui fût l'équivalent du bonheur que vous promettez ? La mort ! ce mot ne répand cependant rien de sombre dans ma pensée. Elle m'apparaît couronnée de roses pâles, comme à la fin d'un festin ; j'ai rêvé quelquefois qu'elle m'attendait en souriant au chevet d'une femme adorée, après le bonheur, après l'ivresse, et qu'elle me disait : « Allons, jeune homme ! tu as eu toute ta part de joie en ce monde. A présent, viens dormir, viens te reposer dans mes bras. Je ne suis pas belle, moi, mais je suis bonne et secourable, et je ne donne pas le plaisir, mais le calme éternel.

« Mais où donc cette image s'est-elle déjà offerte à moi ? Ah ! je vous l'ai dit, c'était à Naples, il y a trois ans. J'avais fait rencontre dans la nuit, près de la Villa-Reale, d'une jeune femme qui vous ressemblait, une très bonne créature dont l'état était de faire des broderies d'or pour les ornements d'église ; elle semblait égarée d'esprit ; je la reconduisis chez elle, bien qu'elle me parlât d'un amant qu'elle avait dans les gardes suisses, et qu'elle tremblait de voir arriver. Pourtant, elle ne fit pas de difficulté de m'avouer que je lui plaisais davantage... Que vous dirai-je ? Il me prit fantaisie de m'étourdir pour tout un soir, et de m'imaginer que cette femme, dont je comprenais à peine le langage, était vous-même, descendue à moi par enchantement. Pourquoi vous tairais-je toute cette aventure et la bizarre illusion que mon âme accepta sans peine, surtout après quelques verres de lacrima-christi mousseux qui me furent versés au souper ? La chambre où j'étais entré avait quelque chose de mystique par le hasard ou par le choix singulier des objets qu'elle renfermait. Une madone noire couverte d'oripeaux, et dont mon hôtesse était chargée de rajeunir l'antique parure, figurait sur une commode près d'un lit aux rideaux de serge verte; une figure de sainte Rosalie, couronnée de roses violettes, semblait plus loin protéger le berceau d'un enfant endormi; les murs, blanchis à la chaux, étaient décorés de vieux tableaux des quatre éléments représentant des divinités mythologiques. Ajoutez à cela un beau désordre d'étoffes brillantes, de fleurs artificielles, de vases étrusques; des miroirs entourés de clinquant qui reflétaient vivement la lueur de l'unique lampe de cuivre, et, sur une table, un Traité de la divination et des songes qui me fit penser que ma compagne était un peu sorcière ou bohémienne pour le moins.

« Une bonne vieille aux grands traits solennels allait, venait, nous servant; je crois que ce devait être sa mère ! Et moi, tout pensif, je ne cessais de regarder sans dire un mot celle qui me rappelait si exactement votre souvenir.

« Cette femme me répétait à tout moment : « Vous êtes triste ? » Et je lui dis : « Ne parlez pas, je puis à peine vous comprendre; l'italien me fatigue à écouter et à prononcer. — Oh ! dit-elle, je sais encore parler autrement. » Et elle parla tout à coup dans une langue que je n'avais pas encore entendue. C'étaient des syllabes sonores, gutturales, des gazouillements pleins de charme, une langue primitive sans doute; de l'hébreu, du syriaque, je ne sais. Elle sourit de mon étonnement, et s'en alla à sa commode, d'où elle tira des ornements de fausses pierres, colliers, bracelets, couronne; s'étant parée ainsi, elle revint à table, puis resta sérieuse fort longtemps. La vieille, en rentrant, poussa de grands éclats de rire et me dit, je crois, que c'était ainsi qu'on la voyait aux fêtes. En ce moment, l'enfant se réveilla et se prit à crier. Les deux femmes coururent à son berceau, et bientôt la jeune revint près de moi tenant fièrement dans ses bras le *bambino* soudainement apaisé.

« Elle lui parlait dans cette langue que j'avais admirée, elle l'occupait avec des agaceries pleines de grâce; et moi, peu accoutumé à l'effet des vins brûlés du Vésuve, je sentais tourner les objets devant mes yeux : cette femme, aux manières étranges, royalement parée, fière et capricieuse, m'apparaissait comme une de ces magiciennes de Thessalie à qui l'on donnait son âme pour un rêve. Oh ! pourquoi n'ai-je pas craint de vous faire ce récit ? C'est que vous savez bien que ce n'était aussi qu'un rêve, où seule vous avez régné !

« Je m'arrachai à ce fantôme qui me séduisait et m'effrayait à la fois; j'errai dans la ville déserte jusqu'au son des premières cloches; puis, sentant le matin, je pris par les petites rues derrière Chiaia, et je me mis à gravir le Pausilippe au-dessus de la grotte. Arrivé tout en haut, je me promenais en regardant la mer déjà bleue, la ville où l'on n'entendait encore que les bruits du matin, et les îles de la baie, où le soleil commençait à dorer le haut des villas. Je n'étais pas attristé le moins du monde; je marchais à grands pas, je courais, je descendais les pentes, je me roulais dans l'herbe humide; mais dans mon cœur il y avait l'idée de la mort.

« O dieux ! je ne sais quelle profonde tristesse habitait mon âme, mais ce n'était autre chose que la pensée cruelle que je n'étais pas aimé. J'avais vu comme le fantôme du bonheur, j'avais usé de tous les dons de Dieu, j'étais sous le plus beau ciel du monde, en présence de la nature la plus parfaite, du spectacle le plus immense qu'il soit donné aux hommes de voir, mais à quatre cents lieues de la seule femme qui existât pour moi, et qui ignorait jusqu'à mon existence. N'être pas aimé et n'avoir pas l'espoir de l'être jamais ! C'est alors que je fus tenté d'aller demander compte à Dieu de ma singulière existence. Il n'y avait qu'un pas à faire : à l'endroit où j'étais, la montagne était coupée comme une falaise, la mer grondait au bas, bleue et pure; ce n'était plus qu'un moment à souffrir. Oh ! l'étourdissement de cette pensée fut terrible. Deux fois je me suis élancé, et je ne sais quel pouvoir me rejeta vivant sur la terre, que j'embrassai. Non, mon Dieu ! vous ne m'avez pas créé pour mon éternelle souffrance. Je ne veux pas vous outrager par ma mort; mais donnez-moi la force, donnez-moi le pouvoir, donnez-moi surtout la résolution, qui fait que les uns arrivent au trône, les autres à la gloire, les autres à l'amour ! »

Pendant cette nuit étrange, un phénomène assez rare s'était accompli. Vers la fin de la nuit, toutes les ouvertures de la maison où je me trouvais s'étaient éclairées, une poussière chaude et soufrée m'empêchait de respirer, et, laissant ma facile conquête endormie sur la terrasse, je m'engageai dans les ruelles qui conduisent au château Saint-Elme; — à mesure que je gravissais la montagne, l'air pur du matin venait gonfler mes poumons; je me reposais délicieusement sous les treilles des villas, et je contemplais sans terreur le Vésuve couvert encore d'une coupole de fumée.

C'est en ce moment que je fus saisi de l'étourdissment dont j'ai parlé; la pensée du rendez-vous qui m'avait été donné par la jeune Anglaise m'arracha aux fatales idées que j'avais conçues. Après avoir rafraîchi ma bouche avec une de ces énormes grappes de raisin que vendent les femmes du marché, je me dirigeai vers Portici et j'allai visiter les ruines d'Herculanum. Les rues étaient toutes saupoudrées d'une cendre métallique. Arrivé près des ruines, je descendis dans la ville souterraine et je me promenai longtemps d'édifice en édifice, demandant à ces monuments le secret de leur passé. Le temple de Vénus, celui de Mercure, parlaient en vain à mon imagination. Il fallait que cela fût peuplé de figures vivantes. — Je remontai à Portici et m'arrêtai pensif sous une treille en attendant mon inconnue.

Elle ne tarda pas à paraître, guidant la marche pénible de son père, et me serra la main avec force en me disant : « C'est bien. » Nous choisîmes un voiturin et nous allâmes visiter Pompéi. Avec quel bonheur je la guidai dans les rues silencieuses de l'antique colonie romaine. J'en avais d'avance étudié les plus secrets passages. Quand nous arrivâmes au petit temple d'Isis, j'eus le bonheur de lui expliquer fidèlement les détails du culte et des cérémonies que j'avais lues dans Apulée. Elle voulut jouer elle-même le personnage de la Déesse, et je me vis chargé du rôle d'Osiris dont j'expliquai les divins mystères.

En revenant, frappé de la grandeur des idées que nous venions de soulever, je n'osai lui parler d'amour… Elle me vit si froid qu'elle m'en fit reproche. Alors je lui avouai que je ne me sentais plus digne d'elle. Je lui contai le mystère de cette apparition qui avait réveillé un ancien amour dans mon cœur, et toute la tristesse qui avait succédé à cette nuit fatale où le fantôme du bonheur n'avait été que le reproche d'un parjure.

Hélas ! que tout cela est loin de nous ! Il y a dix ans, je repassais à Naples, venant d'Orient. J'allai descendre à l'hôtel de Rome, et j'y retrouvai la jeune Anglaise. Elle avait épousé un peintre célèbre qui, peu de temps après son mariage, avait été pris d'une paralysie complète ; couché sur un lit de repos, il n'avait rien de mobile dans le visage que deux grands yeux noirs, et, jeune encore, il ne pouvait même espérer la guérison sous d'autres climats. La pauvre fille avait dévoué son existence à vivre tristement entre son époux et son père, et sa douceur, sa candeur de vierge ne pouvaient réussir à calmer l'atroce jalousie qui couvait dans l'âme du premier. Rien ne put jamais l'engager à laisser sa femme libre dans ses promenades, et il me rappelait ce géant noir qui veille éternellement dans la caverne des génies, et que sa femme est forcée de battre pour l'empêcher de se livrer au sommeil. O mystère de l'âme humaine ! Faut-il voir dans un tel tableau les marques cruelles de la vengeance des dieux !

Je ne pus donner qu'un jour au spectacle de cette douleur. Le bateau qui me remenait à Marseille emporta comme un rêve le souvenir de cette apparition chérie, et je me dis que peut-être j'avais laissé là le bonheur. Octavie en a gardé près d'elle le secret.

Théophile Gautier

Omphale

Histoire Rococo

Mon oncle, le chevalier de ***, habitait une petite maison donnant d'un côté sur la triste rue des Tournelles et de l'autre sur le triste boulevard Saint-Antoine. Entre le boulevard et le corps du logis, quelques vieilles charmilles, dévorées d'insectes et de moussse, étiraient piteusement leurs bras décharnés au fond d'une espèce de cloaque encaissé par de noires et hautes murailles. Quelques pauvres fleurs étiolées penchaient languissamment la tête comme des jeunes filles poitrinaires, attendant qu'un rayon de soleil vint sécher leurs feuilles à moitié pourries. Les herbes avaient fait irruption dans les allées, qu'on avait peine à reconnaître, tant il y avait longtemps que le râteau ne s'y était promené. Un ou deux poissons rouges flottaient plutôt qu'ils ne nageaient dans un bassin couvert de lentilles d'eau et de plantes de marais.

Mon oncle appelait cela son jardin.

Dans le jardin de mon oncle, outre toutes les belles choses que nous venons de décrire, il y avait un pavillon passablement maussade, auquel sans doute par anti-phrase, il avait donné le nom de *Délices*. Il était dans un état de dégradation complète. Les murs faisaient ventre; de larges plaques de crépi s'étaient détachées et gisaient à terre entre les orties et la folle avoine; une moisissure putride verdissait les assises inférieures; les bois des volets et des portes avaient joué, et ne fermaient plus ou fort mal. Une espèce de gros pot à feu avec des effluves rayonnantes formait la décoration de l'entrée principale; car, au temps de Louis XV, temps de la construction des *Délices*, il y avait toujours, par précaution, deux entrées. Des oves, des chicorées et des volutes surchargeaient la corniche toute démantelée par l'infiltration des eaux pluviales. Bref, c'était une fabrique assez lamentable à voir que les *Délices* de mon oncle le chevalier de***.

Cette pauvre ruine d'hier, aussi délabrée que si elle eût eu mille ans, ruine de plâtre et non de pierre, toute ridée, toute gercée, couverte de lèpre, rongée de mousse et de salpêtre, avait l'air d'un de ces vieillards précoces, usés par de sales débauches; elle n'inspirait aucun respect, car il n'y a rien d'aussi laid et d'aussi misérable au monde qu'une vieille robe de gaze et un vieux mûr de plâtre, deux choses qui ne doivent pas durer et qui durent.

C'était dans ce pavillon que mon oncle m'avait logé.

L'intérieur n'en était pas moins *rococo* que l'extérieur, quoique un peu mieux conservé. Le lit était de lampas jaune à grandes fleurs blanches. Une pendule de rocaille posait sur un piédouche incrusté de nacre et d'ivoire. Une guirlande de rose pompon circulait coquettement autour d'une glace de Venise; au-dessus des portes les quatre saisons étaient peintes en camaïeu. Une belle dame, poudrée à frimas, avec un corset bleu de ciel et une échelle de rubans de la même couleur, un arc dans la main droite, une perdrix dans la main gauche, un croissant sur le front, un lévrier à ses pieds, se prélassait et souriait le plus gracieusement du monde dans un large cadre ovale.

C'était une des anciennes maîtresses de mon oncle, qu'il avait fait peindre en Diane. L'ameublement, comme on voit, n'était pas des plus modernes. Rien n'empêchait que l'on se crût au temps de la Régence, et la tapisserie mythologique qui tendait les murs complétait l'illusion on ne peut mieux.

La tapisserie représentait Hercule filant aux pieds d'Omphale. Le dessin était tourmenté à la façon de Vanloo et dans le style le plus *Pompadour* qu'il soit possible d'imaginer. Hercule avait une quenouille entourée d'une faveur de couleur rose; il relevait son petit doigt avec une grâce toute particulière, comme un marquis qui prend une prise de tabac, en faisant tourner, entre son pouce et son index, une blanche flammèche de filasse; son cou nerveux était chargé de nœuds de rubans, de rosettes, de rangs de perles et de mille affiquets féminins; une large jupe gorge de pigeon, avec deux immenses paniers, achevait de donner un air tout à fait galant au héros vainqueur de monstres.

Omphale avait ses blanches épaules à moitié couvertes par la peau du lion de Némée; sa main frêle s'appuyait sur la noueuse massue de son amant; ses beaux cheveux blond cendré avec un œil de poudre descendaient nonchalamment le long de son cou, souple et onduleux comme un cou de colombe; ses petits pieds, vrais pieds d'Espagnole ou de Chinoise, et qui eussent été au large dans la pantoufle de verre de Cendrillon, étaient chaussés de cothurnes demi-antiques, lilas tendre, avec un semis de perles. Vraiment elle était charmante! Sa tête se rejetait en arrière d'un air de crânerie adorable; sa bouche se plissait et faisait une délicieuse petite moue; sa narine était légèrement gonflée, ses joues un peu allumées; un *assassin*, savamment placé, en rehaussait l'éclat d'une façon

merveilleuse; il ne lui manquait qu'une petite mous-
tache pour faire un mousquetaire accompli.

Il y avait encore bien d'autres personnages dans la
tapisserie, la suivante obligée, le petit Amour de
rigueur; mais ils n'ont pas laissé dans mon souvenir
une silhouette assez distincte pour que je puisse les
décrire.

En ce temps-là j'étais fort jeune, ce qui ne veut pas
dire que je sois très vieux aujourd'hui; mais je venais
de sortir du collège, et je restais chez mon oncle en
attendant que j'eusse fait choix d'une profession. Si le
bonhomme avait pu prévoir que j'embrasserais celle
de conteur fantastique, nul doute qu'il ne m'eût mis
à la porte et déshérité irrévocablement; car il professait
pour la littérature en général, et les auteurs en particulier, le dédain le plus aristocratique. En vrai gentilhomme qu'il était, il voulait faire pendre ou rouer de
coups de bâton, par ses gens, tous ces petits grimauds
qui se mêlent de noircir du papier et parlent irrévéren-
cieusement des personnes de qualité. Dieu fasse paix
à mon pauvre oncle! mais il n'estimait réellement au
monde que l'épître à Zétulbé.

Donc je venais de sortir du collège. J'étais plein de
rêves et d'illusions; j'étais naïf autant et peut-être plus
qu'une rosière de Salency. Tout heureux de ne plus
avoir de *pensums* à faire, je trouvais que tout était
pour le mieux dans le meilleur des mondes possibles.
Je croyais à une infinité de choses; je croyais à la bergère de M. de Florian, aux moutons peignés et pou-
drés à blanc; je ne doutais pas un instant du troupeau
de madame Deshoulières.

Je pensais qu'il y avait effectivement neuf muses,
comme l'affirmait *l'Appendix de Düs et Heroïbus* du
père Jouvency. Mes souvenirs de Berquin et de Gess-
ner me créaient un petit monde où tout était rose,

bleu de ciel et vert-pomme. O sainte innocence ! *sancta simplicitas !* comme dit Méphistophélès.

Quand je me trouvai dans cette belle chambre, chambre à moi, à moi tout seul, je ressentis une joie à nulle autre seconde. J'inventoriai soigneusement jusqu'au moindre meuble; je furetai dans tous les coins, et je l'explorai dans tous les sens. J'étais au quatrième ciel, heureux comme un roi ou deux. Après le souper (car on soupait chez mon oncle), charmante coutume qui s'est perdue avec tant d'autres non moins charmantes que je regrette de tout ce que j'ai de cœur, je pris mon bougeoir et je me retirai, tant j'étais impatient de jouir de ma nouvelle demeure.

En me déshabillant, il me sembla que les yeux d'Omphale avaient remué; je regardai plus attentivement, non sans un léger sentiment de frayeur, car la chambre était grande, et la faible pénombre lumineuse qui flottait autour de la bougie ne servait qu'à rendre les ténèbres plus visibles. Je crus voir qu'elle avait la tête tournée en sens inverse. La peur commençait à me travailler sérieusement; je soufflai la lumière. Je me tournai du côté du mur, je mis mon drap par-dessus ma tête, je tirai mon bonnet jusqu'à mon menton, et je finis par m'endormir.

Je fus plusieurs jours sans oser jeter les yeux sur la maudite tapisserie.

Il ne serait peut-être pas inutile, pour rendre plus vraisemblable l'invraisemblable histoire que je vais raconter, d'apprendre à mes belles lectrices qu'à cette époque j'étais en vérité un assez joli garçon. J'avais les yeux les plus beaux du monde : je le dis parce qu'on me l'a dit; un teint un peu plus frais que celui que j'ai maintenant, un vrai teint d'œillet; une chevelure brune et bouclée que j'ai encore, et dix-sept ans que je n'ai plus. Il ne me manquait qu'une jolie marraine

pour faire un très passable chérubin; malheureusement la mienne avait cinquante-sept ans et trois
dents, ce qui était trop d'un côté et pas assez de
l'autre.

Un soir, pourtant, je m'aguerris au point de jeter
un coup d'œil sur la belle maîtresse d'Hercule; elle
me regardait de l'air le plus triste et le plus langoureux
du monde. Cette fois-là j'enfonçai mon bonnet jusque sur mes épaules et je fourrai ma tête sous le traversin.

Je fis cette nuit-là un rêve singulier, si toutefois
c'était un rêve.

J'entendis les anneaux des rideaux de mon lit glisser
en criant sur leur tringles, comme si l'on eût tiré précipitamment les courtines. Je m'éveillai; du moins dans
mon rêve il me sembla que je m'éveillais. Je ne vis
personne.

La lune donnait sur les carreaux et projetait dans la
chambre sa lueur blafarde. De grandes ombres, des
formes bizarres, se dessinaient sur le plancher et sur les
murailles. La pendule sonna un quart; la vibration fut
longue à s'éteindre; on aurait dit un soupir. Les pulsa-
tions du balancier, qu'on entendait parfaitement res-
semblaient à s'y méprendre au cœur d'une personne
émue.

Je n'étais rien moins qu'à mon aise et je ne savais
trop que penser.

Un furieux coup de vent fit battre les volets et
ployer le vitrage de la fenêtre. Les boiseries craquè-
rent, la tapisserie ondula. Je me hasardai à regarder du
côté d'Omphale, soupçonnant confusément qu'elle
était pour quelque chose dans tout cela. Je ne m'étais
pas trompé.

La tapisserie s'agita violemment. Omphale se détacha du mur et sauta sur le parquet; elle vint à mon lit

en ayant soin de se tourner du côté de l'endroit. Je crois qu'il n'est pas nécessaire de raconter ma stupéfaction. Le vieux militaire le plus intrépide n'aurait pas été trop rassuré dans une pareille circonstance, et je n'étais ni vieux ni militaire. J'attendis en silence la fin de l'aventure.

Une petite voix flûtée et perlée résonna doucement à mon oreille, avec ce grasseyement mignard affecté sous la Régence par les marquises et les gens du bon ton :

— Est-ce que je te fais peur, mon enfant ? Il est vrai que tu n'es qu'un enfant ; mais cela n'est pas joli d'avoir peur des dames, surtout de celles qui sont jeunes et te veulent du bien ; cela n'est ni honnête ni français ; il faut te corriger ces craintes-là. Allons petit sauvage, quitte cette mine et ne te cache pas la tête sous les couvertures. Il y aura beaucoup à faire à ton éducation, et tu n'es guère avancé, mon beau page ; de mon temps les Chérubins étaient plus libérés que tu ne l'es.

— Mais, dame, c'est que...

— C'est que cela te semble étrange de me voir ici et non là, dit-elle en pinçant légèrement sa lèvre rouge avec ses dents blanches, et en étendant vers la muraille son doigt long et effilé. En effet, la chose n'est pas trop naturelle ; mais, quand je te l'expliquerais, tu ne la comprendrais guère mieux : qu'il te suffise donc de savoir que tu ne cours aucun danger.

— Je crains que vous ne soyez le... le...

— Le diable, tranchons le mot, n'est-ce-pas ? c'est cela que tu voulais dire ; au moins tu conviendras que je ne suis pas trop noire pour un diable, et que, si l'enfer était peuplé de diables faits comme moi, on y passerait son temps aussi agréablement qu'en paradis.

Pour montrer qu'elle ne se vantait pas, Omphale

rejeta en arrière sa peau de lion et me fit voir des épaules et un sein d'une forme et d'une blancheur éblouis-
sante.

— Et bien ! qu'en dis-tu ? fit-elle d'un petit air de
coquetterie satisfaite.

— Je dis que, quand vous seriez le diable en personne, je n'aurais plus peur, madame Omphale.

—Voilà qui est parler; mais ne m'appelez plus ni
madame ni Omphale. Je ne veux pas être madame
pour toi, et je ne suis pas plus Omphale que je suis le
diable.

— Qu'êtes-vous donc alors ?

— Je suis la marquise de T***. Quelque temps
après mon mariage, le marquis fit exécuter cette tapisserie pour mon appartement, et m'y fit représenter
sous le costume d'Omphale; lui-même y figure sous
les traits d'Hercule. C'est une singulière idée qu'il a
eue là; car, Dieu le sait, personne au monde ne ressemblait moins à Hercule que le pauvre marquis. Il y
a bien longtemps que cette chambre n'a été habitée.
Moi, qui aime naturellement la compagnie, je
m'ennuyais à périr, et j'en avais la migraine. Être avec
son mari, c'est être seule. Tu es venu, cela m'a
réjouie; cette chambre morte s'est ranimée, j'ai eu à
m'occuper de quelqu'un. Je te regardais aller et venir,
je t'écoutais dormir et rêver; je suivais tes lectures. Je
te trouvais bonne grâce, un air avenant, quelque chose
qui me plaisait : je t'aimais enfin. Je tâchai de te le
faire comprendre; je poussais des soupirs, tu les prenais pour ceux du vent; je te faisais des signes, je te
lançais des œillades langoureuses, je ne réussissais
qu'à te causer des frayeurs horribles. En désespoir de
cause, je me suis décidée à la démarche inconvenante
que je fais, à te dire franchement ce que tu pouvais
entendre à demi-mot. Maintenant que tu sais que je

t'aime, j'espère que....

La conversation en était là, lorsqu'un bruit de clef se fit entendre dans la serrure.

Omphale tressaillit et rougit jusque dans le blanc des yeux.

— Adieu ! dit-elle, à demain.

Et elle retourna à sa muraille à reculons, de peur sans doute de me laisser voir son envers.

C'était Baptiste qui venait chercher mes habits pour les brosser.

— Vous avez tort, monsieur, me dit-il, de dormir les rideaux ouverts. Vous pourriez vous enrhumer du cerveau ; cette chambre est si froide !

En effet, les rideaux étaient ouverts ; moi qui croyais n'avoir fait qu'un rêve, je fus très étonné, car j'étais sûr qu'on les avait fermés le soir.

Aussitôt que Baptiste fut parti, je courus à la tapisserie. Je la palpai dans tous les sens ; c'était bien une vraie tapisserie de laine, raboteuse au toucher comme toutes les tapisseries possibles. Omphale ressemblait au charmant fantôme de la nuit comme un mort ressemble à un vivant. Je relevai le pan ; le mur était plein ; il n'y avait ni panneau masqué ni porte dérobée. Je fis seulement cette remarque, que plusieurs fils étaient rompus dans le morceau de terrain où portaient les pieds d'Omphale.

Cela me donna à penser.

Je fus toute la journée d'une distraction sans pareille ; j'attendais le soir avec inquiétude et impatience tout ensemble. Je me retirai de bonne heure, décidé à voir comment tout cela finirait. Je me couchai ; la marquise ne se fit pas attendre ; elle sauta à bas de son trumeau et vint tomber droit à mon lit ; elle s'assit à mon chevet, et la conversation commença.

Comme la veille, je lui fis des questions, je lui

demandai des explications. Elle éludait les unes, répondait aux autres d'une manière évasive, mais avec tant d'esprit qu'au bout d'une heure je n'avais pas le moindre scrupule sur ma liaison avec elle.

Tout en parlant, elle passait ses doigts dans mes cheveux, me donnait des petits coups sur les joues et de légers baisers sur le front.

Elle babillait, elle babillait d'une manière moqueuse et mignarde, dans un style à la fois élégant et familier, et tout à fait grande dame, que je n'ai jamais retrouvé depuis dans personne.

Elle était assise d'abord sur la bergère à côté du lit; bientôt elle passa un de ses bras autour de mon cou, je sentais son cœur battre contre moi. C'était bien une belle et charmante femme réelle, une véritable marquise, qui se trouvait à côté de moi. Pauvre écolier de dix-sept ans ! Il y avait de quoi en perdre la tête; mais aussi je la perdis. Je ne savais pas trop ce qui allait se passer, mais je pressentais vaguement que cela ne pouvait plaire au marquis.

— Et monsieur le marquis, que va-t-il dire là-bas sur son mur ?

La peau du lion était tombée à terre, et les cothurnes lilas tendre glacé d'argent gisaient à côté de mes pantoufles.

— Il ne dira rien, reprit la marquise en riant de tout son cœur. Est-ce qu'il voit quelque chose ? D'ailleurs, quand il verrait, c'est le mari le plus philosophe et le plus inoffensif du monde; il est habitué à cela. M'aimes-tu, enfant ?

— Oui, beaucoup, beaucoup.....

Le jour vint; ma maîtresse s'esquiva.

La journée me parut d'une longueur effroyable. Le soir arriva enfin. Les choses se passèrent comme la veille, et la seconde nuit n'eut rien à envier à la première. La marquise était de plus en plus adorable. Ce manège se répéta assez longtemps encore. Comme je ne dormais pas assez la nuit, j'avais tout le jour une espèce de somnolence qui ne parut pas de bon augure à mon oncle. Il se douta de quelque chose; il écouta probablement à la porte, et entendit tout; car un beau matin il entra dans ma chambre si brusquement, qu'Antoinette eut à peine le temps de remonter à sa place.

Il était suivi d'un ouvrier tapissier avec des tenailles et une échelle.

Il me regarda d'un air rogue et sévère qui me fit voir qu'il savait tout.

— Cette marquise T*** est vraiment folle; où diable avait-elle la tête de s'éprendre d'un morveux de cette espèce ? fit mon oncle entre ses dents; elle avait pourtant promis d'être sage !

» Jean, décrochez cette tapisserie et portez-là au grenier.

Chaque mot de mon oncle était un coup de poignard.

Jean roula mon amante Omphale, ou la marquise Antoinette de T***, avec Hercule, ou le marquis de T***, et porta le tout au grenier. Je ne pus retenir mes larmes.

Le lendemain, mon oncle me renvoya par la diligence de B*** chez mes respectables parents, auxquels, comme on pense bien, je ne soufflai pas mot de mon aventure.

Mon oncle mourut; on vendit sa maison et les meubles; la tapisserie fut probablement vendue avec le reste.

Toujours est-il qu'il y a quelque temps, en furetant chez un marchand de bric-à-brac pour trouver des momeries, je heurtai du pied un gros rouleau tout poudreux et couvert de toiles d'araignée.

— Qu'est cela ? dis-je à l'Auvergnat.

— C'est une tapisserie rococo qui représente les amours de madame Omphale et de monsieur Hercule; c'est du Beauvais, tout en soie et joliment conservé. Achetez-moi donc cela pour votre cabinet; je ne vous le vendrai pas cher, parce que c'est vous.

Au nom d'Omphale, tout mon sang reflua sur mon cœur.

— Déroulez cette tapisserie, fis-je au marchand d'un ton bref et entrecoupé comme si j'avais la fièvre.

C'était bien elle. Il me sembla que sa bouche me fit un gracieux sourire et que son œil s'alluma en rencontrant le mien.

— Combien en voulez-vous ?

— Mais je ne puis vous céder cela à moins de quatre cents francs, tout au juste.

— Je ne les ai pas sur moi. Je m'en vais les chercher; avant une heure je suis ici.

Je revins avec l'argent; la tapisserie n'y était plus. Un Anglais l'avait marchandée pendant mon absence, en avait donné six cents francs et l'avait emportée.

Au fond, peut-être vaut-il mieux que cela se soit passé ainsi et que j'aie gardé intact ce délicieux souvenir. On dit qu'il ne faut pas revenir sur ses premières amours ni aller voir la rose que l'on a admirée la veille.

Et puis je ne suis plus assez jeune ni assez joli garçon pour que les tapisseries descendent du mur en mon honneur.

Charles Baudelaire

Le Joujou du pauvre

Je veux donner l'idée d'un divertissement innocent. Il y a si peu d'amusements qui ne soient pas coupables !

Quand vous sortirez le matin avec l'intention décidée de flâner sur les grandes routes, remplissez vos poches de petites inventions à un sol, — tel que le polichinelle plat, mû par un seul fil, les forgerons qui battent l'enclume, le cavalier et son cheval dont la queue est un sifflet, — et le long des cabarets, au pied des arbres, faites-en hommage aux enfants inconnus et pauvres que vous rencontrerez. Vous verrez leurs yeux s'agrandir démesurément. D'abord ils n'oseront pas prendre ; ils douteront de leur bonheur. Puis leurs mains agripperont vivement le cadeau, et il s'enfuiront comme font les chats qui vont manger loin de vous le morceau que vous leur avez donné, ayant appris à se défier de l'homme.

Sur une route, derrière la grille d'un vaste jardin, au bout duquel apparaissait la blancheur d'un joli château frappé par le soleil, se tenait un enfant beau et frais, habillé de ces vêtements de campagne si pleins de coquetterie.

Le luxe, l'insouciance et le spectacle habituel de la richesse rendent ces enfants-là si jolis, qu'on les croi-

rait faits d'une autre pâte que les enfants de la médiocrité ou de la pauvreté.

A côté de lui, gisait sur l'herbe un joujou splendide, aussi frais que son maître, verni, doré, vêtu
d'une robe pourpre, et couvert de plumets et de verro-
teries. Mais l'enfant ne s'occupait pas de son joujou
préféré, et voici ce qu'il regardait :

De l'autre côté de la grille, sur la route, entre les
chardons et les orties, il y avait un autre enfant, sale,
chétif, fuligineux, un de ces marmots-parias dont un
œil impartial découvrirait la beauté, si, comme l'œil
du connaisseur devine une peinture idéale sous un
vernis de carrossier, il le nettoyait de la répugnante
patine de la misère.

A travers ces barreaux symboliques séparant deux
mondes, la grande route et le château, l'enfant pauvre
montrait à l'enfant riche son propre joujou, que celui-
ci examinait avidement comme un objet rare et
inconnu. Or, ce joujou, que le petit souillon agaçait,
agitait et secouait dans une boîte grillée, c'était un rat
vivant ! Les parents, par économie sans doute, avaient
tiré le joujou de la vie elle-même.

Et les deux enfants se riaient l'un à l'autre fraternel-
lement, avec des dents d'une *égale* blancheur.

Gustave Flaubert

La Légende de saint Julien l'Hospitalier

I

Le père et la mère de Julien habitaient un château, au milieu des bois, sur la pente d'une colline.

Les quatre tours aux angles avaient des toits pointus recouverts d'écailles de plomb, et la base des murs s'appuyait sur les quartiers de rocs, qui dévalaient abruptement jusqu'au fond des douves.

Les pavés de la cour étaient nets comme le dallage d'une église. De longues gouttières, figurant des dragons la gueule en bas, crachaient l'eau des pluies vers la citerne ; et sur le bord des fenêtres, à tous les étages, dans un pot d'argile peinte, un basilic ou un héliotrope s'épanouissait.

Une seconde enceinte, faite de pieux, comprenait d'abord un verger d'arbres à fruits, ensuite un parterre où des combinaisons de fleurs dessinaient des chiffres, puis une treille avec des berceaux pour prendre le frais, et un jeu de mail qui servait au divertissement des pages. De l'autre côté se trouvaient le chenil, les écuries, la boulangerie, le pressoir et les granges. Un pâturage de gazon vert se développait tout autour, enclos lui-même d'une forte haie d'épines.

On vivait en paix depuis si longtemps que la herse ne s'abaissait plus; les fossés étaient pleins d'eau; des hirondelles faisaient leur nid dans la fente des créneaux; et l'archer, qui tout le long du jour se promenait sur la courtine, dès que le soleil brillait trop fort rentrait dans l'échauguette, et s'endormait comme un moine.

A l'intérieur, les ferrures partout reluisaient; des tapisseries dans les chambres protégeaient du froid; et les armoires regorgeaient de linge, les tonnes de vin s'empilaient dans les celliers, les coffres de chêne craquaient sous le poids des sacs d'argent.

On voyait dans la salle d'armes, entre des étendards et des mufles de bêtes fauves, des armes de tous les temps et de toutes les nations, depuis les frondes des Amalécites et les javelots des Garamantes jusqu'aux braquemarts des Sarrasins et aux cottes de mailles des Normands.

La maîtresse broche de la cuisine pouvait faire tourner un bœuf; la chapelle était somptueuse comme l'oratoire d'un roi. Il y avait même, dans un endroit écarté, une étuve à la romaine; mais le bon seigneur s'en privait, estimant que c'est un usage des idolâtres.

Toujours enveloppé d'une pelisse de renard, il se promenait dans sa maison, rendait la justice à ses vassaux, apaisait les querelles de ses voisins. Pendant l'hiver, il regardait les flocons de neige tomber, ou se faisait lire des histoires. Dès les premiers beaux jours, il s'en allait sur sa mule le long des petits chemins, au bord des blés qui verdoyaient, et causait avec les manants, auxquels il donnait des conseils. Après beaucoup d'aventures, il avait pris pour femme une demoiselle de haut lignage.

Elle était très blanche, un peu fière et sérieuse. Les

cornes de son hennin frôlaient le linteau des portes; la queue de sa robe de drap traînait de trois pas derrière elle. Son domestique était réglé comme l'intérieur d'un monastère; chaque matin elle distribuait la besogne à ses servantes, surveillait les confitures et les onguents, filait à la quenouille ou brodait des nappes d'autel. A force de prier Dieu, il lui vint un fils.

Alors il y eut de grandes réjouissances, et un repas qui dura trois jours et quatre nuits, dans l'illumination des flambeaux, au son des harpes, sur des jonchées de feuillages. On y mangea les plus rares épices, avec des poules grosses comme des moutons; par divertissement, un nain sortit d'un pâté; et, les écuelles ne suffisant plus, car la foule augmentait toujours, on fut obligé de boire dans les oliphants et dans les casques.

La nouvelle accouchée n'assista pas à ces fêtes. Elle se tenait dans son lit, tranquillement. Un soir, elle se réveilla, et elle aperçut, sous un rayon de la lune qui entrait par la fenêtre, comme une ombre mouvante. C'était un vieillard en froc de bure, avec un chapelet au côté, une besace sur l'épaule, toute l'apparence d'un ermite. Il s'approcha de son chevet et lui dit, sans desserrer les lèvres :

— Réjouis-toi, Ô mère! ton fils sera un saint!

Elle allait crier; mais, glissant sur le rais de la lune, il s'éleva dans l'air doucement, puis disparut. Les chants du banquet éclatèrent plus fort. Elle entendit les voix des anges; et sa tête retomba sur l'oreiller, que dominait un os de martyr dans un cadre d'escarboucles.

Le lendemain, tous les serviteurs interrogés déclarèrent qu'ils n'avaient pas vu d'ermite. Songe ou réalité, cela devait être une communication du ciel; mais elle eut soin de n'en rien dire, ayant peur qu'on ne l'accusât d'orgueil.

Les convives s'en allèrent au petit jour; et le père de Julien se trouvait en dehors de la poterne, où il venait de reconduire le dernier, quand tout à coup un mendiant se dressa devant lui, dans le brouillard. C'était un Bohême à barbe tressée, avec des anneaux d'argent aux deux bras et les prunelles flamboyantes. Il bégaya d'un air inspiré ces mots sans suite :

— Ah! ah! ton fils!... beaucoup de sang!... beaucoup de gloire!... toujours heureux! la famille d'un empereur.

Et, se baissant pour ramasser son aumône, il se perdit dans l'herbe, s'évanouit.

Le bon châtelain regarda de droite et de gauche, appela tant qu'il put. Personne! Le vent sifflait, les brumes du matin s'envolaient.

Il attribua cette vision à la fatigue de sa tête pour avoir trop peu dormi.. « Si j'en parle, on se moquera de moi », se dit-il. Cependant les splendeurs destinées à son fils l'éblouissaient, bien que la promesse n'en fût pas claire et qu'il doutât même de l'avoir entendue.

Les époux se cachèrent leur secret. Mais tous deux chérissaient l'enfant d'un pareil amour; et, le respectant comme marqué de Dieu, ils eurent pour sa personne des égards infinis. Sa couchette était rembourrée du plus fin duvet; une lampe en forme de colombe brûlait dessus, continuellement; trois nourrices le berçaient; et, bien serré dans ses langes, la mine rose et les yeux bleus, avec son manteau de brocart et son béguin chargé de perles, il ressemblait à un petit Jésus. Les dents lui poussèrent sans qu'il pleurât une seule fois.

Quand il eut sept ans, sa mère lui apprit à chanter. Pour le rendre courageux, son père le hissa sur un gros cheval. L'enfant souriait d'aise, et ne tarda pas à savoir tout ce qui concerne les destriers.

Un vieux moine très savant lui enseigna l'Écriture sainte, la numération des Arabes, les lettres latines, et à faire sur le vélin des peintures mignonnes. Ils travaillaient ensemble, tout en haut d'une tourelle, à l'écart du bruit.

La leçon terminée, ils descendaient dans le jardin, où, se promenant pas à pas, ils étudiaient les fleurs.

Quelquefois on apercevait, cheminant au fond de la vallée, une file de bêtes de somme, conduites par un piéton, accoutré à l'orientale. Le châtelain, qui l'avait reconnu pour un marchand, expédiait vers lui un valet. L'étranger, prenant confiance, se détournait de sa route; et, introduit dans le parloir, il retirait de ses coffres des pièces de velours et de soie, des orfèvreries, des aromates, des choses singulières d'un usage inconnu; à la fin le bonhomme s'en allait, avec un gros profit, sans avoir enduré aucune violence. D'autre fois, une troupe de pèlerins frappait à la porte. Leurs habits mouillés fumaient devant l'âtre; et, quand ils étaient repus, ils racontaient leurs voyages : les erreurs des nefs sur la mer écumeuse, les marches à pied dans les sables brûlants, la férocité des païens, les cavernes de la Syrie, la Crèche et le Sépulcre. Puis ils donnaient au jeune seigneur des coquilles de leur manteau.

Souvent le châtelain festoyait ses vieux compagnons d'armes. Tout en buvant, ils se rappelaient leurs guerres, les assauts des forteresses avec le battement des machines et les prodigieuses blessures. Julien, qui les écoutait, en poussait des cris; alors son père ne doutait pas qu'il ne fût plus tard un conquérant. Mais le soir, au sortir de l'angélus, quand il passait entre les pauvres inclinés, il puisait dans son escarcelle avec tant de modestie et d'un air si noble que sa mère comptait bien le voir par la suite archevêque.

Sa place dans la chapelle était aux côtés de ses parents; et, si longs que fussent les offices, il restait à genoux sur son prie-Dieu, la toque par terre et les mains jointes.

Un jour, pendant la messe, il aperçut, en relevant la tête, une petite souris blanche qui sortait d'un trou, dans la muraille. Elle trottina sur la première marche de l'autel, et, après deux ou trois tours de droite et de gauche, s'enfuit du même côté. Le dimanche suivant, l'idée qu'il pourrait la revoir le troubla. Elle revint; et chaque dimanche il l'attendait, en était importuné, fut pris de haine contre elle, et résolut de s'en défaire.

Ayant donc fermé la porte, et semé sur les marches les miettes d'un gâteau, il se posta devant le trou, une baguette à la main.

Au bout de très longtemps un museau rose parut, puis la souris tout entière. Il frappa un coup léger, et demeura stupéfait devant ce petit corps qui ne bougeait plus. Une goutte de sang tachait la dalle. Il l'essuya bien vite avec sa manche, jeta la souris dehors, et n'en dit rien à personne.

Toutes sortes d'oisillons picoraient les graines du jardin. Il imagina de mettre des pois dans un roseau creux. Quand il entendait gazouiller dans un arbre, il en approchait avec douceur, puis levait son tube, enflait ses joues, et les bestioles lui pleuvaient sur les épaules si abondamment qu'il ne pouvait s'empêcher de rire, heureux de sa malice.

Un matin, comme il s'en retournait par la courtine, il vit sur la crête du rempart un gros pigeon qui se rengorgeait au soleil. Julien s'arrêta pour le regarder; le mur en cet endroit ayant une brèche, un éclat de pierre se rencontra sous ses doigts. Il tourna son bras, et la pierre abattit l'oiseau qui tomba d'un bloc dans le fossé.

Il se précipita vers le fond, se déchirant aux broussailles, furetant partout, plus leste qu'un jeune chien.

Le pigeon, les ailes cassées, palpitait, suspendu dans les branches d'un troène.

La persistance de sa vie irrita l'enfant. Il se mit à l'étrangler; et les convulsions de l'oiseau faisaient battre son cœur, l'emplissaient d'une volupté sauvage et tumultueuse. Au dernier raidissement, il se sentit défaillir.

Le soir, pendant le souper, son père déclara que l'on devait à son âge apprendre la vénerie; et il alla chercher un vieux cahier d'écriture contenant, par demandes et réponses, tout le déduit des chasses. Un maître y démontrait à son élève l'art de dresser les chiens et d'affaîter les faucons, de tendre les pièges, comment reconnaître le cerf à ses fumées, le renard à ses empreintes, le loup à ses déchaussures, le bon moyen de discerner leurs voies, de quelle manière on les lance, où se trouvent ordinairement leurs refuges, quels sont les vents les plus propices, avec l'énumération des cris et les règles de la curée.

Quand Julien put réciter par cœur toutes ces choses, son père lui composa une meute.

D'abord on y distinguait vingt-quatre lévriers barbaresques, plus véloces que des gazelles, mais sujets à s'emporter; puis dix-sept couples de chiens bretons, tiquetés de blanc sur fond rouge, inébranlables dans leur créance, forts de poitrine et grands hurleurs. Pour l'attaque du sanglier et les refuites périlleuses, il y avait quarante griffons, poilus comme des ours. Des mâtins de Tartarie, presque aussi hauts que des ânes, couleur de feu, l'échine large et le jarret droit, étaient destinés à poursuivre les aurochs. La robe noire des épagneuls luisait comme du satin; le jappement des talbots valait celui des bigles chanteurs. Dans une cour à part, grondaient, en secouant leur chaîne et roulant leurs prunelles, huit dogues alains, bêtes formidables qui sautent au ventre des cavaliers et n'ont pas peur des lions.

Tous mangeaient du pain de froment, buvaient dans des auges de pierre, et portaient un nom sonore.

La fauconnerie, peut-être, dépassait la meute; le bon seigneur, à force d'argent, s'était procuré des tiercelets du Caucase, des sacres de Babylone, des gerfauts d'Allemagne, et des faucons-pèlerins, capturés sur les falaises, au bord des mers froides, en de lointains pays. Ils logeaient dans un hangar couvert de chaume, et, attachés par rang de taille sur le perchoir, avaient devant eux une motte de gazon, où de temps à autre on les posait afin de les dégourdir.

Des bourses, des hameçons, des chausse-trapes, toute sorte d'engins, furent confectionnés.

Souvent on menait dans la campagne des chiens d'oysel, qui tombaient bien vite en arrêt. Alors des piqueurs, s'avançant pas à pas, étendaient avec précaution sur leurs corps impassibles un immense filet. Un commandement les faisait aboyer; des cailles s'envolaient; et les dames des alentours conviées avec leurs maris, les enfants, les camérières, tout le monde se jetait dessus, et les prenait facilement.

D'autres fois, pour débûcher les lièvres, on battait du tambour; des renards tombaient dans des fosses; ou bien un ressort, se débandant, attrapait un loup par le pied.

Mais Julien méprisa ces commodes artifices; il préférait chasser loin du monde, avec son cheval et son faucon. C'était presque toujours un grand tarteret de Scythie, blanc comme la neige. Son capuchon de cuir

était surmonté d'un panache, des grelots d'or tremblaient à ses pieds bleus : et il se tenait ferme sur le
bras de son maître pendant que le cheval galopait, et
que les plaines se déroulaient. Julien, dénouant ses
longes, le lâchait tout à coup ; la bête hardie montait
droit dans l'air comme une flèche ; et l'on voyait deux
taches inégales tourner, se joindre, puis disparaître
dans les hauteurs de l'azur. Le faucon ne tardait pas
à descendre en déchirant quelque oiseau, et revenait
se poser sur le gantelet, les deux ailes frémissantes.

Julien vola de cette manière le héron, le milan, la
corneille et le vautour.

Il aimait, en sonnant de la trompe, à suivre ses
chiens qui couraient sur le versant des collines, sautaient les ruisseaux, remontaient vers le bois ; et,
quand le cerf commençait à gémir sous les morsures,
il l'abattait prestement, puis se délectait à la furie des
mâtins qui le dévoraient, coupé en pièces sur sa peau
fumante.

Les jours de brume, il s'enfonçait dans un marais
pour guetter les oies, les loutres et les halbrans.

Trois écuyers, dès l'aube, l'attendaient au bas du
perron ; et le vieux moine, se penchant à sa lucarne,
avait beau faire des signes pour le rappeler, Julien ne
se retournait pas. Il allait à l'ardeur du soleil, sous la
pluie, par la tempête, buvait l'eau des sources dans sa
main, mangeait en trottant des pommes sauvages, s'il
était fatigué se reposait sous un chêne ; et il rentrait au
milieu de la nuit, couvert de sang et de boue, avec des
épines dans les cheveux et sentant l'odeur des bêtes
farouches. Il devint comme elles. Quand sa mère
l'embrassait, il acceptait froidement son étreinte,
paraissant rêver à des choses profondes.

Il tua des ours à coups de couteau, des taureaux avec
la hache, des sangliers avec l'épieu ; et même une fois,

n'ayant plus qu'un bâton, se défendit contre des loups qui rongeaient des cadavres au pied d'un gibet.

Un matin d'hiver, il partit avant le jour, bien équipé, une arbalète sur l'épaule et un trousseau de flèches à l'arçon de la selle.

Son genet danois, suivi de deux bassets, en marchant d'un pas égal, faisait résonner la terre. Des gouttes de verglas se collaient à son manteau, une bise violente soufflait. Un côté de l'horizon s'éclaircit; et, dans la blancheur du crépuscule, il aperçut des lapins sautillant au bord de leurs terriers. Les deux bassets, tout de suite, se précipitèrent sur eux; et, çà et là, vivement, leur brisaient l'échine.

Bientôt, il entra dans un bois. Au bout d'une branche, un coq de bruyère engourdi par le froid dormait la tête sous l'aile. Julien, d'un revers d'épée, lui faucha les deux pattes, et sans le ramasser continua sa route.

Trois heures après, il se trouva sur la pointe d'une montagne tellement haute que le ciel semblait presque noir. Devant lui, un rocher pareil à un long mur s'abaissait, en surplombant un précipice; et, à l'extrémité, deux boucs sauvages regardaient l'abîme. Comme il n'avait pas ses flèches (car son cheval était resté en arrière), il imagina de descendre jusqu'à eux; à demi courbé, pieds nus, il arriva enfin au premier des boucs, et lui enfonça un poignard sous les côtes. Le second, pris de terreur, sauta dans le vide. Julien s'élança pour le frapper, et, glissant du pied droit, tomba sur le cadavre de l'autre, la face au-dessus de l'abîme et les deux bras écartés.

Redescendu dans la plaine, il suivit des saules qui bordaient une rivière. Des grues, volant très bas, de temps à autre passaient au-dessus de sa tête. Julien les assommait avec son fouet, et n'en manqua pas une.

Cependant l'air plus tiède avait fondu le givre, de larges vapeurs flottaient, et le soleil se montra. Il vit reluire tout au loin un lac figé, qui ressemblait à du plomb. Au milieu du lac, il y avait une bête que Julien ne connaissait pas, un castor à museau noir. Malgré la distance, une flèche l'abattit; et il fut chagrin de ne pouvoir emporter la peau.

Puis il s'avança dans une avenue de grands arbres, formant avec leurs cimes comme un arc de triomphe, à l'entrée d'une forêt. Un chevreuil bondit hors d'un fourré, un daim parut dans un carrefour, un blaireau sortit d'un trou, un paon sur le gazon déploya sa queue; — et quand il les eut tous occis, d'autres chevreuils se présentèrent, d'autres daims, d'autres blaireaux, d'autres paons, et des merles, des geais, des putois, des renards, des hérissons, des lynx, une infinité de bêtes, à chaque pas plus nombreuses. Elles tournaient autour de lui, tremblantes, avec un regard plein de douceur et de supplication. Mais Julien ne se fatiguait pas de tuer, tour à tour bandant son arbalète, dégainant l'épée, pointant du coutelas, et ne pensait à rien, n'avait souvenir de quoi que ce fût. Il était en chasse dans un pays quelconque, depuis un temps indéterminé, par le fait seul de sa propre existence, tout s'accomplissant avec la facilité que l'on éprouve dans les rêves. Un spectacle extraordinaire l'arrêta. Des cerfs emplissaient un vallon ayant la forme d'un cirque; et tassés, les uns près des autres, ils se réchauffaient avec leurs haleines que l'on voyait fumer dans le brouillard.

L'espoir d'un pareil carnage, pendant quelques minutes, le suffoqua de plaisir. Puis il descendit de cheval, retroussa ses manches, et se mit à tirer.

Au sifflement de la première flèche, tous les cerfs

à la fois tournèrent la tête. Il se fit des enfonçures dans leur masse; des voix plaintives s'élevaient, et un grand mouvement agita le troupeau.

Le rebord du vallon était trop haut pour le franchir. Ils bondissaient dans l'enceinte, cherchant à s'échapper. Julien visait, tirait; et les flèches tombaient comme les rayons d'une pluie d'orage. Les cerfs rendus furieux se battirent, se cabraient, montaient les uns par-dessus les autres; et leurs corps avec leurs ramures emmêlées faisaient un large monticule, qui s'écroulait, en se déplaçant.

Enfin ils moururent, couchés sur le sable, la bave aux naseaux, les entrailles sorties, et l'ondulation de leurs ventres s'abaissant par degrés. Puis tout fut immobile.

La nuit allait venir; et derrière le bois, dans les intervalles des branches, le ciel était rouge comme une nappe de sang.

Julien s'adossa contre un arbre. Il contemplait d'un œil béant l'énormité du massacre, ne comprenant pas comment il avait pu le faire.

De l'autre côté du vallon, sur le bord de la forêt, il aperçut un cerf, une biche et son faon.

Le cerf, qui était noir et monstrueux de taille, portait seize andouillers avec une barbe blanche. La biche, blonde comme les feuilles mortes, broutait le gazon; et le faon tacheté, sans l'interrompre dans sa marche, lui tétait la mamelle.

L'arbalète encore une fois ronfla. Le faon, tout de suite, fut tué. Alors, sa mère, en regardant le ciel, brama d'une voix profonde, déchirante, humaine. Julien exaspéré, d'un coup de plein poitrail, l'étendit par terre.

Le grand cerf l'avait vu, fit un bond. Julien lui envoya sa dernière flèche. Elle l'atteignit au front, et y resta plantée.

Le grand cerf n'eut pas l'air de la sentir; en enjambant par-dessus les morts, il avançait toujours, allait fondre sur lui, l'éventrer; et Julien reculait dans une épouvante indicible. Le prodigieux animal s'arrêta; et les yeux flamboyants, solennel comme un patriarche et comme un justicier, pendant qu'une cloche au loin tintait, il répéta trois fois :

— Maudit ! maudit ! maudit ! Un jour, cœur féroce, tu assassineras ton père et ta mère !

Il plia le genoux, ferma doucement ses paupières, et mourut.

Julien fut stupéfait, puis accablé d'une fatigue soudaine; et un dégoût, une tristesse immense l'envahit. Le front dans les deux mains, il pleura longtemps.

Son cheval était perdu; ses chiens l'avaient abandonné; la solitude qui l'enveloppait lui sembla toute menaçante de périls indéfinis. Alors, poussé par un effroi, il prit sa course à travers la campagne, choisit au hasard un sentier, et se trouva presque immédiatement à la porte du château.

La nuit, il ne dormit pas. Sous le vacillement de la lampe suspendue, il revoyait toujours le grand cerf noir. Sa prédiction l'obsédait; il se débattait contre elle. « Non ! non ! non ! je ne peux pas les tuer ! » puis il songeait : « Si je le voulais, pourtant ?... » et il avait peur que le diable ne lui en inspirât l'envie.

Durant trois mois, sa mère en angoisse pria au chevet de son lit, et son père, en gémissant, marchait continuellement dans les couloirs. Il manda les maîtres mires les plus fameux, lesquels ordonnèrent des quantités de drogues. Le mal de Julien, disaient-ils, avait pour cause un vent funeste, ou un désir d'amour. Mais le jeune homme, à toutes les questions, secouait la tête. Les forces lui revinrent; et on le promenait dans la cour, le vieux moine et le bon seigneur le soutenant chacun par un bras. Quand il fut rétabli complètement, il s'obstina à ne point chasser.

Son père, le voulant réjouir, lui fit cadeau d'une grande épée sarrasine.

Elle était au haut d'un pilier, dans une panoplie. Pour l'atteindre, il fallut une échelle. Julien y monta. L'épée trop lourde lui échappa des doigts, et en tombant frôla le seigneur de si près que sa houppelande en fut coupée; Julien crut avoir tué son père et s'évanouit.

Dès lors, il redouta les armes. L'aspect d'un fer nu le faisait pâlir. Cette faiblesse était une désolation pour sa famille.

Enfin, le vieux moine, au nom de Dieu, de l'honneur et des ancêtres, lui commanda de reprendre ses exercices de gentilhomme.

Les écuyers, tous les jours, s'amusaient au maniement de la javeline. Julien y excella bien vite. Il envoyait la sienne dans le goulot des bouteilles, cassait les dents des girouettes, frappait à cent pas les clous des portes.

Un soir d'été, à l'heure où la brume rend les choses indistinctes, étant sous la treille du jardin, il aperçut tout au fond deux ailes blanches qui voletaient à la hauteur de l'espalier. Il ne douta pas que ce ne fût une cigogne; et il lança son javelot.

Un cri déchirant partit.

C'était sa mère, dont le bonnet à longues barbes restait cloué contre le mur.

Julien s'enfuit du château et ne reparut plus.

II

Il s'engagea dans une troupe d'aventuriers qui passaient.

Il connut la faim, la soif, les fièvres et la vermine. Il s'accoutuma au fracas des mêlées, à l'aspect des moribonds. Le vent tanna sa peau. Ses membres se durcirent par le contact des armures; et comme il était très fort, courageux, tempérant, avisé, il obtint sans peine le commandement d'une compagnie.

Au début des batailles, il enlevait ses soldats d'un grand geste de son épée. Avec une corde à nœuds, il grimpait aux murs des citadelles, balancé par l'ouragan, pendant que les flammèches du feu grégeois se collaient à sa cuirasse, et que la résine bouillante et le plomb fondu ruisselaient des créneaux. Souvent le heurt d'une pierre fracassa son bouclier. Des ponts trop chargés d'hommes croulèrent sous lui. En tournant sa masse d'armes, il se débarrassa de quatorze cavaliers. Il défit, en champ clos, tous ceux qui se proposèrent. Plus de vingt fois on le crut mort.

Grâce à la faveur divine, il en réchappa toujours; car il protégeait les gens d'Eglise, les orphelins, les veuves, et principalement les vieillards. Quand il en voyait un marchant devant lui, il criait pour connaître sa figure, comme s'il avait eu peur de le tuer par méprise.

Des esclaves en fuite, des manants révoltés, des bâtards sans fortune, toutes sortes d'intrépides affluèrent sous son drapeau, et il se composa une armée.

Elle grossit. Il devint fameux. On le recherchait.

Tour à tour, il secourut le dauphin de France et le

roi d'Angleterre, les templiers de Jérusalem, le suréna des Parthes, le négus d'Abyssinie, et l'empereur de Calicut. Il combattit des Scandinaves recouverts d'écailles de poisson, des Nègres munis de rondaches en cuir d'hippopotame, et montés sur des ânes rouges, des Indiens couleur d'or et brandissant par-dessus leurs diadèmes de larges sabres, plus clairs que des miroirs. Il vainquit les Troglodytes et les Anthropophages. Il traversa des régions si torrides que sous l'ardeur du soleil les chevelures s'allumaient d'elles-mêmes, comme des flambeaux; et d'autres qui étaient si glaciales que les bras, se détachant du corps, tombaient par terre; et des pays où il y avait tant de brouillards que l'on marchait environné de fantômes.

Des républiques en embarras le consultèrent. Aux entrevues d'ambassadeurs, il obtenait des conditions inespérées. Si un monarque se conduisait trop mal, il arrivait tout à coup, et lui faisait des remontrances. Il affranchit des peuples. Il délivra des reines enfermées dans des tours. C'est lui, et pas un autre, qui assomma la guivre de Milan et le dragon d'Oberbirbach.

Or l'empereur d'Occitanie, ayant triomphé des Musulmans espagnols, s'était joint par concubinage à la sœur du calife de Cordoue; et il en conservait une fille, qu'il avait élevée chrétiennement. Mais le calife faisant mine de vouloir se convertir, vint lui rendre visite, accompagné d'une escorte nombreuse, massacra toute sa garnison et le plongea dans le cul de basse-fosse, où il le traitait durement, afin d'en extirper des trésors.

Julien accourut à son aide, détruisit l'armée des infidèles, assiégea la ville, tua le calife, coupa sa tête, et la jeta comme une boule par-desssus les remparts. Puis il tira l'empereur de sa prison, et le fit remonter sur son trône, en présence de toute sa cour.

L'empereur, pour prix d'un tel service, lui présenta dans des corbeilles beaucoup d'argent; Julien n'en voulut pas. Croyant qu'il en désirait davantage, il lui offrit les trois quarts de ses richesses; nouveau refus; puis de partager son royaume; Julien le remercia; et l'empereur en pleurait de dépit, ne sachant de quelle manière témoigner sa reconnaissance, quand il se frappa le front, dit un mot à l'oreille d'un courtisan; les rideaux d'une tapisserie se relevèrent, et une jeune fille parut.

Ses grands yeux noirs brillaient comme deux lampes très douces. Un sourire charmant écartait ses lèvres. Les anneaux de sa chevelure s'accrochaient aux pierreries de sa robe entr'ouverte; et, sous la transparence de sa tunique, on devinait la jeunesse de son corps. Elle était toute mignonne et potelée, avec la taille fine.

Julien fut ébloui d'amour, d'autant plus qu'il avait mené jusqu'alors une vie très chaste.

Donc il reçut en mariage la fille de l'empereur, avec un château qu'elle tenait de sa mère; et, les noces étant terminées, on se quitta, après des politesses infinies de part et d'autre.

C'était un palais de marbre blanc, bâti à la moresque, sur un promontoire, dans un bois d'orangers. Des terrasses de fleurs descendaient jusqu'au bord d'un golfe, où des coquilles de roses craquaient sous les pas. Derrière le château, s'étendait une forêt ayant le dessin d'un éventail. Le ciel continuellement était bleu, et les arbres se penchaient tour à tour sous la brise de la mer et le vent des montagnes, qui fermaient au loin l'horizon.

Les chambres, pleines de crépuscule, se trouvaient éclairées par les incrustations des murailles. De hautes colonnettes, minces comme des roseaux, supportaient la voûte des coupoles, décorées de reliefs imitant les stalactites des grottes.

Il y avait des jets d'eau dans les salles, des mosaïques dans les cours, des cloisons festonnées, mille délicatesses d'architecture, et partout un tel silence que l'on entendait le frôlement d'une écharpe ou l'écho d'un soupir.

Julien ne faisait plus la guerre. Il se reposait, entouré d'un peuple tranquille; et chaque jour, une foule passait devant lui, avec des génuflexions et des baisemains à l'orientale.

Vêtu de pourpre, il restait accoudé dans l'embrasure d'une fenêtre, en se rappelant ses chasses d'autrefois; et il aurait voulu courir sur le désert après les gazelles et les autruches, être caché dans les bambous à l'affût des léopards, traverser des forêts pleines de rhinocéros, atteindre au sommet des monts les plus inaccessibles pour viser mieux les aigles, et sur les glaçons de la mer combattre les ours blancs.

Quelquefois, dans un rêve, il se voyait comme notre père Adam au milieu du Paradis, entre toutes les bêtes; en allongeant le bras, il les faisait mourir; ou bien, elles défilaient, deux à deux, par rang de taille, depuis les éléphants et les lions jusqu'aux hermines et aux canards, comme le jour qu'elles entrèrent dans l'arche de Noé. A l'ombre d'une caverne, il dardait sur elles des javelots infaillibles; il en survenait d'autres; cela n'en finissait pas; et il se réveillait en roulant des yeux farouches.

Des princes de ses amis l'invitèrent à chasser. Il s'y refusa toujours, croyant, par cette sorte de pénitence, détourner son malheur; car il lui semblait que du meurtre des animaux dépendait le sort de ses parents. mais il souffrait de ne pas les voir, et son autre envie devenait insupportable.

Sa femme, pour le récréer, fit venir des jongleurs et

des danseuses.

Elle se promenait avec lui, en litière ouverte, dans la campagne; d'autre fois, étendus sur le bord d'une chaloupe, ils regardaient les poissons vagabonder dans l'eau, claire comme le ciel. Souvent elle lui jetait des fleurs au visage; accroupie devant ses pieds, elle tirait des airs d'une mandoline à trois cordes; puis, lui posant sur l'épaule ses deux mains jointes, disait d'une voix timide : — « Qu'avez-vous donc, cher seigneur ? »

Il ne répondait pas, ou éclatait en sanglots; enfin un jour, il avoua son horrible pensée.

Elle la combattit, en raisonnant très bien : son père et sa mère, probablement, étaient morts; si jamais il les revoyait, par quel hasard, dans quel but, arriverait-il à cette abomination ? Donc, sa crainte n'avait pas de cause, et il devait se remettre à chasser.

Julien souriait en l'écoutant, mais ne se décidait pas à satisfaire son désir.

Un soir du mois d'août qu'ils étaient dans leur chambre, elle venait de se coucher et il s'agenouillait pour sa prière quand il entendit le jappement d'un renard, puis des pas légers sous la fenêtre; et il entrevit dans l'ombre comme des apparences d'animaux. La tentation était trop forte. Il décrocha son carquois.

Elle parut surprise.

— C'est pour t'obéir ! dit-il, au lever du soleil je serai revenu.

Cependant elle redoutait une aventure funeste.

Il la rassura, puis sortit, étonné de l'inconséquence de son humeur.

Peu de temps après, un page vint annoncer que deux inconnus, à défaut du seigneur absent, réclamaient tout de suite la seigneuresse.

Et bientôt entrèrent dans la chambre un vieil

homme et une vieille femme, courbés, poudreux, en habits de toile, et s'appuyant chacun sur un bâton.

Ils s'enhardirent et déclarèrent qu'ils apportaient à Julien des nouvelles de ses parents.

Elle se pencha pour les entendre.

Mais, s'étant concertés du regard, ils lui demandèrent s'il les aimait toujours, s'il parlait d'eux quelquefois.

— Oh! oui!, dit-elle.

Alors, ils s'écrièrent :

— Et bien! c'est nous! et ils s'assirent, étant fort las et recrus de fatigue.

Rien n'assurait à la jeune femme que son époux fût leur fils.

Ils en donnèrent la preuve, en décrivant des signes particuliers qu'il avait sur la peau.

Elle sauta hors sa couche, appela son page, et on leur servit un repas.

Bien qu'ils eussent grand faim, ils ne pouvaient guère manger; et elle observait à l'écart le tremblement de leurs mains osseuses, en prenant les gobelets.

Ils firent mille questions sur Julien. Elle répondait à chacune, mais eut le soin de taire l'idée funèbre qui les concernait.

Ne le voyant pas revenir, ils étaient partis de leur château; et ils marchaient depuis plusieurs années, sur de vagues indications, sans perdre l'espoir. Il avait fallu tant d'argent au péage des fleuves et dans les hôtelleries, pour les droits des princes et les exigences des voleurs, que le fond de leur bourse était vide, et qu'ils mendiaient maintenant. Qu'importe puisque bientôt ils embrasseraient leur fils ? Ils exaltaient son bonheur d'avoir une femme aussi gentille, et ne se lassaient point de la contempler et de la baiser.

La richesse de l'appartement les étonnait beaucoup;

et le vieux, ayant examiné les murs, demanda pourquoi s'y trouvait le blason de l'empereur d'Occitanie.

Elle répliqua :

— C'est mon père !

Alors il tressaillit, se rappelant la prédiction du Bohême; et la vieille songeait à la parole de l'Ermite. Sans doute la gloire de son fils n'était que l'aurore des splendeurs éternelles; et tous les deux restaient béants, sous la lumière du candélabre qui éclairait la table.

Ils avaient dû être très beaux dans leur jeunesse. La mère avait encore tous ses cheveux, dont les bandeaux fins, pareils à des plaques de neige, pendaient jusqu'au bas de ses joues; et le père, avec sa taille haute et sa grande barbe, ressemblait à une statue d'église.

La femme de Julien les engagea à ne pas l'attendre. Elle les coucha elle-même dans son lit, puis ferma la croisée; ils s'endormirent. Le jour allait paraître, et, derrière le vitrail, les petits oiseaux commençaient à chanter.

Julien avait traversé le parc; et il marchait dans la forêt d'un pas nerveux, jouissant de la mollesse du gazon et de la douceur de l'air.

Les ombres des arbres s'étendaient sur la mousse. Quelquefois la lune faisait des taches blanches dans les clairières, et il hésitait à s'avancer, croyant apercevoir une flaque d'eau, ou bien la surface des mares tranquilles se confondait avec la couleur de l'herbe. C'était partout un grand silence; et il ne découvrait aucune des bêtes, qui peu de minutes auparavant, erraient à l'entour de son château.

Le bois s'épaissit, l'obscurité devint profonde. Des bouffées de vent chaud passaient, pleines de senteurs amollissantes. Il s'enfonçait dans des tas de feuilles mortes, et il s'appuya contre un chêne pour haleter un peu.

Tout à coup, derrière son dos, bondit une masse plus noire, un sanglier. Julien n'eut pas le temps de saisir son arc, et il s'en affligea comme d'un malheur.

Puis, étant sorti du bois, il aperçut un loup qui filait le long d'une haie.

Julien lui envoya une flèche. Le loup s'arrêta, tourna la tête pour le voir et reprit sa course. Il trottait en gardant toujours la même distance, s'arrêtait de temps à autre, et, sitôt qu'il était visé, recommençait à fuir.

Julien parcourut de cette manière une plaine interminable, puis des monticules de sable, et enfin il se trouva sur un plateau dominant un grand espace de pays. Des pierres plates étaient clairsemées entre des caveaux en ruine. On trébuchait sur des ossements de morts; de place en place, des croix vermoulues se penchaient d'un air lamentable. Mais des formes remuèrent dans l'ombre indécise des tombeaux; et il en surgit des hyènes, tout effarées, pantelantes. En faisant claquer leurs ongles sur les dalles, elles vinrent à lui et le flairaient avec un bâillement qui découvrait leurs gencives. Il dégaina son sabre. Elles partirent à la fois dans toutes les directions, et, continuant leur galop boiteux et précipité, se perdirent au loin sous un flot de poussière.

Une heure après, il rencontra dans un ravin un taureau furieux, les cornes en avant, et qui grattait le sable avec son pied. Julien lui pointa sa lance sous les fanons. Elle éclata, comme si l'animal eût été de bronze; il ferma les yeux, attendant sa mort. Quand il les rouvrit, le taureau avait disparu.

Alors son âme s'affaissa de honte. Un pouvoir supérieur détruisait sa force; et, pour s'en retourner chez lui, il rentra dans la forêt.

Elle était embarrassée de lianes; et il les coupait avec son sabre quand une fouine glissa brusquement entre ses jambes, une panthère fit un bond par-dessus son épaule, un serpent monta en spirale autour d'un frêne.

Il avait dans son feuillage un choucas monstrueux, qui regardait Julien; et, çà et là, parurent entre les branches quantité de larges étincelles, comme si le firmament eût fait pleuvoir dans la forêt toutes ses étoiles. C'étaient des yeux d'animaux, des chats sauvages, des écureuils, des hiboux, des perroquets, des singes.

Julien darda contre eux ses flèches; les flèches, avec leurs plumes, se posaient sur les feuilles comme des papillons blancs. Il leur jeta des pierres; les pierres, sans rien toucher, retombaient. Il se maudit, aurait voulu se battre, hurla des imprécations, étouffait de rage.

Et tous les animaux qu'il avait poursuivis se représentèrent, faisant autour de lui un cercle étroit. Les uns étaient assis sur leur croupe, les autres dressés de toute leur taille. Il restait au milieu, glacé de terreur, incapable du moindre mouvement. Par un effort suprême de sa volonté, il fit un pas; ceux qui perchaient sur les arbres ouvrirent leurs ailes, ceux qui foulaient le sol déplacèrent leurs membres; et tous l'accompagnaient.

Les hyènes marchaient devant lui, le loup et le sanglier par-derrière. Le taureau, à sa droite, balançait la tête; et, à sa gauche, le serpent ondulait dans les herbes, tandis que la panthère, bombant son dos, avançait à pas de velours et à grandes enjambées. Il allait le plus lentement possible pour ne pas les irriter; et il voyait sortir de la profondeur des buissons des porcs-épics, des renards, des vipères, des chacals et des ours.

Julien se mit à courir; ils coururent. Le serpent sifflait, les bêtes puantes bavaient. Le sanglier lui frottait
les talons avec ses défenses, le loup, l'intérieur des
mains avec les poils de son museau. Les singes le pin-
çaient en grimaçant, la fouine se roulait sur ses pieds.
Un ours, d'un revers de patte, lui enleva son chapeau;
et la panthère, dédaigneusement, laissa tomber une
flèche qu'elle portait à sa gueule.

Une ironie perçait dans leurs allures sournoises.
Tout en l'observant du coin de leurs prunelles, ils
semblaient méditer un plan de vengeance; et,
assourdi par le bourdonnement des insectes, battu par
des queues d'oiseau, suffoqué par des haleines, il
marchait les bras tendus et les paupières closes comme
un aveugle, sans même avoir la force de crier « grâce ! »

Le chant d'un coq vibra dans l'air. D'autres y
répondirent; c'était le jour; et il reconnut, au-delà des
orangers, le faîte de son palais.

Puis, au bord d'un champ, il vit, à trois pas d'intervalle, des perdrix rouges qui voletaient dans les chau-
mes. Il dégrafa son manteau, et l'abattit sur elles
comme un filet. Quand il les eut découvertes, il n'en
trouva qu'une seule, et morte depuis longtemps,
pourrie.

Cette déception l'exaspéra plus que toutes les
autres. Sa soif de carnage le reprenait; les bêtes manquant, il aurait voulu massacrer des hommes.

Il gravit les trois terrasses, enfonça la porte d'un
coup de poing; mais, au bas de l'escalier, le souvenir
de sa chère femme détendit son cœur. Elle dormait
sans doute, et il allait la surprendre.

Ayant retiré ses sandales, il tourna doucement la
serrure, et entra.

Les vitraux garnis de plomb obscurcissaient la
pâleur de l'aube. Julien se prit les pieds dans des vête-

ments, par terre; un peu plus loin, il heurta une cré-
dence encore chargée de vaisselle. «Sans doute, elle
aura mangé,» se dit-il; et il avançait vers le lit, perdu
dans les ténèbres au fond de la chambre. Quand il fut
au bord, afin d'embrasser sa femme, il se pencha sur
l'oreiller où les deux têtes reposaient l'une près de
l'autre. Alors, il sentit contre sa bouche l'impression
d'une barbe.

Il se recula, croyant devenir fou; mais il revint près
du lit, et ses doigts, en allant, rencontrèrent des cheveux qui étaient très longs. Pour se convaincre de son
erreur, il repassa lentement sa main sur l'oreiller.
C'était bien une barbe, cette fois, et un homme! un
homme couché avec sa femme!

Éclatant d'une colère démesurée, il bondit sur eux
à coups de poignard; et il trépignait, écumait, avec
des hurlements de bête fauve. Puis il s'arrêta. Les
morts, percés au cœur, n'avaient pas même bougé. Il
écoutait attentivement leurs deux râles presque égaux,
et, à mesure qu'ils s'affaiblissaient, un autre, tout au
loin, les continuait. Incertaine d'abord, cette voix
plaintive, longuement poussée, se rapprochait,
s'enfla, devint cruelle; et il reconnut, terrifié, le bra-
mement du grand cerf noir.

Et comme il se retournait, il crut voir, dans l'enca-
drure de la porte, le fantôme de sa femme, une
lumière à la main.

Le tapage du meurtre l'avait attirée. D'un large
coup d'œil, elle comprit tout, et, s'enfuyant d'horreur, laissa tomber son flambeau.

Il le ramassa.

Son père et sa mère étaient devant lui, étendus sur
le dos avec un trou dans la poitrine; et leurs visages,
d'une majestueuse douceur, avaient l'air de garder
comme un secret éternel. Des éclaboussures et des fla-

ques de sang s'étalaient au milieu de leur peau blanche, sur les draps du lit, par terre, le long d'un christ d'ivoire suspendu dans l'alcôve. Le reflet écarlate du vitrail, alors frappé par le soleil, éclairait ces taches rouges, et en jetait de plus nombreuses dans tout l'appartement. Julien marcha vers les deux morts en se disant, en voulant croire, que cela n'était pas possible, qu'il s'était trompé, qu'il y a parfois des ressemblances inexplicables. Enfin, il se baissa légèrement pour voir de tout près le vieillard; et il aperçut, entre ses paupières mal fermées, une prunelle éteinte qui le brûla comme du feu. Puis il se porta de l'autre côté de la couche, occupé par l'autre corps, dont les cheveux blancs masquaient une partie de la figure. Julien lui passa les doigts sous ses bandeaux, leva sa tête; — et il la regardait, en la tenant au bout de son bras roidi, pendant que de l'autre main il s'éclairait avec le flambeau. Des gouttes, suintant du matelas, tombaient une à une sur le plancher.

A la fin du jour, il se présenta devant sa femme; et, d'une voix différente de la sienne, il lui commanda premièrement de ne pas lui répondre, de ne pas l'approcher, de ne plus même le regarder, et qu'elle eût à suivre, sous peine de damnation, tous ses ordres qui étaient irrévocables.

Les funérailles seraient faites selon les instructions qu'il avait laissées par écrit, sur un prie-Dieu, dans la chambre des morts. Il lui abandonnait son palais, ses vassaux, tous ses biens, sans même retenir les vêtements de son corps, et ses sandales, que l'on trouverait au haut de l'escalier.

Elle avait obéi à la volonté de Dieu, en occasionnant son crime, et devait prier pour son âme, puisque désormais il n'existait plus.

On enterra les morts avec magnificence, dans l'église d'un monastère à trois journées du château. Un moine en cagoule rabattue suivit le cortège, loin de tous les autres, sans que personne osât lui parler.

Il resta, pendant la messe, à plat ventre au milieu du portail, les bras en croix, et le front dans la poussière.

Après l'ensevelissement, on le vit prendre le chemin qui menait aux montagnes. Il se retourna plusieurs fois, et finit par disparaître.

III

Il s'en alla, mendiant sa vie par le monde.

Il tendait sa main aux cavaliers sur les routes, avec des génuflexions s'approchait des moissonneurs, ou restait immobile devant la barrière des cours; et son visage était si triste que jamais on ne lui refusait l'aumône.

Par esprit d'humilité, il racontait son histoire; alors tous s'enfuyaient, en faisant des signes de croix. Dans les villages où il avait déjà passé, sitôt qu'il était reconnu, on lui jetait des pierres. Les plus charitables posaient une écuelle sur le bord de leur fenêtre, puis fermaient l'auvent pour ne pas l'apercevoir.

Repoussé de partout, il évita les hommes; et il se nourrit de racines, de plantes, de fruits perdus, et de coquillages qu'il cherchait le long des grèves.

Quelquefois, au tournant d'une côte, il voyait sous ses yeux une confusion de toits pressés, avec des flèches de pierre, des ponts, des tours, des rues noires s'entrecroisant, et d'où montait jusqu'à lui un bourdonnement continuel.

Le besoin de se mêler à l'existence des autres le faisait descendre dans la ville. Mais l'air bestial des figures, le tapage des métiers, l'indifférence des propos glaçaient son cœur. Les jours de fête, quand le bourdon des cathédrales mettait en joie dès l'aurore le peuple entier, il regardait les habitants sortir de leurs maisons, puis les danses sur les places, les fontaines de cervoise dans les carrefours, les tentures de damas devant le logis des princes, et le soir venu, par le vitrage des rez-de-chaussée, les longues tables de famille où des aïeux tenaient des petits enfants sur leurs genoux; des sanglots l'étouffaient, et il s'en retournait vers la campagne.

Il contemplait avec des élancements d'amour les poulains dans les herbages, les oiseaux dans leurs nids, les insectes sur les fleurs; tous, à son approche, couraient plus loin, se cachaient effarés, s'envolaient bien vite.

Il rechercha les solitudes. Mais le vent apportait à son oreille comme des râles d'agonie; les larmes de la rosée tombant par terre lui rappelaient d'autres gouttes d'un poids plus lourd. Le soleil, tous les soirs, étalait du sang dans les nuages; et chaque nuit, en rêve, son parricide recommançait.

Il se fit un cilice avec des pointes de fer. Il monta sur les deux genoux toutes les collines ayant une chapelle à leur sommet. Mais l'impitoyable pensée obscurcissait la splendeur des tabernacles, le torturait à travers les macérations de la pénitence.

Il ne se révoltait pas contre Dieu qui lui avait infligé cette action, et pourtant se désespérait de l'avoir pu commettre.

Sa propre personne lui faisait tellement horreur qu'espérant s'en délivrer il l'aventura dans des périls. Il sauva des paralytiques des incendies, des enfants du fond des gouffres. L'abîme le rejetait, les flammes l'épargnaient.

Le temps n'apaisa pas sa souffrance. Elle devenait intolérable. Il résolut de mourir.

Et un jour qu'il se trouvait au bord d'une fontaine, comme il se penchait dessus pour juger de la profondeur de l'eau, il vit paraître en face de lui un vieillard tout décharné, à barbe blanche et d'un aspect si lamentable qu'il lui fut impossible de retenir ses pleurs. L'autre, aussi, pleurait. Sans reconnaître son image, Julien se rappelait confusément une figure ressemblant à celle-là. Il poussa un cri; c'était son père; et il ne pensa plus à se tuer.

Ainsi, portant le poids de son souvenir, il parcourut beaucoup de pays; et il arriva près d'un fleuve dont la traversée était dangereuse, à cause de sa violence et parce qu'il y avait sur les rives une grande étendue de vase. Personne depuis longtemps n'osait plus le passer.

Une vieille barque, enfouie à l'arrière, dressait sa proue dans les roseaux. Julien en l'examinant découvrit une paire d'avirons; et l'idée lui vint d'employer son existence au service des autres.

Il commença par établir sur la berge une manière de chaussée qui permettait de descendre jusqu'au chenal; et il se brisait les ongles à remuer les pierres énormes, les appuyait contre son ventre pour les transporter, glissait dans la vase, y enfonçait, manqua périr plusieurs fois.

Ensuite, il répara le bateau avec des épaves de navires, et il se fit une cahute avec de la terre glaise et des troncs d'arbres.

Le passage étant connu, les voyageurs se présentèrent. Ils l'appelaient de l'autre bord, en agitant des drapeaux; Julien bien vite sautait dans sa barque. Elle était très lourde; et on la surchargeait par toutes sortes de bagages et de fardeaux, sans compter les bêtes de somme, qui, ruant de peur, augmentaient l'encombrement. Il ne demandait rien pour sa peine; quelques-uns lui donnaient des restes de victuailles qu'ils tiraient de leur bissac ou les habits trop usés dont ils ne voulaient plus. Des brutaux vociféraient des blasphèmes. Julien les reprenait avec douceur; et ils ripostaient par des injures. Il se contentait de les bénir.

Une petite table, un escabeau, un lit de feuilles mortes et trois coupes d'argile, voilà tout ce qu'était son mobilier. Deux trous dans la muraille servaient de fenêtres. D'un côté, s'étendaient à perte de vue des plaines stériles ayant sur leur surface de pâles étangs, çà et là; et le grand fleuve, devant lui, roulait ses flots verdâtres. Au printemps, la terre humide avait une odeur de pourriture. Puis un vent désordonné soulevait la poussière en tourbillons. Elle entrait partout, embourbait l'eau, craquait sous les gencives. Un peu plus tard, c'étaient des nuages de moustiques, dont la susurration et les piqûres ne s'arrêtaient ni jour ni nuit. Ensuite, survenaient d'atroces gelées qui donnaient aux choses la rigidité de la pierre, et inspiraient un besoin fou de manger de la viande.

Des mois s'écoulaient sans que Julien vît personne. Souvent il fermait les yeux, tâchant, par la mémoire, de revenir dans sa jeunesse; — et la cour d'un château apparaissait, avec des lévriers sur un perron, des valets dans la salle d'armes, et, sous un berceau de pampres, un adolescent à cheveux blonds entre un vieillard couvert de fourrures et une dame à grand hennin; tout à coup, les deux cadavres étaient là. Il se jetait à plat ventre sur son lit, et répétait en pleurant :

— Ah ! pauvre père, pauvre mère ! pauvre mère ! Et il tombait dans un assoupissement où les visions funèbres continuaient.

Une nuit qu'il dormait, il crut entendre quelqu'un l'appeler. Il tendit l'oreille et ne distingua que le mugissement des flots.

Mais la même voix reprit :

— Julien !

Elle venait de l'autre bord, ce qui lui parut extraordinaire, vu la hauteur du fleuve.

Une troisième fois on appela :

— Julien !

Et cette voix haute avait l'intonation d'une cloche d'église.

Ayant allumé sa lanterne, il sortit de la cahute. Un ouragan furieux emplissait la nuit. Les ténèbres étaient profondes, et çà et là déchirées par la blancheur des vagues qui bondissaient.

Après une minute d'hésitation, Julien dénoua l'amarre. L'eau, tout de suite, devint tranquille, la barque glissa dessus et toucha l'autre berge, où un homme attendait.

Il était enveloppé d'une toile en lambeaux, la figure pareille à un masque de plâtre et les deux yeux plus rouges que des charbons. En approchant de lui la lanterne, Julien s'aperçut qu'une lèpre hideuse le recouvrait; cependant, il avait dans son attitude comme une majesté de roi.

Dès qu'il entra dans la barque, elle enfonça prodigieusement écrasée par son poids; une secousse la remonta; et Julien se mit à ramer.

A chaque coup d'aviron, le ressac des flots la soulevait par l'avant. L'eau, plus noire que de l'encre, courait avec furie des deux côtés du bordage. Elle creusait des abîmes, elle faisait des montagnes, et la chaloupe sautait dessus, puis redescendait dans des profondeurs où elle tournoyait, ballottée par le vent.

Julien penchait son corps, dépliait les bras, et, s'arc-boutant des pieds, se renversait avec une torsion de la taille, pour avoir plus de force. La grêle cinglait ses mains, la pluie coulait dans son dos, la violence de l'air l'étouffait, il s'arrêta. Alors le bateau fut emporté à la dérive. Mais, comprenant qu'il s'agissait d'une chose considérable, d'un ordre auquel il ne fallait pas désobéir, il reprit ses avirons; et le claquement des tolets coupait la clameur de la tempête.

La petite lanterne brûlait devant lui. Des oiseaux, en voletant, la cachaient par intervalles. Mais toujours il apercevait les prunelles du lépreux qui se tenait debout à l'arrière, immobile comme une colonne.

Et cela dura longtemps, très longtemps !

Quand ils furent arrivés dans la cahute, Julien ferma la porte; et il le vit siégeant sur l'escabeau. L'espèce de linceul qui le recouvrait était tombé jusqu'à ses hanches; et ses épaules, sa poitrine, ses bras maigres disparaissaient sous des plaques de pustules écailleuses. Des rides énormes labouraient son front. Tel qu'un squelette, il y avait un trou à la place du nez; et ses lèvres bleuâtres dégageaient une haleine épaisse comme un brouillard et nauséabonde.

— « J'ai faim ! » dit-il.

Julien lui donna ce qu'il possédait, un vieux quartier de lard et les croûtes d'un pain noir.

Quand il les eut dévorés, la table, l'écuelle et le

manche du couteau portaient les mêmes taches que l'on voyait sur son corps.

Ensuite, il dit : — J'ai soif !

Julien alla chercher sa cruche ; et, comme il la prenait, il en sortit un arôme qui dilata son cœur et ses narines. C'était du vin ; quelle trouvaille ! mais le lépreux avança le bras et d'un trait vida toute la cruche.

Puis il dit : — J'ai froid !

Julien, avec sa chandelle, enflamma un paquet de fougères, au milieu de la cabane.

Le lépreux vint s'y chauffer ; et, accroupi sur les talons, il tremblait de tous ses membres, s'affaiblissait ; ses yeux ne brillaient plus, ses ulcères coulaient, et, d'une voix presque éteinte, il murmura : — Ton lit !

Julien l'aida doucement à s'y traîner, et même étendit sur lui, pour le couvrir, la toile de son bateau.

Le lépreux gémissait. Les coins de sa bouche découvraient ses dents, un râle accéléré lui secouait la poitrine, et son ventre, à chacune de ses aspirations, se creusait jusqu'aux vertèbres.

Puis il ferma les paupières.

— C'est comme de la glace dans mes os ! Viens près de moi !

Et Julien, écartant la toile, se coucha sur les feuilles mortes, près de lui, côte à côte.

Le lépreux tourna la tête.

— Déshabille-toi, pour que j'aie la chaleur de ton corps !

Julien ôta ses vêtements ; puis, nu comme au jour de sa naissance, se replaça dans le lit ; et il sentait contre sa cuisse la peau du lépreux, plus froide qu'un serpent et rude comme une lime.

Il tâchait de l'encourager ; et l'autre répondait, en

haletant :

— Ah ! je vais mourir !... Rapproche-toi, réchauffe-moi ! Pas avec les mains ! non ! toute ta personne.

Julien s'étala dessus complètement, bouche contre bouche, poitrine sur poitrine. Alors le lépreux l'étreignit; et ses yeux tout à coup prirent une clarté d'étoiles; ses cheveux s'allongèrent comme les rais du soleil; le souffle de ses narines avait la douceur des roses; un nuage d'encens s'éleva du foyer, les flots chantaient. Cependant une abondance de délices, une joie surhumaine descendait comme une inondation dans l'âme de Julien pâmé; et celui dont les bras le serraient toujours grandissait, grandissait, touchant de sa tête et de ses pieds les deux murs de la cabane. Le toit s'envola, le firmament se déployait; — et Julien monta vers les espaces bleus, face à face avec Notre-Seigneur Jésus, qui l'emportait dans le ciel.

Et voilà l'histoire de saint Julien l'Hospitalier, telle à peu près qu'on la trouve, sur un vitrail d'église, dans mon pays.

Villiers de l'Isle-Adam

Le Tueur de cygnes

> *Les cygnes comprennent les signes.*
> VICTOR HUGO. *Les Misérables.* *

* Inutile (pensons-nous) d'ajouter qu'en cette authentique citation, ce n'est pas l'auteur de *La Bouche d'ombre* qui parle, — mais simplement *l'un de ses personnages*. Il serait peu juste, en effet, d'attribuer à un auteur *même* les prud'homies, monstruosités, blasphématoires ou vils jeux de mots — que, pour des raisons spéciales et peut-être hautes — il se résout, tristement, à prêter à certains ilotes de son imagination. (Note de l'auteur.)

A Monsieur Jean Marras

A force de compulser des tomes d'Histoire naturelle, notre illustre ami, le docteur Tribulat Bonhomet avait fini par apprendre que « *Le cygne chante bien avant de mourir* » — En effet (nous avouait-il récemment encore), cette musique seule, depuis qu'il l'avait entendue, l'aidait à supporter les déceptions de la vie et tout autre ne lui semblait plus que du charivari, du « Wagner ».

— Comment s'était-il procuré cette joie d'amateur ? — Voici :

Aux environs de la très ancienne ville fortifiée qu'il habite, le pratique vieillard ayant, un beau jour, découvert dans un parc séculaire à l'abandon, sous des ombrages de grands arbres, un vieil étang sacré — sur le sombre miroir duquel glissaient douze ou quinze des calmes oiseaux, — en avait étudié soigneusement les abords, médité les distances, remarquant surtout le cygne noir, leur veilleur, qui dormait, perdu en un rayon de soleil.

Celui-là, toutes les nuits, se tenait les yeux grands ouverts, une pierre polie en son long bec rose, et, la moindre alerte lui décelant un danger pour ceux qu'il gardait, il eût, d'un mouvement de son col, jeté brusquement dans l'onde, au milieu du blanc cercle de ses endormis, la pierre d'éveil — et la troupe à ce signal guidée encore par lui, se fût envolée à travers l'obscurité sous les allées profondes, vers quelques lointains gazons ou telle fontaine reflétant de grises statues, ou tel autre asile bien connu de leur mémoire. — Et Bonhomet les avait considérés longtemps en silence, —

leur souriant même. N'était-ce pas leur dernier chant dont, en parfait dilettante, il rêvait de se repaître bientôt les oreilles ?

Parfois donc, — sur le minuit sonnant de quelque automnale nuit sans lune, — Bonhomet, travaillé par une insomnie, se levait tout à coup, et, pour le concert qu'il avait besoin de réentendre, s'habillait spécialement. L'osseux et gigantal docteur, ayant enfoui ses jambes en de démesurées bottes de caoutchouc ferré, que continuait, sans suture, une ample redingote imperméable, dûment fourrée aussi, se glissait les mains en une paire de gantelets d'acier armorié, provenue de quelque armure du Moyen Age (gantelets dont il s'était rendu l'heureux acquéreur au prix de trente-huit beaux sols, — une folie ! — chez un marchand de passé). Cela fait, il ceignait son vaste chapeau moderne, soufflait la lampe, descendait, et, la clef de sa demeure une fois en poche, s'acheminait, à la bourgeoise, vers la lisière du parc abandonné.

Bientôt, voici qu'il s'aventurait, par les sentiers sombres, vers la retraite de ses chanteurs préférés — vers l'étang dont l'eau peu profonde, et bien sondée en tous endroits, ne lui dépassait pas la ceinture. Et, sous les voûtes de feuillée qui en avoisinaient les atterrages, il assourdissait son pas, au tâter des branches mortes.

Arrivé tout au bord de l'étang, c'était lentement, bien lentement — et sans nul bruit ! — qu'il y risquait une botte puis l'autre, — et qu'il avançait, à travers les eaux, avec des précautions inouïes, tellement inouïes qu'à peine osait-il respirer. Tel un mélomane à l'imminence de la cavatine attendue. En sorte que, pour accomplir les vingt pas qui le séparaient de ses chers virtuoses, il mettait généralement de deux heures à deux heures et demie, tant il redoutait d'alarmer la subtile vigilance du veilleur noir.

Le souffle des cieux sans étoiles agitait plaintivement les hauts branchages dans les ténèbres autour de l'étang : — mais Bonhomet, sans se laisser distraire par le mystérieux murmure, avançait toujours insensiblement, et si bien que, vers les trois heures du matin, il se trouvait, invisible, à un demi-pas du cygne noir, sans que celui-ci eût ressenti le moindre indice de cette présence.

Alors, le bon docteur, en souriant dans l'ombre, grattait doucement, bien doucement effleurait à peine, du bout de son index moyen âge, la surface abolie de l'eau, devant le veilleur !... Et il grattait avec une douceur telle que celui-ci, bien qu'étonné, ne pouvait juger cette vague alarme comme d'une importance digne que la pierre fût jetée. Il écoutait. A la longue, son instinct, se pénétrant obscurément de *l'idée* du danger, son cœur, oh ! son pauvre cœur ingénu se mettait à battre affreusement : — ce qui remplissait de jubilation Bonhomet.

Et voici que les beaux cygnes, l'un après l'autre, troublés, par ce bruit, au profond de leurs sommeils, se détiraient onduleusement la tête de dessous leurs pâles ailes d'argent, — et, sous le poids de l'ombre de Bonhomet, entraient peu à peu dans une angoisse, ayant on ne sait quelle confuse conscience du mortel péril qui les menaçait. Mais, en leur délicatesse infinie, ils souffraient en silence, comme le veilleur — ne pouvant s'enfuir, *puisque la pierre n'était pas jetée !* Et tous les cœurs de ces blancs exilés se mettaient à battre des coups de sourde agonie, — *intelligibles* et distincts pour l'oreille ravie de l'excellent docteur, qui, — sachant bien, lui, ce que leur causait, *moralement,* sa seule proximité, — se délectait, en des prurits incomparables, de la terrifique sensation que son immobilité leur fait subir.

« Qu'il est doux d'encourager les artistes ! » se disait-il tout bas.

Trois quarts d'heure, environ, durait cette extase, qu'il n'eût pas troquée contre un royaume. Soudain, le rayon de l'Etoile-du-matin, glissant à travers les branches, illuminait, à l'improviste, Bonhomet, les eaux noires et les cygnes aux yeux pleins de rêves ! le veilleur, affolé d'épouvante à cette vue, jetait la pierre... — Trop tard !... Bonhomet, avec un grand cri horrible, où semblait se démasquer son sirupeux sourire, se précipitait, griffes levées, bras étendus, à travers les rangs des oiseaux sacrés ! — Et rapides étaient les étreintes des doigts de fer de ce preux moderne : et les purs cols de neige de deux ou trois chanteurs étaient traversés ou brisés avant l'envolée radieuse des autres oiseaux-poètes.

Alors, l'âme des cygnes expirants s'exhalait, oublieuse du bon docteur, en un chant d'immortel espoir, de délivrance et d'amour, vers des Cieux inconnus.

Le rationnel docteur souriait de cette sentimentalité, dont il ne daignait savourer, en connaisseur sérieux, qu'une chose, — LE TIMBRE. — Il ne prisait, musicalement, que la douleur singulière *du timbre* de ces symboliques voix, qui vocalisent la Mort comme une mélodie.

Bonhomet, les yeux fermés, en aspirait, en son cœur, les vibrations harmonieuses : puis, chancelant, comme en un spasme, il s'en allait échouer à la rive, s'y allongeait sur l'herbe, s'y couchait sur le dos, en ses vêtements bien chauds et imperméables.

Et là, ce Mécène de notre ère, perdu en une torpeur voluptueuse, ressavourait, au tréfonds de lui-même, le souvenir du chant délicieux — bien qu'entaché d'une sublimité selon lui démodée — de ses chers artistes.

Et, résorbant sa comateuse extase, il en ruminait ainsi, à la bougeoise, l'exquise impression jusqu'au lever du soleil.

Alphonse Daudet

La Chèvre de M. Seguin

A M. Pierre Gringoire, poète lyrique à Paris.

Tu seras bien toujours le même, mon pauvre Gringoire !

Comment ! on t'offre une place de chroniqueur dans un bon journal de Paris, et tu as l'aplomb de refuser... Mais regarde-toi, malheureux garçon ! Regarde ce pourpoint troué, ces chausses en déroute, cette face maigre qui crie la faim. Voilà pourtant où t'a conduit la passion des belles rimes ! Voilà ce que t'ont valu dix ans de loyaux services dans les pages du sir Apollo... Est-ce que tu n'as pas honte, à la fin ?

Fais-toi donc chroniqueur, imbécile ! fais-toi chroniqueur ! Tu gagneras de beaux écus à la rose, tu auras ton couvert chez Brébant, et tu pourras te montrer les jours de première avec une plume neuve à ta barrette...

Non ? Tu ne veux pas ?... Tu prétends rester libre à ta guise jusqu'au bout... Eh bien, écoute un peu l'histoire de la *chèvre de M. Seguin*. Tu verras ce que l'on gagne à vouloir vivre libre.

M. Seguin n'avait jamais eu de bonheur avec ses chèvres.

Il les perdait toutes de la même façon : un beau matin, elle cassaient leur corde, s'en allaient dans la montagne, et là-haut le loup les mangeait. Ni les caresses de leur maître, ni la peur du loup, rien ne les retenait. C'était, paraît-il, des chèvres indépendantes, voulant à tout prix le grand air et la liberté.

Le brave M. Seguin, qui ne comprenait rien au caractère de ses bêtes, était consterné. Il disait :

— C'est fini ; les chèvres s'ennuient chez moi, je n'en garderai pas une.

Cependant il ne se découragea pas, et, après avoir perdu six chèvres de la même manière, il en acheta une septième ; seulement, cette fois, il eut soin de la prendre toute jeune, pour qu'elle s'habituât mieux à demeurer chez lui.

Ah ! Gringoire, qu'elle était jolie la petite chèvre de M. Seguin ! qu'elle était jolie avec ses yeux doux, sa barbiche de sous-officier, ses sabots noirs et luisants, ses cornes zébrées et ses longs poils blancs qui lui faisaient une houppelande ! C'était presque aussi charmant que le cabri d'Esméralda, tu te rappelles, Gringoire ? — et puis, docile, caressante, se laissant traire sans bouger, sans mettre son pied dans l'écuelle. Un amour de petite chèvre...

M. Seguin avait derrière sa maison un clos entouré d'aubépines. C'est là qu'il mit sa nouvelle pensionnaire. Il l'attacha à un pieu, au plus bel endroit du pré, en ayant soin de lui laisser beaucoup de corde, et de temps en temps il venait voir si elle était bien. La chèvre se trouvait très heureuse et broutait l'herbe de si bon cœur que M. Seguin était ravi.

— Enfin, pensait le pauvre homme, en voilà une qui ne s'ennuiera pas chez moi !

M. Seguin se trompait, sa chèvre s'ennuya.

Un jour, elle se dit en regardant la montagne :

— Comme on doit être bien là-haut ! Quel plaisir de gambader dans la bruyère, sans cette maudite longe qui vous écorche le cou !... C'est bon pour l'âne ou pour le bœuf de brouter dans un clos !... Les chèvres, il leur faut du large.

A partir de ce moment, l'herbe du clos lui parut fade. L'ennui lui vint. Elle maigrit, son lait se fit rare. C'était pitié de la voir tirer tout le jour sur sa longe, la tête tournée du côté de la montagne, la narine ouverte, en faisant *Mé* !... tristement.

M. Seguin s'apercevait bien que sa chèvre avait quelque chose, mais il ne savait pas ce que c'était... Un matin, comme il achevait de la traire, la chèvre se retourna et lui dit dans son patois :

— Ecoutez, monsieur Seguin, je me languis chez vous, laissez-moi aller dans la montagne.

— Ah ! mon Dieu !... Elle aussi ! cria M. Seguin stupéfait, et du coup il laissa tomber son écuelle ; puis s'asseyant dans l'herbe à côté de sa chèvre :

— Comment Blanquette, tu veux me quitter ?

Et Blanquette répondit :

— Oui, monsieur Seguin.

— Est-ce que l'herbe te manque ici ?

— Oh ! non ! monsieur Seguin.

— Tu es peut-être attachée de trop court ; veux-tu que j'allonge la corde !

— Ce n'est pas la peine, monsieur Seguin.

— Alors, qu'est-ce qu'il te faut ! qu'est-ce que tu veux ?

— Je veux aller dans la montagne, monsieur Seguin.

— Mais, malheureuse, tu ne sais pas qu'il y a le loup dans la montagne… Que feras-tu quand il viendra ?…

— Je lui donnerai des coups de corne, monsieur Seguin.

— Le loup se moque bien de tes cornes. Il m'a mangé des biques autrement encornées que toi… Tu sais bien, la pauvre vieille Renaude qui était ici l'an dernier ? une maîtresse chèvre, forte et méchante comme un bouc. Elle s'est battue avec le loup toute la nuit… puis, le matin, le loup l'a mangée.

— Pécaïre ! Pauvre Renaude !… Ça ne fait rien, monsieur Seguin, laissez-moi aller dans la montagne.

— Bonté divine !… dit M. Seguin ; mais qu'est-ce qu'on leur fait donc à mes chèvres ? encore une que le loup va me manger… Eh bien, non… je te sauverai malgré toi, coquine ! et de peur que tu ne rompes ta corde, je vais t'enfermer dans l'étable, et tu y resteras toujours.

Là-dessus, M. Seguin emporta la chèvre dans une étable toute noire, dont il ferma la porte à double tour. Malheureusement, il avait oublié la fenêtre, et à peine eut-il le dos tourné, que la petite s'en alla…

Tu ris, Gringoire ? Parbleu ! je crois bien ; tu es du parti des chèvres, toi, contre ce bon M. Seguin… Nous allons voir si tu riras tout à l'heure.

Quand la chèvre blanche arriva dans la montagne, ce fut un ravissement général. Jamais les vieux sapins n'avaient rien vu d'aussi joli. On la reçut comme une petite reine. Les châtaigniers se baissaient jusqu'à terre pour la caresser du bout de leurs branches. Les genêts d'or s'ouvraient sur son passage, et sentaient bon tant qu'ils pouvaient. Toute la montagne lui fit fête.

Tu penses, Gringoire, si notre chèvre était heu-

reuse ! Plus de corde, plus de pieu... rien qui l'empê-
chât de gambader, de brouter à sa guise... C'est là
qu'il y en avait de l'herbe ! Savoureuse, fine, dente-
lée, faite de mille plantes... C'était bien autre chose
que le gazon du clos. Et les fleurs donc !... De grandes
campanules bleues, des digitales de pourpre à longs
calices, toute une forêt de fleurs sauvages débordant
de sucs capiteux !...

La chèvre blanche, à moitié soûle, se vautrait là-
dedans les jambes en l'air et roulait le long des talus,
pêle-mêle avec les feuilles tombées et les châtaignes...
Puis, tout à coup, elle se redressait d'un bond sur ses
pattes. Hop ! la voilà partie, la tête en avant, à travers
les maquis et les buissières, tantôt sur un pic, tantôt
au fond d'un ravin, là-haut, en bas, partout... On
aurait dit qu'il y avait dix chèvres de M. Seguin dans
la montagne.

C'est qu'elle n'avait peur de rien, la Blanquette.

Elle franchissait d'un saut de grands torrents qui
l'éclaboussaient au passage de poussière humide et
d'écume. Alors, toute ruisselante, elle allait s'étendre
sur quelque roche plate et se faisait sécher par le
soleil... Une fois, s'avançant au bord d'un plateau,
une fleur de cytise aux dents, elle aperçut en bas, tout
en bas dans la plaine, la maison de M. Seguin avec le
clos derrière. Cela la fit rire aux larmes.

— Que c'est petit ! dit-elle ; comment ai-je pu tenir
là-dedans ?

Pauvrette ! de se voir si haut perchée, elle se croyait
au moins aussi grande que le monde...

En somme, ce fut une bonne journée pour la chèvre
de M. Seguin. Vers le milieu du jour, en courant de
droite et de gauche, elle tomba dans une troupe de
chamois en train de croquer une lambrusque à belles
dents. Notre petite coureuse en robe blanche fit sensa-

tion. On lui donna la meilleure place à la lambrusque, et tous ces messieurs furent très galants... Il paraît même, — ceci doit rester entre nous, Gringoire, — qu'un jeune chamois à pelage noir, eut la bonne fortune de plaire à Blanquette. Les deux amoureux s'égarèrent parmi le bois une heure ou deux, et si tu veux savoir ce qu'ils se dirent, va le demander aux sources bavardes qui courent invisibles dans la mousse.

Tout à coup le vent fraîchit. La montagne devint violette; c'était le soir...

— Déjà ! dit la petite chèvre; et elle s'arrêta fort étonnée.

En bas, les champs étaient noyés de brume. Le clos de M. Seguin disparaissait dans le brouillard, et de la maisonnette on ne voyait plus que le toit avec un peu de fumée. Elle écouta les clochettes d'un troupeau qu'on ramenait, et se sentit l'âme toute triste... Un gerfaut, qui rentrait, la frôla de ses ailes en passant. Elle tressaillit... puis ce fut un hurlement dans la montagne :

— Hou ! hou !

Elle pensa au loup; de tout le jour la folle n'y avait pas pensé... Au même moment une trompe sonna bien loin dans la vallée. C'était ce bon M. Seguin qui tentait un dernier effort.

— Hou ! hou !... faisait le loup.

— Reviens ! reviens !... criait la trompe.

Blanquette eut envie de revenir; mais en se rappelant le pieu, la corde, la haie du clos, elle pensa que maintenant elle ne pouvait plus se faire à cette vie, et qu'il valait mieux rester.

La trompe ne sonnait plus...

La chèvre entendit derrière elle un bruit de feuilles. Elle se retourna et vit dans l'ombre deux oreilles courtes, toutes droites, avec deux yeux qui reluisaient...

C'était le loup.

Énorme, immobile, assis sur son train de derrière, il était là regardant la petite chèvre blanche et la dégustant par avance. Comme il savait bien qu'il la mangerait, le loup ne se pressait pas; seulement, quand elle se retourna, il se mit à rire méchamment.

— Ha! ha! la petite chèvre de M. Seguin! et il passa sa grosse langue rouge sur ses babines d'amadou.

Blanquette se sentit perdue... Un moment en se rappelant l'histoire de la vieille Renaude, qui s'était battue toute la nuit pour être mangée le matin, elle se dit qu'il vaudrait peut-être mieux se laisser manger tout de suite; puis, s'étant ravisée, elle tomba en garde, la tête basse et la corne en avant, comme une brave chèvre de M. Seguin qu'elle était... Non pas qu'elle eût l'espoir de tuer le loup, — les chèvres ne tuent pas le loup, — mais seulement pour voir si elle pourrait tenir aussi longtemps que la Renaude...

Alors le monstre s'avança, et les petites cornes entrèrent en danse.

Ah! la brave chevrette, comme elle y allait de bon cœur! Plus de dix fois, je ne mens pas, Gringoire, elle força le loup à reculer pour reprendre haleine. Pendant ces trêves d'une minute, la gourmande cueillait en hâte encore un brin de sa chère herbe; puis elle retournait au combat, la bouche pleine... Cela dura toute la nuit. De temps en temps la chèvre de M. Seguin regardait les étoiles danser dans le ciel clair, et elle se disait :

— Oh! pourvu que je tienne jusqu'à l'aube...

L'une après l'autre, les étoiles s'éteignirent. Blanquette redoubla de coups de cornes, le loup de coups de dents... Une lueur pâle parut dans l'horizon... Le chant d'un coq enroué monta d'une métairie.

— Enfin, dit la pauvre bête, qui n'attendait plus que le jour pour mourir; et elle s'allongea par terre dans sa belle fourrure blanche toute tachée de sang...

Alors le loup se jeta sur la petite chèvre et la mangea.

Adieu, Gringoire !

L'histoire que tu as entendue n'est pas un conte de mon invention; Si jamais tu viens en Provence, nos ménagers te parleront souvent de la *cabro de moussu Seguin, que se battégue touto la neui emé lou loup, e piei lou matin lou loup la mangé.**

Tu m'entends bien, Gringoire :

E piei lou matin lou loup la mangé.

---

* La chèvre de monsieur Seguin, qui se battit toute la nuit avec le loup, et puis, le matin, le loup la mangea.

Emile Zola

La Fée amoureuse

Entends-tu, Ninon, la pluie de décembre battre nos vitres ? Le vent se plaint dans le long corridor. C'est une vilaine soirée, une de ces soirées où le pauvre grelotte à la porte du riche que le bal entraîne dans ses danses, sous les lustres dorés. Laisse là tes souliers de satin, viens t'asseoir sur mes genoux, près de l'âtre brûlant. Laisse là ta riche parure : je veux ce soir te dire un conte, un beau conte de fées.

Tu sauras, Ninon, qu'il y avait autrefois, sur le haut d'une montagne, un vieux château sombre et lugubre. Ce n'étaient que tourelles, que remparts, que ponts-levis chargés de chaînes; des hommes couverts de fer veillaient nuit et jour sur des créneaux, et seuls les soldats trouvaient bon accueil auprès du comte Enguerrand, le seigneur du manoir.

Si tu l'avais aperçu, le vieux guerrier, se promenant dans les longues galeries, si tu avais entendu les éclats de sa voix brève et menaçante, tu aurais tremblé d'effroi, tout comme tremblait sa nièce Odette, la pieuse et jolie damoiselle. N'as-tu jamais remarqué, le matin, une pâquerette s'épanouir aux premiers baisers du soleil parmi des orties et des ronces ? Telle s'épanouissait la jeune fille parmi de rudes chevaliers.

Enfant, lorsque au milieu de ses jeux elle apercevait son oncle, elle s'arrêtait, et ses yeux se gonflaient de larmes. Maintenant, elle était grande et belle; son sein remplissait de vagues soupirs; et un effroi plus âpre encore la saisissait, chaque fois que venait à paraître le seigneur Enguerrand.

Elle demeurait dans une tourelle éloignée, s'occupant à broder de belles bannières, se reposant de ce travail en priant Dieu, en contemplant de sa fenêtre la campagne d'émeraude et le ciel d'azur. Que de fois, la nuit, se levant de sa couche, elle était venue regarder les étoiles, et là, que de fois son cœur de seize ans s'était élancé vers les espaces célestes, demandant à ces sœurs radieuses ce qui pouvait l'agiter ainsi. Après ces nuits sans sommeil, après ces élans d'amour, elle avait des envies de se suspendre au cou du vieux chevalier; mais une rude parole, un froid regard l'arrêtaient, et, tremblante, elle reprenait son aiguille. Tu plains la pauvre fille, Ninon; elle était comme la fleur fraîche et embaumée dont on dédaigne l'éclat et le parfum.

Un jour, Odette la désolée suivait de l'œil en rêvant deux tourterelles qui fuyaient, lorsqu'elle entendit une voix douce au pied du château. Elle se pencha, elle vit un beau jeune homme qui, la chanson sur les lèvres, réclamait l'hospitalité. Elle l'écouta et ne comprit pas les paroles; mais la voix douce oppressait son cœur, des larmes coulaient lentement le long de ses joues, mouillant une tige de marjolaine qu'elle tenait à la main.

Le château resta fermé, un homme d'armes cria des murs :

— Retirez-vous ! il n'y a de céans que des guerriers.

Odette regardait toujours. Elle laissa échapper la tige de marjolaine humide de larmes, qui s'en alla tomber aux pieds du chanteur. Ce dernier, levant les yeux, voyant cette tête blonde, baisa la branche et s'éloigna, se retournant à chaque pas.

Quand il eut disparu, Odette se mit à son prie-Dieu, où elle fit une longue prière. Elle remerciait le ciel sans savoir pourquoi; elle se sentait heureuse, tout en ignorant le sujet de sa joie.

La nuit, elle eut un beau rêve. Il lui sembla voir la tige de marjolaine qu'elle avait jetée. Lentement, du sein des feuilles frissonnantes, se dressa un fée, mais une fée si mignonne, avec des ailes de flamme, une couronne de myosotis et une longue robe verte, couleur de l'espérance.

— Odette, dit-elle harmonieusement, je suis la fée Amoureuse. C'est moi qui t'ai envoyé ce matin Loïs, le jeune homme à la voix douce; c'est moi qui, voyant tes pleurs, ai voulu les sécher. Je vais par la terre glanant des cœurs et rapprochant ceux qui soupirent. Je visite la chaumière aussi bien que le manoir, je me suis plu souvent à unir la houlette au sceptre des rois. Je sème des fleurs sous les pas de mes protégés, je les enchaîne avec des fils si brillants et si précieux, que leurs cœurs en tressaillent de joie. J'habite les herbes des sentiers, les tisons étincelants du foyer d'hiver, les draperies du lit des époux; et partout où mon pied se pose, naissent les baisers et les tendres causeries. Ne pleure plus, Odette; je suis Amoureuse, la bonne fée, et je viens sécher tes larmes.

Et elle rentra dans sa fleur, qui redevint bouton en repliant ses feuilles.

Tu le sais bien, toi, Ninon, que la fée Amoureuse existe. Vois-la danser dans notre foyer et plains les pauvres gens qui ne croiront pas à ma belle fée.

Lorsque Odette s'éveilla, un rayon de soleil éclairait sa chambre, un chant d'oiseau montait du dehors, et le vent du matin caressait ses tresses blondes, parfumé du premier baiser qu'il venait de donner aux fleurs. Elle se leva, joyeuse, elle passa la journée à chanter, espérant en ce que lui avait dit la bonne fée. Elle regardait par instant la campagne, souriant à chaque oiseau qui passait, sentant en elle des élans qui la faisaient bondir et frapper ses petites mains l'une contre l'autre.

Le soir venu, elle descendit dans la grande salle du château. Près du comte Enguerrand se trouvait un chevalier qui écoutait les récits du vieillard. Elle prit sa quenouille, s'assit devant l'âtre où chantait le grillon et le fuseau d'ivoire tourna rapidement entre ses doigts.

Au fort de son travail, ayant jeté les yeux sur le chevalier, elle lui vit la tige de marjolaine entre les mains, et voilà qu'elle reconnut Loïs à la voix douce. Un cri de joie faillit lui échapper. Pour cacher sa rougeur, elle se pencha vers les cendres, remuant les tisons avec une longue tige de fer. Le brasier crépita, les flammes s'effarèrent, des gerbes bruyantes jaillirent, et soudain, du milieu des étincelles, surgit Amoureuse, souriante et empressée. Elle secoua de sa robe verte les parcelles embrasées qui couraient sur la soie, pareilles à des paillettes d'or; elle s'élança dans la pièce, elle vint, invisible pour le comte, se placer derrière les jeunes gens. Là, tandis que le vieux chevalier contait un combat effroyable contre les Infidèles, elle leur dit doucement :

— Aimez-vous, mes enfants. Laissez les souvenirs à l'austère vieillesse, laissez-lui les longs récits auprès des tisons ardents. Qu'au pétillement de la flamme ne se mêle que le bruit de vos baisers. Plus tard il sera temps d'adoucir vos chagrins en vous rappelant ces douces heures. Quand on aime à seize ans, la voix est inutile; un seul regard en dit plus qu'un grand discours. Aimez-vous, mes enfants; laissez parler la vieillesse.

Puis elle les recouvrit de ses ailes, si bien que le comte, qui expliquait comme quoi le géant Buch Tête-de-Fer fut occis par un terrible coup de Giralda la lourde épée, ne vit pas Loïs déposant son premier baiser sur le front d'Odette frissonnante.

Il faut, Ninon, que je te parle de ces belles ailes de ma fée Amoureuse. Elles étaient transparentes comme verre et menues comme ailes de moucheron. Mais, lorsque deux amants se trouvaient en péril d'être vus, elles grandissaient, grandissaient, et devenaient si obscures, si épaisses, qu'elles arrêtaient les regards et étouffaient le bruit des baisers. Aussi le vieillard continua-t-il longtemps son prodigieux récit, et longtemps Loïs caressa Odette la blonde, à la barbe du méchant suzerain.

Mon Dieu! mon Dieu! les belles ailes que c'était! Les jeunes filles, m'a-t-on dit, les retrouvent parfois : plus d'une sait ainsi se cacher aux yeux des grands-parents. Est-ce vrai, Ninon?

Lorsque le comte eut fini sa longue histoire, la fée Amoureuse disparut dans la flamme, et Loïs s'en alla, remerciant son hôte, envoyant un dernier baiser à Odette. La jeune fille dormit si heureuse, cette nuit-là, qu'elle rêva des montagnes de fleurs éclairées par des milliers d'astres, chacun mille fois plus brillant que le soleil.

Le lendemain, elle descendit au jardin, cherchant les tonnelles obscures. Elle rencontra un guerrier, le salua, et allait s'éloigner lorsqu'elle lui vit dans la main la tige de marjolaine baignée de larmes. Et voilà qu'elle reconnut encore Loïs à la voix douce, qui venait de rentrer au château sous un nouveau déguisement. Il la fit asseoir sur un banc de gazon, auprès d'une fontaine. Ils se regardaient tous deux, ravis de se voir en plein jour. Les fauvettes chantaient, on sentait dans l'air que la bonne fée devait rôder par là. Je ne te dirai pas toutes les paroles qu'entendirent les vieux chênes discrets; c'était un plaisir de voir les amoureux bavarder si longtemps, si longtemps, qu'une fauvette qui se trouvait dans un buisson voisin, eut le temps de se bâtir un nid.

Tout à coup les pas lourds du comte Enguerrand se firent entendre dans l'allée. Les deux pauvres amoureux tremblèrent. Mais l'eau de la fontaine chanta plus doucement et Amoureuse sortit, riante et empressée, du flot clair de la source. Elle entoura les amants de ses ailes, puis glissa légèrement avec eux, passant à côté du comte, qui fut fort étonné d'avoir ouï des voix et de ne trouver personne.

Elle berce ses protégés, elle va, leur répétant tout bas :

— Je suis celle qui protège les amours, celle qui ferme les yeux et les oreilles des gens qui n'aiment plus. Ne craignez rien, beaux amoureux : aimez-vous sous le jour éclatant, dans les allées, près de l'eau des fontaines, partout où vous serez. Je suis là et je veille sur vous. Dieu m'a mise ici-bas pour que les hommes, ces railleurs de toute sainteté, ne viennent jamais troubler vos pures émotions. Il m'a donné mes belles ailes et m'a dit : « Va, et que les jeunes cœurs se réjouissent. » Aimez-vous, je suis là et je veille sur vous.

Et elle allait, butinant la rosée qui était sa seule nourriture, entraînant, dans une ronde joyeuse, Odette et Loïs, dont les mains se trouvaient enlacées.

Tu me demanderas ce qu'elle fit des deux amants. Vraiment, mon amie, je n'ose te le dire. J'ai peur que tu ne te refuses à me croire, ou bien que, jalouse de leur fortune, tu ne me rendes plus mes baisers. Mais te voilà toute curieuse, méchante fille, et je vois bien qu'il me faut te contenter.

Or, apprends que la fée rôda ainsi jusqu'à la nuit. Lorsqu'elle voulut séparer les amants, elle les vit si chagrins, mais si chagrins de se quitter, qu'elle se mit à leur parler tout bas. Il paraît qu'elle leur disait quelque chose de bien beau, car leurs visages rayonnaient et leurs yeux grandissaient de joie. Et, lorsqu'elle eut parlé et qu'ils eurent consenti, elle toucha leurs fronts de sa baguette.

Soudain... Oh ! Ninon, quels yeux grands d'étonnement ! Comme tu frapperais du pied, si je n'achevais pas !

Soudain Loïs et Odette furent changés en tiges de marjolaine, mais de marjolaine si belle, qu'il n'y a qu'une fée pour en faire de pareille. Elles se trouvaient placées côte à côte, si près l'une de l'autre que leurs feuilles se mêlaient. C'étaient là des fleurs merveilleuses qui devaient rester épanouies, en échangeant éternellement leurs parfums et leur rosée.

Quant au comte Enguerrand, il se consola, dit-on, en contant chaque soir comme quoi le géant Buch Tête-de-Fer fut occis par un terrible coup de Giralda la lourde épée.

Et maintenant, Ninon, lorsque nous gagnerons la campagne, nous chercherons les marjolaines enchantées pour leur demander dans quelle fleur se trouve la fée Amoureuse. Peut-être, mon amie, une morale se cache-t-elle sous ce conte. Mais je ne te l'ai dit, nos pieds devant l'âtre, que pour te faire oublier la pluie de décembre qui bat nos vitres, et t'inspirer, ce soir, un peu plus d'amour pour le jeune conteur.

Joris-Karl Huysmans

Sac au dos

Aussitôt que j'eus achevé mes études, mes parents jugèrent utile de me faire comparoir devant une table habillée de drap vert et surmontée de bustes de vieux messieurs qui s'inquiétèrent de savoir si j'avais appris assez de langue morte pour être promu au grade de bachelier.

L'épreuve fut satisfaisante. — Un dîner où tout l'arrière-ban de ma famille fut convoqué, célébra mes succès, s'inquiéta de mon avenir, et résolut enfin que je ferais mon droit.

Je passai tant bien que mal le premier examen et je mangeai l'argent de mes inscriptions de deuxième année avec une blonde qui prétendait avoir de l'affection pour moi, à certaines heures.

Je fréquentai assidûment le quartier latin et j'y appris beaucoup de choses, entre autres à m'intéresser à des étudiants qui crachaient, tous les soirs, dans des bocks, leurs idées sur la politique, puis à goûter aux œuvres de George Sand et de Heine, d'Edgard Quinet et d'Henri Mürger.

La puberté de la sottise m'était venue.

Cela dura bien un an; je mûrissais peu à peu, les luttes électorales de la fin de l'Empire me laissèrent froid; je n'étais le fils ni d'un sénateur ni d'un proscrit, je n'avais qu'à suivre sous n'importe quel régime les traditions de médiocrité et de misère depuis longtemps adoptées par ma famille.

Le droit ne me plaisait guère. Je pensais que le Code avait été mal rédigé exprès pour fournir à certaines gens l'occasion d'ergoter, à perte de vue, sur ses moindres mots; aujourd'hui encore, il me semble qu'une phrase clairement écrite ne peut raisonnablement comporter des interprétations aussi diverses.

Je me sondais, cherchant un état que je pusse embrasser sans trop de dégoût, quand feu l'Empereur m'en trouva un; il me fit soldat de par la maladresse de sa politique.

La guerre avec la Prusse éclata. A vrai dire, je ne compris pas les motifs qui rendaient nécessaires ces boucheries d'armées. Je n'éprouvais ni le besoin de tuer les autres, ni celui de me faire tuer par eux. Quoi qu'il en fût, incorporé dans la garde mobile de la Seine, je reçus l'ordre, après être allé chercher une vêture et des godillots, de passer chez un perruquier et de me trouver à sept heures du soir à la caserne de la rue de Lourcine.

Je fus exact au rendez-vous. Après l'appel des noms, une partie du régiment se jeta sur les portes et emplit la rue. Alors la chaussée houla et les zincs furent pleins.

Pressés les uns contre les autres, des ouvriers en sarrau, des ouvrières en haillons, des soldats sanglés et guêtrés, sans armes, scandaient, avec le cliquetis des verres, la *Marseillaise* qu'ils s'époumonaient à chanter faux. Coiffés de képis d'une profondeur incroyable et ornés de visières d'aveugles et de cocardes tricolores en fer-blanc, affublés d'une jaquette d'un bleu noir avec col et parements garance, culottes d'un pantalon bleu de lin traversé d'une bande rouge, les mobiles de la Seine hurlaient à la lune avant que d'aller faire la conquête de la Prusse. C'était un hourvari assourdissant chez les mastroquets, un vacarme de verres, de bidons, de cris, coupé, çà et là, par le grincement des fenêtres que le vent battait. Soudain un roulement de tambour couvrit toutes ces clameurs. Une nouvelle colonne sortait de la caserne; alors ce fut une noce, une godaille indescriptible. Ceux des soldats qui buvaient dans les boutiques s'élancèrent dehors, suivis de leurs parents et de leurs amis qui se disputaient l'honneur de porter leur sac; les rangs étaient rompus, c'était un pêle-mêle de militaires et de bourgeois; des mères pleuraient, des pères plus calmes suaient le vin, des enfants sautaient de joie et braillaient, de toute leur voix aiguë, des chansons patriotiques !

On traversa tout Paris à la débandade, à la lueur des éclairs qui flagellaient de blancs zigzags les nuages en tumulte. La chaleur était écrasante, le sac était lourd, on buvait à chaque coin de rue, on arriva enfin à la gare d'Aubervilliers. Il y eut un moment de silence rompu par des bruits de sanglots, dominés encore par une hurlée de *Marseillaise,* puis on nous empila comme des bestiaux dans des wagons.

— Bonsoir, Jules ! à bientôt ! sois raisonnable ! écris-moi surtout !

On se serra la main une dernière fois, le train siffla, nous avions quitté la gare.

Nous étions bien une pelletée de cinquante hommes dans la boîte qui nous roulait. Quelques-uns pleuraient à grosses gouttes, hués par d'autres qui, soûls, perdus, plantaient des chandelles allumées dans leur pain de munition et gueulaient à tue-tête :

— A bas Badinguet et vive Rochefort !

Plusieurs, à l'écart dans un coin, regardaient, silencieux et mornes, le plancher qui trépidait dans la poussière. Tout à coup, le convoi fait halte, — je descends. — Nuit complète, — minuit vingt-cinq minutes.

De tous côtés, s'étendent des champs, et au loin, éclairés par les feux saccadés des éclairs, une maisonnette, un arbre, dessinent leur silhouette sur un ciel gonflé d'orage. On n'entend que le grondement de la machine dont les gerbes d'étincelles filant du tuyau s'éparpillent comme un bouquet d'artifice le long du train. Tout le monde descend, remonte jusqu'à la locomotive qui grandit dans la nuit et devient immense. L'arrêt dura bien deux heures. Les disques flambaient rouges, le mécanicien attendait qu'ils tournassent. Ils redevinrent blancs; nous remontons dans les wagons, mais un homme qui arrive en courant et en agitant une lanterne, dit quelques mots au conducteur qui recule tout de suite jusqu'à une voie de garage où nous reprenons notre immobilité. Nous ne savions, ni les uns ni les autres, où nous étions. Je redescends de voiture et, assis sur un talus, je grignotais un morceau de pain et buvais un coup, quand un vacarme d'ouragan souffla au loin, s'approcha, hurlant et crachant des flammes, et un interminable train d'artillerie passa à toute vapeur, charriant des chevaux, des hommes, des canons dont les cous de bronze étincelaient dans un tumulte de lumières. Cinq minutes après, nous reprîmes notre marche lente, interrompue par des haltes de plus en plus longues. Le jour finit par se lever et, penché à la portière du wagon, fatigué par les secousses de la nuit, je regarde la campagne qui nous environne : une enfilade de plaines crayeuses et fermant l'horizon, une bande d'un vert pâle comme celui des turquoises malades, un pays plat, triste, grêle, la Champagne pouilleuse !

Peu à peu le soleil s'allume, nous roulions toujours; nous finîmes pourtant bien par arriver ! Partis le soir à huit heures, nous étions rendus le lendemain à trois heures de l'après-midi à Châlons. Deux mobiles étaient restés en route, l'un qui avait piqué une tête du haut d'un wagon dans une rivière; l'autre qui s'était brisé la tête au rebord d'un pont. Le reste, après avoir pillé les cahutes et les jardins rencontrés sur la route, aux stations du train, bâillait, les lèvres bouffies de vin et les yeux gros, ou bien jouait, se jetant d'un bout de la voiture à l'autre des tiges d'arbustes et des cages à poulets qu'ils avaient volées.

Le débarquement s'opéra avec le même ordre que le départ. Rien n'était prêt : ni cantine, ni paille, ni manteaux, ni armes, rien, absolument rien. Des tentes seulement pleines de fumier et de poux, quittées à l'instant par des troupes parties à la frontière. Trois jours durant, nous vécûmes au hasard de Mourmelon, mangeant un cervelas un jour, buvant un bol de café au lait un autre, exploités à outrance par les habitants, couchant n'importe comment, sans paille et sans couverture. Tout cela n'était vraiment pas fait pour nous engager à prendre goût au métier qu'on nous infligeait.

Une fois installées, les compagnies se scindèrent; les ouvriers s'en furent dans les tentes habitées par leurs semblables, et les bourgeois firent de même. La tente où je me trouvais n'était pas mal composée, car nous étions parvenus à expulser, à la force des litres, deux gaillards dont la puanteur de pied native s'aggravait d'une incurie prolongée et volontaire.

Un jour ou deux s'écoulent; on nous faisait monter la garde avec des piquets, nous buvions beaucoup d'eau-de-vie, et les claquedents de Mourmelon étaient sans cesse pleins, quand subitement Canrobert nous passe en revue sur le front de bandière. Je le vois encore, sur un grand cheval, courbé en deux sur la selle, les cheveux au vent, les moustaches cirées dans un visage blême. Une révolte éclate. Privés de tout, et mal convaincus par ce maréchal que nous ne manquions de rien, nous beuglâmes en chœur, lorsqu'il parla de réprimer par la force nos plaintes :

— Ran, plan, plan ! cent mille hommes par terre, à Paris ! à Paris !

Canrobert devint livide et il cria, en plantant son cheval au milieu de nous :

— Chapeau bas devant un maréchal de France !

De nouvelles huées partirent des rangs; alors tournant bride, suivi de son état-major en déroute, il nous menaça du doigt, sifflant entre ses dents serrées :

— Vous me le payerez cher, messieurs les Parisiens !

Deux jours après cet épisode, l'eau glaciale du camp me rendit tellement malade que je dus entrer d'urgence à l'hôpital. Je boucle mon sac après la visite du médecin et sous la garde d'un caporal, me voilà parti clopin-clopant, traînant la jambe et suant sous mon harnais. L'hôpital regorgeait de monde, on me renvoie. Je vais alors à l'une des ambulances les plus voisines, un lit restait vide, je suis admis. Je dépose enfin mon sac, et en attendant que le major m'interdise de bouger, je vais me promener dans le petit jardin qui relie le corps des bâtiments. Soudain surgit d'une porte un homme à la barbe hérissée et aux yeux glauques. Il plante ses mains dans les poches d'une longue robe couleur de cachou et me crie du plus loin qu'il m'aperçoit :

— Eh ! l'homme ! qu'est-ce que vous foutez là ?

Je m'approche, je lui explique le motif qui m'amène. Il secoue les bras et hurle :

— Rentrez ! vous n'aurez le droit de vous promener dans le jardin que lorsqu'on vous aura donné un costume.

Je rentre dans la salle, un infirmier arrive et m'apporte une capote, un pantalon, des savates et un bonnet. Je me regarde ainsi fagoté dans ma petite glace. Quelle figure et quel accoutrement, bon Dieu ! avec mes yeux culottés et mon teint hâve, avec mes cheveux coupés ras et mon nez dont les bosses luisent, avec ma grande robe gris souris, ma culotte d'un roux pisseux, mes savates immenses et sans talons, mon bonnet de coton gigantesque, je suis prodigieusement laid. Je ne puis m'empêcher de rire. Je tourne la tête du côté de mon voisin de lit, un grand garçon au type juif, qui crayonne mon portrait sur un calepin. Nous devenons tout de suite amis; je lui dis m'appeler Eugène Lejantel, il me répond se nommer Francis Emonot. Nous connaissons l'un et l'autre tel et tel peintre, nous entamons des discussions d'esthétique et oublions nos infortunes. Le soir arrive, on nous distribue un plat de bouilli perlé de noir par quelques lentilles, on nous verse à pleins verres du coco clairet et je me déshabille, ravi de m'étendre dans un lit sans garder mes hardes et mes bottes.

Le lendemain matin je suis réveillé vers six heures par un grand fracas de porte et par des éclats de voix. Je me mets sur mon séant, je me frotte les yeux et j'aperçois le monsieur de la veille, toujours vêtu de sa houppelande couleur de cachou, qui s'avance majestueux, suivi d'un cortège d'infirmiers. C'était le major.

A peine entré, il roule de droite à gauche et de gauche à droite ses yeux d'un vert morne, enfonce ses mains dans ses poches et braille :

— Numéro 1, montre ta jambe... ta sale jambe. Eh ! elle va mal, cette jambe, cette plaie coule comme une fontaine; lotion d'eau blanche, charpie, demi-ration, bonne tisane de réglisse.

» Numéro 2, montre ta gorge... ta sale gorge. Elle va de plus en plus mal cette gorge; on lui coupera demain les amygdales.

— Mais, docteur...

— Eh ! je ne te demande rien, à toi; si tu dis un mot, je te fous à la diète.

— Mais enfin...

— Vous fouterez cet homme à la diète. Écrivez : diète, gargarisme, bonne tisane de réglisse.

Il passa ainsi la revue des malades, prescrivant à tous, vénériens et blessés, fiévreux et dysentériques, sa bonne tisane de réglisse.

Il arriva devant moi, me dévisagea, m'arracha les couvertures, me bourra le ventre de coups de poing, m'ordonna de l'eau albuminée, l'inévitable tisane et sortit, reniflant et traînant les pieds.

La vie était difficile avec les gens qui nous entouraient. Nous étions vingt et un dans la chambrée. A ma gauche couchait mon ami, le peintre, à ma droite un grand diable de clairon, grêlé comme un dé à coudre et jaune comme un verre de bile. Il cumulait deux professions, celle de savetier pendant le jour et celle de souteneur de filles pendant la nuit. C'était, au demeurant, un garçon cocasse, qui gambadait sur la tête, sur les mains, vous racontant le plus naïvement du monde la façon dont il activait à coups de souliers le travail de ses marmites, ou bien qui entonnait d'une voix touchante des chansons sentimentales :

> *Je n'ai gardé dans mon malheur-heur,*
> *Que l'amitié d'une hirondelle !*

Je conquis ses bonnes grâces en lui donnant vingt sous pour acheter un litre, et bien nous prit de n'être pas mal avec lui, car le reste de la chambrée, composée en partie de procureurs de la rue Maubuée, était fort disposé à nous chercher noise.

Un soir, entre autres, le 15 août, Francis Emonot menaça de gifler deux hommes qui lui avaient pris une serviette. Ce fut un charivari formidable dans le dortoir. Les injures pleuvaient, nous étions traités de « roule-en-cul et de duchesses ». Etant deux contre dix-neuf, nous avions la chance de recevoir une soigneuse râclée quand le clairon intervint, prit à part les plus acharnés, les amadoua et fit rendre l'objet volé. Pour fêter la réconciliation qui suivit cette scène, Francis et moi nous donnâmes trois francs chacun, et il fut entendu que le clairon, avec l'aide de ses camarades, tâcherait de se faufiler au dehors de l'ambulance et rapporterait de la viande et du vin.

La lumière avait disparu à la fenêtre du major, le pharmacien éteignit enfin la sienne, nous rampons en dehors du fourré, examinons les alentours, prévenons les hommes qui se glissent le long des murs, ne rencontrent pas de sentinelles sur leur route, se font la courte échelle et sautent dans la campagne. Une heure après ils étaient de retour, chargés de victuailles; ils nous les passent, rentrent avec nous dans le dortoir; nous supprimons les deux veilleuses, allumons des bouts de bougie par terre, et autour de mon lit, en chemise, nous formons le cercle. Nous avions absorbé trois ou quatre litres et dépecé la bonne moitié d'un gigotin, quand un énorme bruit de bottes se fait entendre; je souffle les bouts de bougie à coups de savate, chacun se sauve sous les lits. La porte s'ouvre, le major paraît, pousse un formidable Nom de Dieu ! trébuche dans l'obscurité, sort et revient avec un falot et l'inévitable cortège des infirmiers. Je profite du moment de répit pour faire disparaître les reliefs du festin; le major traverse au pas accéléré le dortoir, sacrant, menaçant de nous faire tous empoigner et coller au bloc.

Nous nous tordons de rire sous nos couvertures, des fanfares éclatent à l'autre bout du dortoir. Le major nous met tous à la diète, puis il s'en va, nous prévenant que nous connaîtrons dans quelques instants le bois dont il se chauffe.

Une fois parti nous nous esclaffons à qui mieux mieux; des roulements, des fusées de rire grondent et pétillent; le clairon fait la roue dans le dortoir, un de ses amis lui fait vis-à-vis, un troisième saute sur sa couche comme sur un tremplin et bondit et rebondit, les bras flottants, la chemise envolée; son voisin entame un cancan triomphal, le major rentre brusquement, ordonne à quatre lignards qu'il amène d'empoigner les danseurs et nous annonce qu'il va rédiger un rapport et l'envoyer à qui de droit.

Le calme est enfin rétabli; le lendemain nous faisons acheter des mangeailles par les infirmiers. Les jours s'écoulent sans autres incidents. Nous commencions à crever d'ennui dans cette ambulance, quand à cinq heures, un jour, le médecin se précipite dans la salle, nous ordonne de reprendre nos vêtements de troupier et de boucler nos sacs.

Nous apprenons, dix minutes après, que les Prussiens marchent sur Châlons.

Une morne stupeur règne dans la chambrée. Jusque là, nous ne nous doutions pas des événements qui se passaient. Nous avions appris la trop célèbre victoire de Sarrebrück, nous ne nous attendions pas aux revers qui nous accablaient. Le major examine chaque homme; aucun n'est guéri, tout le monde a été trop longtemps gorgé d'eau de réglisse et privé de soins. Il renvoie néanmoins dans leurs corps les moins malades et il ordonne aux autres de coucher tout habillés et le sac prêt.

Francis et moi nous étions au nombre de ces derniers. La journée se passe, la nuit se passe, rien, mais j'ai toujours la colique et je souffre; enfin vers neuf heures du matin apparaît une longue file de cacolets conduits par des tringlots. Nous grimpons à deux sur l'appareil. Francis et moi nous étions hissés sur le même mulet, seulement, comme le peintre était très gras et moi très maigre, le système bascula : je montai dans les airs tandis qu'il descendait en bas sous la panse de la bête qui, tirée par devant, poussée par derrière, gigota et rua furieusement. Nous courions dans un tourbillon de poussière, aveuglés, ahuris, secoués, nous cramponnant à la barre du cacolet, fermant les yeux, riant et geignant. Nous arrivâmes à Châlons plus morts que vifs; nous tombâmes comme un bétail harassé sur le sable, puis on nous empila dans des wagons et nous quittâmes la ville pour aller où?... personne ne le savait.

Il faisait nuit; nous volions sur les rails. Les malades étaient sortis des wagons et se promenaient sur les plates-formes. La machine siffle, ralentit son vol et s'arrête dans une gare, celle de Reims, je suppose, mais je ne pourrais l'affirmer. Nous mourions de faim, l'Intendance n'avait oublié qu'une chose : nous donner un pain pour la route. Je descends et j'aperçois un buffet ouvert. J'y cours, mais d'autres m'avaient devancé. On se battait alors que j'y arrivai. Les uns s'emparaient de bouteilles, les autres de viandes, ceux-ci de pain, ceux-là de cigares. Affolé, furieux, le restaurateur défendait sa boutique à coups de broc. Poussé par leurs camarades qui venaient en bande, le premier rang des mobiles se rue sur le comptoir qui s'abat, entraînant dans sa chute le patron du buffet et ses garçons. Ce fut alors un pillage réglé; tout y passa, depuis les allumettes jusqu'aux cure-dents. Pendant ce temps une cloche sonne et le train part. Aucun de nous ne se dérange, et, tandis qu'assis sur la chaussée, j'explique au peintre que ses bronches travaillent, la contexture du sonnet, le train recule sur ses rails pour nous chercher.

Nous remontons dans nos compartiments, et nous passons la revue du butin conquis. A vrai dire, les mets étaient peu variés : de la charcuterie, et rien que de la charcuterie ! Nous avions six rouelles de cervelas à l'ail, une langue écarlate, deux saucissons, une superbe tranche de mortadelle, une tranche au liséré d'argent, aux chairs d'un rouge sombre marbrées de blanc, quatre litres de vin, une demi-bouteille de cognac et des bouts de bougie. Nous fichâmes les lumignons dans le col de nos gourdes qui se balancèrent, retenues aux parois du wagon par des ficelles. C'était, par instants, quand le train sautait sur les aiguilles des embranchements, une pluie de gouttes chaudes qui se figeaient presque aussitôt en de larges plaques, mais nos habits en avaient vu bien d'autres !

Nous commençâmes immédiatement le repas qu'interrompaient les allées et venues de ceux des mobiles qui, courant sur les marchepieds, tout le long du train, venaient frapper au carreau et nous demandaient à boire. Nous chantions à tue-tête, nous buvions, nous trinquions; jamais malades ne firent autant de bruit et ne gambadèrent ainsi sur un train en marche ! On eût dit d'une Cour des Miracles roulante; les estropiés sautaient à pieds joints, ceux dont les intestins brûlaient les arrosaient de lampées de cognac, les borgnes ouvraient les yeux, les fiévreux

cabriolaient, les gorges malades beuglaient et pin-
taient, c'était inouï !

Cette turbulence finit cependant par se calmer. Je
profite de cet apaisement pour passer le nez à la fenêtre. Il n'y avait pas une étoile, pas même un bout de
lune, le ciel et la terre ne semblaient faire qu'un, et
dans cette intensité d'un noir d'encre clignotaient
comme des yeux de couleurs différentes des lanternes
attachées à la tôle des disques. Le mécanicien jetait ses
coups de sifflet, la machine fumait et vomissait sans
relâche des flammèches. Je referme le carreau et je
regarde mes compagnons. Les uns ronflaient : les
autres, gênés par les cahots du coffre, ronchonnaient
et juraient, se retournant sans cesse, cherchant une
place pour étendre leurs jambes, pour caler leur tête
qui vacillait à chaque secousse.

A force de les regarder, je commençais à m'assou-
pir, quand l'arrêt complet du train me réveilla. Nous
étions dans une gare, et le bureau du chef flamboyait
comme un feu de forge dans la sombreur de la nuit.
J'avais une jambe engourdie, je frissonnais de froid, je
descends pour me réchauffer un peu. Je me promène
de long en large sur la chaussée, je vais regarder la
machine que l'on dételle et que l'on remplace par une
autre, et, longeant le bureau, j'écoute la sonnerie et
le tic-tac du télégraphe. L'employé, me tournant le
dos, était un peu penché sur la droite, de sorte que,
du point où j'étais placé, je ne voyais que le derrière
de sa tête et le bout de son nez qui brillait, rose et
perlé de sueur, tandis que le reste de la figure disparaissait dans l'ombre que projetait l'abat-jour d'un
bec de gaz.

On m'invite à remonter en voiture, et je retrouve
mes camarades tels que je les ai laissés. Cette fois, je
m'endors pour tout de bon. Depuis combien de

temps mon sommeil durait-il ? Je ne sais, quand un grand cri me réveille : — Paris ! Paris !

Je me précipite à la portière. Au loin, sur une bande d'or pâle se détachent, en noir, des tuyaux de fabriques et d'usines. Nous étions à Saint-Denis; la nouvelle court de wagon en wagon. Tout le monde est sur pied. La machine accélère le pas. La gare du Nord se dessine au loin, nous y arrivons, nous descendons, nous nous jetons sur les portes, une partie d'entre nous parvient à s'échapper, l'autre est arrêtée par les employés du chemin de fer et par les troupes, on nous fait remonter de force dans un train qui chauffe, et nous revoilà partis Dieu sait pour où !

Nous roulons derechef, toute la journée. Je suis las de regarder ces ribambelles de maisons et d'arbres qui filent devant mes yeux, et puis j'ai toujours la colique et je souffre. Vers quatre heures de l'après-midi, la machine ralentit son essor et s'arrête dans un débarcadère où nous attendait un vieux général autour duquel s'ébattait une volée de jeunes gens, coiffés de képis roses, culottés de rouge et chaussés de bottes à éperons jaunes. Le général nous passe en revue et nous divise en deux escouades; l'une part pour le séminaire, l'autre est dirigée sur l'hôpital. Nous sommes, paraît-il, à Arras. Francis et moi, nous faisions partie de la première escouade. On nous hisse sur des charrettes bourrées de paille, et nous arrivons devant un grand bâtiment qui farde et semble vouloir s'abattre dans la rue. Nous montons au deuxième étage, dans une pièce qui contient une trentaine de lits; chacun déboucle son sac, se peigne et s'assied. Un médecin arrive.

— Qu'avez-vous ? dit-il au premier.

— Un anthrax.

— Ah ! Et vous ?

— Une dysenterie.

— Ah ! Et vous ?

— Un bubon.

— Mais alors vous n'avez pas été blessés pendant la guerre ?

— Pas le moins du monde.

— Eh bien ! vous pouvez reprendre vos sacs. L'archevêque ne donne les lits des séminaristes qu'aux blessés.

Je remets dans mon sac les bibelots que j'en avais tirés, et nous repartons, cahin-caha, pour l'hospice de la ville. Il n'y avait plus de place. En vain les sœurs s'ingénient à rapprocher les lits de fer, les salles sont pleines. Fatigué de toutes ces lenteurs, j'empoigne un matelas, Francis en prend un autre, et nous allons nous étendre dans le jardin, sur une grande pelouse.

Le lendemain matin, je cause avec le directeur, un homme affable et charmant. Je lui demande pour le peintre et pour moi la permission de sortir dans la ville. Il y consent, la porte s'ouvre, nous sommes libres ! nous allons enfin déjeuner ! manger de la vraie viande, boire du vrai vin ! Ah ! nous n'hésitons pas, nous allons au plus bel hôtel de la ville. On nous sert un succulent repas. Il y a des fleurs sur la table, de magnifiques bouquets de roses et de fuchsias qui s'épanouissent dans des cornets de verre ! Le garçon nous apporte une entrecôte qui saigne dans un lac de beurre ; le soleil se met de la fête, fait étinceler les couverts et les lames des couteaux, blute sa poudre d'or au travers des carafes, et, lutinant le pommard qui se balance doucement dans les verres, pique d'une étoile sanglante la nappe damassée.

O sainte joie des bâfres ! j'ai la bouche pleine, et Francis est soûl ! Le fumet des rôtis se mêle au parfum des fleurs, la pourpre des vins lutte d'éclat avec la rougeur des roses, le garçon qui nous sert a l'air d'un idiot, nous, nous avons l'air de goinfres, ça nous est bien égal. Nous nous empiffrons rôtis sur rôtis, nous nous ingurgitons bordeaux sur bourgogne, chartreuse sur cognac. Au diable les vinasses et les trois-six que nous buvons depuis notre départ de Paris ! Au diable ces ratas sans nom, ces gargotailles inconnues dont nous nous sommes si maigrement gavés depuis près d'un mois ! Nous sommes méconnaissables; nos mines de faméliques rougeoient comme des trognes, nous braillons, le nez en l'air, nous allons à la dérive ! Nous parcourons ainsi toute la ville.

Le soir arrive, il faut pourtant rentrer ! La sœur qui surveillait la salle des vieux nous dit avec sa petite voix flûtée :

— Messieurs les militaires, vous avez eu bien froid, la nuit dernière, mais vous allez avoir un bon lit.

Et elle nous emmène dans une grande salle où fignolent au plafond trois veilleuses mal allumées. J'ai un lit blanc, je m'enfonce avec délices dans les draps qui sentent encore la bonne odeur de la lessive. On n'entend plus que le souffle ou le ronflement des dormeurs. J'ai bien chaud, mes yeux se ferment, je ne sais plus où je suis, quand un gloussement prolongé me réveille. J'ouvre un œil et j'aperçois, au pied de mon lit, un individu qui me contemple. Je me dresse sur mon séant. J'ai devant moi un vieillard, long, sec, l'œil hagard, les lèvres bavant dans une barbe pas faite. Je lui demande ce qu'il me veut. — Pas de réponse. Je lui crie :

— Allez-vous-en, laissez-moi dormir !

Il me montre le poing. Je le soupçonne d'être un aliéné; je roule une serviette au bout de laquelle je tortille sournoisement un nœud; il avance d'un pas, je saute sur le parquet, je pare le coup de poing qu'il m'envoie, et lui assène en riposte, sur l'œil gauche, un coup de serviette à toute volée. Il en voit trente-six chandelles, se rue sur moi; je me recule et lui décoche un vigoureux coup de pied dans l'estomac. Il culbute, entraîne dans sa chute une chaise qui rebondit; le dortoir est réveillé; Francis accourt en chemise pour me prêter main forte, la sœur arrive, les infirmiers s'élancent sur le fou qu'ils fessent et parviennent à grand'peine à recoucher.

L'aspect du dortoir était éminemment cocasse. Aux lueurs d'un rose vague qu'épandaient autour d'elles les veilleuses mourantes, avait succédé le flamboiement de trois lanternes. Le plafond noir avec ses ronds de lumière qui dansaient au-dessus des mèches en combustion éclatait maintenant avec ses teintes de plâtre fraîchement crépi. Les malades, une réunion de Guignols hors d'âge, avaient empoigné le morceau de bois qui pendait au bout d'une ficelle au-dessus de leurs lits, s'y cramponnaient d'une main, et faisaient de l'autre des gestes terrifiés. A cette vue, ma colère tombe, je me tords de rire, le peintre suffoque, il n'y a que la sœur qui garde son sérieux et arrive, à force de menaces et de prières, à rétablir l'ordre dans la chambrée.

La nuit s'achève tant bien que mal; le matin, à six heures, un roulement de tambour nous réunit, le directeur fait l'appel des hommes. Nous partons pour Rouen.

Arrivés dans cette ville, un officier dit au malheureux qui nous conduisait, que l'hospice était plein et ne pouvait nous loger. En attendant, nous avons une heure d'arrêt. Je jette mon sac dans un coin de la gare, et bien que mon ventre grouille, nous voilà partis, Francis et moi, errant à l'aventure, nous extasiant devant l'église de Saint-Ouen, nous ébahissant devant les vieilles maisons. Nous admirons tant et tant, que l'heure s'était écoulée depuis longtemps avant même que nous eussions songé à retrouver la gare.

— Il y a beau temps que vos camarades sont partis, nous dit un employé du chemin de fer; ils sont à Evreux !

Diable ! le premier train ne part plus qu'à neuf heures.

Allons dîner !

Quand nous arrivâmes à Evreux, la pleine nuit était venue. Nous ne pouvions nous présenter à pareille heure dans un hospice, nous aurions eu l'air de malfaiteurs. La nuit est superbe, nous traversons la ville, et nous nous trouvons en rase campagne. C'était le temps de la fenaison, les gerbes étaient en tas. Nous avisons une petite meule dans un champ, nous y creusons deux niches confortables, et je ne sais si c'est l'odeur troublante de notre couche ou le parfum pénétrant des bois qui nous émeuvent, mais nous éprouvons le besoin de parler de nos amours défuntes. Le thème était inépuisable ! Peu à peu, cependant, les paroles deviennent plus rares, les enthousiasmes s'affaiblissent, nous nous endormons.

— Sacrebleu ! crie mon voisin qui s'étire, quelle heure peut-il bien être ?

Je me réveille à mon tour. Le soleil ne va pas tarder à se lever, car le grand rideau bleu se galonne à l'horizon de franges roses. Quelle misère ! il va falloir aller frapper à la porte de l'hospice, dormir dans des salles imprégnées de cette senteur fade sur laquelle revient comme une ritournelle obstinée, l'âcre fleur de la poudre d'iodoforme !

Nous reprenons tout tristes le chemin de l'hôpital. On nous ouvre, mais hélas ! un seul de nous est admis,

Francis, — et moi on m'envoie au lycée.

La vie n'était plus possible, je méditais une évasion, quand un jour l'interne de service descend dans la cour. Je lui montre ma carte d'étudiant en droit; il connaît Paris, le quartier Latin. Je lui explique ma situation.

— Il faut absolument, lui dis-je, ou que Francis vienne au lycée, ou que j'aille le rejoindre à l'hôpital.

Il réfléchit, et le soir, arrivant près de mon lit, me glisse ces mots dans l'oreille :

— Dites, demain matin, que vous souffrez davantage. Le lendemain, en effet, vers sept heures, le médecin fait son entrée; un brave et excellent homme, qui n'avait que deux défauts : celui de puer des dents et celui de vouloir se débarrasser de ses malades, coûte que coûte. Tous les matins, la scène suivante avait lieu :

— Ah ! ah ! gaillard, criait-il, quelle mine il a ! bon teint, pas de fièvre; levez-vous et allez prendre une bonne tasse de café; mais pas de bêtises, vous savez, ne courez pas après les jupes; je vais vous signer votre *exeat*, vous retournerez demain à votre régiment.

Malades ou pas malades, il en renvoyait trois par jour. Ce matin-là, il s'arrête devant moi et dit :

— Ah ! saperlotte, mon garçon, vous avez meilleure mine !

Je me récrie, jamais je n'ai tant souffert ! Il me tâte le ventre.

— Mais ça va mieux, murmure-t-il, le ventre est moins dur. — Je proteste. — Il semble étonné, l'interne lui dit alors tout bas :

— Il faudrait peut-être lui donner un lavement, et nous n'avons ici ni seringue ni clysopompe; si nous l'envoyions à l'hôpital ?

— Tiens, mais c'est une idée, dit le brave homme,

enchanté de se débarrasser de moi, et séance tenante, il signe mon billet d'admission ; je boucle radieux mon sac, et sous la garde d'un servant du lycée, je fais mon entrée à l'hôpital. Je retrouve Francis ! Par une chance incroyable, le corridor Saint-Vincent où il couche, faute de place dans les salles, contient un lit vide près du sien ! Nous sommes enfin réunis ! En sus de nos deux lits, cinq grabats longent à la queue leu leu les murs enduits de jaune. Ils ont pour habitants un soldat de la ligne, deux artilleurs, un dragon et un hussard. Le reste de l'hôpital se compose de quelques vieillards fêlés et gâteux, de quelques jeunes hommes, rachitiques ou bancroches, et d'un grand nombre de soldats, épaves de l'armée de Mac-Mahon, qui, après avoir roulé d'ambulances en ambulances, étaient venus échouer sur cette berge. Francis et moi, nous sommes les seuls qui portions l'uniforme de la mobile de la Seine ; nos voisins de lit étaient d'assez gentils garçons, plus insignifiants, à vrai dire, les uns que les autres ; c'étaient, pour la plupart, des fils de paysans ou de fermiers rappelés sous les drapeaux lors de la déclaration de guerre.

Tandis que j'enlève ma veste, arrive une sœur, si frêle, si jolie, que je ne puis me lasser de la regarder : les beaux grands yeux ! les longs cils blonds ! les jolies dents ! Elle me demande pourquoi j'ai quitté le lycée ; je lui explique en des phrases nébuleuses comment l'absence d'une pompe foulante m'a fait renvoyer du collège. Elle sourit doucement et me dit :

— Oh ! monsieur le militaire vous auriez pu nommer la chose par son nom, nous sommes habituées à tout.

Je crois bien qu'elle devait être habituée à tout, la malheureuse, car les soldats ne se gênaient guère pour se livrer à d'indiscrètes propretés devant elle. Jamais d'ailleurs je ne la vis rougir; elle passait entre eux, muette, les yeux baissés, semblait ne pas entendre les grossières facéties qui se débitaient autour d'elle.

Dieu! m'a-t-elle gâté! Je la vois encore, le matin, alors que le soleil cassait sur les dalles l'ombre des barreaux de fenêtres, s'avancer lentement, au fond du corridor, les grandes ailes de son bonnet battant sur son visage. Elle arrivait près de mon lit avec une assiette qui fumait et sur le bord de laquelle luisait son ongle bien taillé.

— La soupe est un peu claire ce matin, disait-elle, avec son joli sourire, je vous apporte du chocolat; mangez vite pendant qu'il est chaud!

Malgré les soins qu'elle me prodiguait, je m'ennuyais à mourir dans cet hôpital. Mon ami et moi nous étions arrivés à ce degré d'abrutissement qui vous jette sur un lit, s'essayant à tuer, dans une somnolence de bête, les longues heures des insupportables journées. Les seules distractions qui nous fussent offertes, consistaient en un déjeuner et un dîner composés de bœuf bouilli, de pastèque, de pruneaux et d'un doigt de vin, le tout en insuffisante quantité pour nourrir un homme.

Grâce à ma simple politesse vis-à-vis des sœurs et aux étiquettes de pharmacie que j'écrivais pour elles, j'obtenais heureusement une côtelette de temps à autre et une poire cueillie dans le verger de l'hôpital. J'étais donc, en somme, le moins à plaindre de tous les soldats entassés pêle-mêle dans les salles, mais, les premiers jours, je ne parvenais même point à avaler ma pitance le matin. C'était l'heure de la visite et le docteur choisissait ce moment pour faire ses opérations. Le second jour après mon arrivée, il fendit une cuisse du haut en bas; j'entendis un cri déchirant; je fermai les yeux, pas assez cependant pour que je ne visse une pluie rouge s'éparpiller en larges gouttes sur son tablier. Ce matin-là, je ne pus manger. Peu à peu, cependant, je finis par m'aguerrir; bientôt, je me contentai de détourner la tête et de préserver ma soupe.

En attendant, la situation devenait intolérable. Nous avions essayé, mais en vain, de nous procurer des journaux et des livres, nous en étions réduits à nous déguiser, à mettre pour rire la veste du hussard; mais cette gaieté puérile s'éteignait vite et nous nous étirions, toutes les vingt minutes, échangeant quelques mots, nous renfonçant la tête dans le traversin.

Il n'y avait pas grande conversation à tirer de nos camarades. Les deux artilleurs et le hussard étaient trop malades pour causer. Le dragon jurait des Nom de Dieu! sans parler, se levait à tout instant, enveloppé dans son grand manteau blanc et allait aux latrines dont il rapportait l'ordure gâchée par ses pieds nus. L'hôpital manquait de thomas; quelques-uns des plus malades avaient cependant sous leur lit une vieille casserole que les convalescents faisaient sauter comme des cuisinières, offrant, par plaisanterie, le ragoût aux sœurs.

Restait donc seulement le soldat de la ligne : un malheureux garçon épicier, père d'un enfant, rappelé sous les drapeaux, battu constamment par la fièvre, grelottant sous ses couvertures.

Assis en tailleurs sur nos lits, nous l'écoutions raconter la bataille où il s'était trouvé.

Jeté près de Frœschwiller, dans une plaine entourée de bois, il avait vu des lueurs rouges filer dans des bouquets de fumée blanche, et il avait baissé la tête, tremblant, ahuri par la canonnade, effaré par le sifflet des balles. Il avait marché, mêlé aux régiments, dans de la terre grasse, ne voyant aucun Prussien, ne sachant où il était, entendant à ses côtés des gémisse-

ments traversés par des cris brefs, puis les rangs des
soldats placés devant lui s'étaient tout à coup retour-
nés et dans la bousculade d'une fuite, il avait été, sans
savoir comment, jeté par terre. Il s'était relevé, s'était
sauvé, abandonnant son fusil et son sac, et à la fin,
épuisé par les marches forcées subies depuis huit jours,
exténué par la peur et affaibli par la faim, il s'était
assis dans un fossé. Il était resté là, hébété, inerte,
assourdi par le vacarme des obus, résolu à ne plus se
défendre, à ne plus bouger; puis il avait songé à sa
femme, et pleurant, se demandant ce qu'il avait fait
pour qu'on le fît ainsi souffrir, il avait ramassé, sans
savoir pourquoi une feuille d'arbre qu'il avait gardée
et à laquelle il tenait, car il nous la montrait souvent,
séchée et ratatinée dans le fond de ses poches.

Un officier était passé, sur ces entrefaites, le revolver
au poing, l'avait traité de lâche et menacé de lui casser
la tête s'il ne marchait pas. Il avait dit :

— J'aime mieux ça, ah ! que ça finisse !

Mais l'officier, au moment où il le secouait pour le
remettre sur ses jambes, s'était étalé, giglant le sang
par la nuque. Alors, la peur l'avait repris, il s'était
enfui et avait pu rejoindre une lointaine route, inon-
dée de fuyards, noire de troupes, sillonnée d'attelages
dont les chevaux emportés crevaient et broyaient les
rangs.

On était enfin parvenu à se mettre à l'abri. Le cri
de trahison s'élevait des groupes. De vieux soldats
paraissaient résolus encore, mais les recrues se refu-
saient à continuer.

— Qu'ils aillent se faire tuer, disaient-ils, en dési-
gnant les officiers, c'est leur métier à eux !

— Moi, j'ai des enfants, c'est pas l'Etat qui les
nourrira si je suis mort !

Et l'on enviait le sort des gens un peu blessés et des

malades qui pouvaient se réfugier dans les ambulances.

— Ah ! ce qu'on a peur et puis ce qu'on garde dans l'oreille la voix des gens qui appellent leur mère et demandent à boire, ajoutait-il, tout frissonnant. Il se taisait, et regardant le corridor d'un air ravi, il reprenait :

— C'est égal, je suis bien heureux d'être ici; et puis, comme cela, ma femme peut m'écrire, et il tirait de sa culotte des lettres, disant avec satisfaction :

— Le petit a écrit, voyez, et il montrait au bas du papier, sous l'écriture pénible de sa femme, des bâtons formant une phrase dictée où il y avait des « J'embrasse papa » dans des pâtés d'encre.

Nous écoutâmes vingt fois au moins cette histoire, et nous dûmes subir pendant de mortelles heures les rabâchages de cet homme enchanté de posséder un fils. Nous finissions par nous boucher les oreilles et par tâcher de dormir pour ne plus l'entendre.

Cette déplorable vie menaçait de se prolonger, quand un matin Francis qui, contrairement à son habitude, avait rôdé toute la journée de la veille dans la cour, me dit :

— Eh ! Eugène, viens-tu respirer un peu l'air des champs ?

Je dresse l'oreille.

— Il y a un préau réservé aux fous, poursuit-il; ce préau est vide; en grimpant sur le toit des cabanons, et c'est facile, grâce aux grilles qui garnissent les fenêtres, nous atteignons la crête du mur, nous sautons et nous tombons dans la campagne. A deux pas de ce mur s'ouvre l'une des portes d'Evreux. Qu'en dis-tu ?

— Je dis... je dis que je suis tout disposé à sortir, mais comment ferons-nous pour rentrer ?

— Je n'en sais rien; partons d'abord, nous aviserons ensuite. Lève-toi, on va servir la soupe, nous sautons sur le mur après.

Je me lève. L'hôpital manquait d'eau, de sorte que j'en étais réduit à me débarbouiller avec de l'eau de Seltz que la sœur m'avait fait avoir. Je prends mon siphon, je vise le peintre qui crie feu, je presse la détente, la décharge lui arrive en pleine figure; je me pose à mon tour devant lui, je reçois le jet dans la barbe, je me frotte le nez avec la mousse, je m'essuie. Nous sommes prêts, nous descendons. Le préau est désert; nous escaladons le mur. Francis prend son élan et saute. Je suis assis à califourchon sur la crête, je jette un regard rapide autour de moi; en bas, un fossé et de l'herbe; à droite, une des portes de la ville; au loin, une forêt qui moutonne et enlève ses déchirures d'or rouge sur une bande de bleu pâle. Je suis debout; j'entends du bruit dans la cour, je saute; nous rasons les murailles, nous sommes dans Evreux !

— Si nous mangions ?

— Adopté.

Chemin faisant, à la recherche d'un gîte, nous apercevons deux petites femmes qui tortillent des hanches; nous les suivons et leur offrons à déjeuner; elles refusent; nous insistons, elles répondent non, plus mollement; nous insistons encore, elles disent oui. Nous allons chez elles, avec un pâté, des bouteilles, des œufs, un poulet froid. Ça nous paraît drôle de nous trouver dans une chambre claire, tendue de papier moucheté de fleurs lilas et feuillé de vert; il y a, aux croisées, des rideaux en damas groseille, une glace sur la cheminée, une gravure représentant un Christ embêté par des Pharisiens, six chaises en merisier, une table ronde avec une toile cirée montrant les rois de France, un lit pourvu d'un édredon de percale rose. Nous dressons la table, nous regardons d'un œil goulu les filles qui tournent autour; le couvert est long à mettre, car nous les arrêtons au passage pour les embrasser; elles sont laides et bêtes, du reste. Mais, qu'est-ce que ça nous fait ? il y a si longtemps que nous n'avons flairé de la bouche de femme !

Je découpe le poulet, les bouchons sautent, nous buvons comme des chantres et bâfrons comme des ogres. Le café fume dans les tasses, nous le dorons avec du cognac; ma tristesse s'envole, le punch s'allume, les flammes bleues du kirsch voltigent dans le saladier qui crépite, les filles rigolent, les cheveux dans les yeux et les seins fouillés; soudain quatre coups sonnent lentement au cadran de l'église. Il est quatre heures. Et l'hôpital, Seigneur Dieu ! nous l'avions oublié ! je deviens pâle, Francis me regarde avec effroi, nous nous arrachons des bras de nos hôtesses, nous sortons au plus vite.

— Comment rentrer ? dit le peintre.

— Hélas ! nous n'avons pas le choix; nous arriverons à grand'peine pour l'heure de la soupe. A la grâce de Dieu, filons par la grande porte !

Nous arrivons, nous sonnons; la sœur concierge vient, nous ouvrir et reste ébahie. Nous la saluons, et je dis assez haut pour être entendu d'elle :

— Sais-tu, dis donc, qu'ils ne sont pas aimables à l'Intendance, le gros surtout nous a reçus plus ou moins poliment...

La sœur ne souffle mot; nous courons au galop vers la chambrée; il était temps, j'entendais la voix de sœur Angèle qui distribuait les rations. Je me couche au plus vite sur mon lit, je dissimule avec la main un suçon que ma belle m'a posé le long du cou; la sœur me regarde, trouve à mes yeux un éclat inaccoutumé et me dit avec intérêt :

— Souffrez-vous davantage ?

Je la rassure et lui réponds :

— Au contraire, je vais mieux, ma sœur, mais cette oisiveté et cet emprisonnement me tuent.

Quand je lui exprimais l'effroyable ennui que j'éprouvais, perdu dans cette troupe, au fond d'une province, loin des miens, elle ne répondait pas, mais ses lèvres se serraient, ses yeux prenaient une indéfinissable expression de mélancolie et de pitié. Un jour pourtant elle m'avait dit d'un ton sec :

— Oh ! la liberté ne vous vaudrait rien, faisant allusion à une conversation qu'elle avait surprise entre Francis et moi, discutant sur les joyeux appas des Parisiennes; puis elle s'était adoucie et avait ajouté avec sa petite moue charmante :

— Vous n'êtes vraiment pas sérieux, monsieur le militaire.

Le lendemain matin nous convenons, le peintre et moi, qu'aussitôt la soupe avalée, nous escaladerons de nouveau les murs. A l'heure dite, nous rôdons autour du préau, la porte est fermée !

— Bast, tant pis ! dit Francis, en avant ! et il se dirige vers la grande porte de l'hôpital. Je le suis. La sœur tourière nous demande où nous allons.

— A l'Intendance.

La porte s'ouvre, nous sommes dehors.

Arrivés sur la grande place de la ville, en face de l'église, j'avise, tandis que nous contemplions les sculptures du porche, un gros monsieur, une face de lune rouge hérissée de moustaches blanches, qui nous regardait avec étonnement. Nous le dévisageons à notre tour, effrontément, et nous poursuivons notre route. Francis mourait de soif, nous entrons dans un café, et, tout en dégustant ma demi-tasse, je jette les yeux sur le journal du pays, et j'y trouve un nom qui me fait rêver. Je ne connaissais pas, à vrai dire, la personne qui le portait, mais ce nom rappelait en moi des souvenirs effacés depuis longtemps, je me rappelais que l'un de mes amis avait un parent haut placé dans la ville d'Evreux.

— Il faut absolument que je le voie, dis-je au peintre; je demande son adresse au cafetier, il l'ignore; je sors et je vais chez tous les boulangers et chez tous les pharmaciens que je rencontre. Tout le monde mange du pain et boit des potions; il est impossible que l'un de ces industriels ne connaisse pas l'adresse de M. de Fréchêde. Je la trouve, en effet; j'époussette ma vareuse, j'achète une cravate noire, des gants et je vais sonner doucement, rue Chartraine, à la grille d'un hôtel qui dresse ses façades de brique et ses toitures d'ardoise dans le fouillis ensoleillé d'un parc. Un domestique m'introduit. M. de Fréchêde est absent, mais Madame est là. J'attends, pendant quelques secondes, dans un salon; la portière se soulève et une vieille dame paraît. Elle a l'air si affable que je suis rassuré. Je lui explique, en quelques mots, qui je suis.

— Monsieur, me dit-elle, avec un bon sourire, j'ai beaucoup entendu parler de votre famille : je crois même avoir vu chez Mme Lezant, madame votre mère, lors de mon dernier voyage à Paris; vous êtes ici le bienvenu.

Nous causons longuement; moi un peu gêné, dissimulant avec mon képi, le suçon de mon cou; elle, cherchant à me faire accepter de l'argent que je refuse.

— Voyons, me dit-elle enfin, je désire de tout mon cœur vous être utile; que puis-je faire ?

Je lui réponds : — Mon Dieu ! madame, si vous pouviez obtenir qu'on me renvoie à Paris, vous me rendriez un grand service : les communications vont être prochainement interceptées, si j'en crois les journaux; on parle d'un nouveau coup d'Etat ou du renversement de l'Empire; j'ai grand besoin de me retrouver chez ma mère, et surtout de ne pas me laisser faire prisonnier ici, si les Prussiens y viennent.

Sur ces entrefaites rentre M. de Fréchêde. Il est mis, en deux mots, au courant de la situation.

— Si vous voulez venir avec moi chez le médecin de l'hospice, me dit-il, nous n'avons pas de temps à perdre.

— Chez le médecin ! bon Dieu ! et comment lui expliquer ma sortie de l'hôpital.

Je n'ose souffler mot; je suis mon protecteur, me demandant comment tout cela va finir. Nous arrivons, le docteur me regarde d'un air stupéfait. Je ne lui laisse pas le temps d'ouvrir la bouche, et je lui débite avec une prodigieuse volubilité un chapelet de jérémiades sur ma triste position.

M. de Fréchêde prend à son tour la parole et lui demande, en ma faveur, un congé de convalescence de deux mois.

— Monsieur est, en effet, assez malade, dit le médecin, pour avoir droit à deux mois de repos; si mes collègues et si le général partagent ma manière de voir, votre protégé pourra, sous peu de jours, retourner à Paris.

— C'est bien, réplique M. de Fréchêde; je vous remercie, docteur; je parlerai ce soir même au général.

Nous sommes dans la rue, je pousse un soupir de soulagement, je serre la main de l'excellent homme qui veut bien s'intéresser à moi, je cours à la recherche de Francis. Nous n'avons que bien juste le temps de rentrer, nous arrivons à la grille de l'hôpital; Francis sonne, je salue la sœur. Elle m'arrête :

— Ne m'avez-vous pas dit, ce matin que vous alliez à l'Intendance ?

— Mais certainement, ma sœur.

— Eh bien ! le général sort d'ici. Allez voir le directeur et la sœur Angèle, ils vous attendent; vous leur expliquerez, sans doute, le but de vos visites à l'Intendance.

Nous remontons, tout penauds, l'escalier du dortoir. Sœur Angèle est là qui m'attend et qui me dit :

— Jamais je n'aurais cru pareille chose; vous avez couru par toute la ville, hier et aujourd'hui, et Dieu sait la vie que vous avez menée !

— Oh ! par exemple, m'écriais-je.

Elle me regarda si fixement que je ne soufflai plus mot.

— Toujours est-il, poursuivit-elle, que le général vous a rencontrés aujourd'hui même sur la Grand'Place. J'ai nié que vous fussiez sortis, et je vous ai cherchés par tout l'hôpital. Le général avait raison, vous n'étiez pas ici. Il m'a demandé vos noms; j'ai donné celui de l'un d'entre vous, j'ai refusé de livrer l'autre, et j'ai eu tort, bien certainement, car vous ne le méritez pas !

— Oh ! combien je vous remercie, ma sœur !...

Mais sœur Angèle ne m'écoutait pas, elle était indignée de ma conduite ! Je n'avais qu'un parti à prendre, me taire et recevoir l'averse sans même tenter de me mettre à l'abri. Pendant ce temps, Francis était appelé chez le directeur, et comme, je ne sais pourquoi, on le soupçonnait de me débaucher, et qu'il était d'ailleurs, à cause de ses gouailleries, au plus mal avec le médecin et avec les sœurs, il lui fut annoncé qu'il partirait le lendemain pour rejoindre son corps.

— Les drôlesses chez lesquelles nous avons déjeuné hier sont des filles en carte qui nous ont vendus, m'affirmait-il, furieux. C'est le directeur lui-même qui me l'a dit.

Tandis que nous maudissions ces coquines et que

nous déplorions notre uniforme qui nous faisait si facilement reconnaître, le bruit court que l'Empereur est prisonnier et que la République est proclamée à Paris; je donne un franc à un vieillard qui pouvait sortir et qui me rapporte un numéro du *Gaulois*. La nouvelle est vraie. L'hôpital exulte. «Enfoncé Badingue! c'est pas trop tôt, v'là la guerre qui est enfin finie!» Le lendemain matin, Francis et moi nous nous embrassons, et il part.

— A bientôt, me crie-t-il en fermant la grille, et rendez-vous à Paris!

Oh! les journées qui suivirent ce jour-là! quelles souffrances! quel abandon! impossible de sortir de l'hôpital; une sentinelle se promenait en mon honneur, de long en large, devant la porte. J'eus cependant le courage de ne pas m'essayer à dormir; je me promenai comme une bête encagée, dans le préau. Je rôdais ainsi douze heures durant. Je connaissais ma prison dans ses moindres coins. Je savais les endroits où les pariétaires et la mousse poussaient, les pans de muraille qui fléchissaient en se lézardant. Le dégoût de mon corridor, de mon grabat aplati comme une galette, de mon geigneux, de mon linge pourri de crasse, m'était venu. Je vivais, isolé, ne parlant à personne, battant à coup de pieds les cailloux de la cour, errant comme une âme en peine sous les arcades badigeonnées d'ocre jaune ainsi que les salles, revenant à la grille d'entrée surmontée d'un drapeau, montant au premier où était ma couche, descendant au bas où la cuisine étincelait, mettant les éclairs de son cuivre rouge dans la nudité blafarde de la pièce. Je me rongeais les poings d'impatience, regardant, à certaines heures, les allées et venues des civils et des soldats mêlés, passant et repassant à tous les étages, emplissant les galeries de leur marche lente.

Je n'avais plus la force de me soustraire aux poursui-
tes des sœurs, qui nous rabattaient le dimanche dans
la chapelle. Je devenais monomane; une idée fixe me
hantait : fuir au plus vite cette lamentable geôle. Avec
cela, des ennuis d'argent m'opprimaient. Ma mère
m'avait adressé cent francs à Dunkerque, où je devais
me trouver, paraît-il. Cet argent ne revenait point. Je
vis le moment où je n'aurais plus un sou pour acheter
du tabac ou du papier.

En attendant, les jours se suivaient. Les de Fréchêde
semblaient m'avoir oublié et j'attribuais leur silence à
mes escapades, qu'ils avaient sans doute apprises.
Bientôt à toutes ces angoisses vinrent s'ajouter d'horribles douleurs : mal soignées et exaspérées par les pré-
tantaines que j'avais courues, mes entrailles flambaient. Je souffris tellement que j'en vins à craindre
de ne plus pouvoir supporter le voyage. Je dissimulais
mes souffrances, craignant que le médecin ne me for-
çât à demeurer plus longtemps à l'hôpital. Je gardai
le lit quelques jours; puis, comme je sentais mes forces
diminuer, je voulus me lever quand même et je descendis dans la cour. Sœur Angèle ne me parlait plus,
et le soir, alors qu'elle faisait sa ronde dans les corri-
dors et les chambrées, se détournant pour ne point
voir le point de feu des pipes qui scintillait dans
l'ombre, elle passait devant moi, froide, détournant
les yeux.

Une matinée, cependant, comme je me traînais
dans la cour et m'affaissais sur tous les bancs, elle me
vit si changé, si pâle, qu'elle ne put se défendre d'un
mouvement de compassion. Le soir, après qu'elle eut
terminé sa visite des dortoirs, je m'étais accoudé sur
mon traversin et, les yeux grands ouverts, je regardais
les traînées bleuâtres que la lune jetait par les fenêtres
du couloir, quand la porte du fond s'ouvrit de nou-

veau, et j'aperçus, tantôt baignée de vapeurs d'argent, tantôt sombre et comme vêtue d'un crêpe noir, selon qu'elle passait devant les croisées ou devant les murs, sœur Angèle qui souriait doucement.

— Demain matin, me dit-elle, vous passerez la visite des médecins. J'ai vu Mme de Frédêche aujourd'hui, il est probable que vous partirez dans deux ou trois jours pour Paris.

Je fais un saut dans mon lit, ma figure s'éclaire, je voudrais pouvoir sauter et chanter; jamais je ne fus plus heureux. Le matin se lève, je m'habille et inquiet cependant, je me dirige vers la salle où siège une réunion d'officiers et de médecins.

Un à un, les soldats étalaient des torses creusés de trous ou bouquetés de poils. Le général se grattait un ongle, le colonel de la gendarmerie s'éventait avec un papier, les praticiens causaient en palpant un homme. Mon tour arrive enfin : on m'examine des pieds à la tête, on me pèse sur le ventre qui est gonflé et tendu comme un ballon, et, à l'unanimité des voix, le conseil m'accorde un congé de convalescence de soixante jours. Je vais enfin revoir ma mère ! retrouver mes bibelots, mes livres ! je ne sens plus ce fer rouge qui me brûle les entrailles, je saute comme un cabri !

J'annonce à ma famille, la bonne nouvelle. Ma mère m'écrit lettres sur lettres, s'étonnant que je n'arrive point. Hélas ! mon congé doit être visé à la Division de Rouen. Il revient après cinq jours; je suis en règle, je vais trouver sœur Angèle, je la prie de m'obtenir, avant l'heure fixée pour mon départ, une permission de sortie afin d'aller remercier les de Fréchède qui ont été si bons pour moi. Elle va trouver le directeur et me la rapporte; je cours chez ces braves gens, qui me forcent à accepter un foulard et cinquante francs pour la route; je vais chercher ma feuille à l'Intendance, je rentre à l'hospice; je n'ai plus que quelques minutes à moi. Je me mets en quête de sœur Angèle que je trouve dans le jardin et je lui dis, tout ému :

— O chère sœur, je pars; comment pourrai-je jamais m'acquitter envers vous ?

Je lui prends la main qu'elle veut retirer, et je la porte à mes lèvres. Elle devient rouge.

— Adieu ! murmure-t-elle, et me menaçant du doigt, elle ajoute gaiement : soyez sage, et surtout ne faites pas de mauvaises rencontres en route !

— Oh ! ne craignez rien ma sœur, je vous le promets !

L'heure sonne, la porte s'ouvre, je me précipite vers la gare, je saute dans un wagon, le train s'ébranle, j'ai quitté Evreux.

La voiture est à moitié pleine, mais j'occupe heureusement l'une des encoignures. Je mets le nez à la fenêtre, je vois quelques arbres écimés, quelques bouts de collines qui serpentent au loin et un pont enjambant une grande mare qui scintille comme un éclat de vitre. Tout cela n'est pas bien joyeux. Je me renfonce dans mon coin, regardant parfois les fils du télégraphe qui règlent l'outremer de leurs lignes noires, quand le train s'arrête, les voyageurs qui m'entourent descendent, la portière se ferme, puis s'ouvre à nouveau et livre passage à une jeune femme.

Tandis qu'elle s'assied et défripe sa robe, j'entrevois sa figure sous l'envolée du voile. Elle est charmante, avec ses yeux pleins de bleu de ciel, ses lèvres tachées de pourpre, ses dents blanches, ses cheveux couleur de maïs mûr.

J'engage la conversation; elle s'appelle Reine et brode des fleurs : nous causons en amis. Soudain elle devient pâle et va s'évanouir; j'ouvre les lucarnes, je lui tends un flacon de sels que j'ai emporté, lors de mon départ de Paris, à tout hasard; elle me remercie, ce ne sera rien, dit-elle, et elle s'appuie sur mon sac pour tâcher de dormir. Heureusement que nous sommes seuls dans le compartiment, mais la barrière de bois qui sépare, en tranches égales, la caisse de la voiture ne s'élève qu'à mi-corps, et l'on voit et surtout on entend les clameurs et les gros rires des paysans et des paysannes. Je les aurais battus de bon cœur, ces imbéciles qui troublaient son sommeil ! Je me contentai d'écouter les médiocres aperçus qu'ils échangeaient sur la politique. J'en ai vite assez; je me bouche les oreilles; j'essaye moi aussi, de dormir; mais cette phrase qui a été dite par le chef de la dernière station : « Vous n'arriverez pas à Paris, la voie est coupée à Mantes, » revient dans toutes mes rêveries comme un refrain entêté. J'ouvre les yeux, ma voisine se réveille aussi; je ne veux pas lui faire partager mes craintes : nous causons à voix basse, elle m'apprend qu'elle va rejoindre sa mère à Sèvres. Mais, lui dis-je, le train n'entrera guère dans Paris avant onze heures du soir, vous n'aurez jamais le temps de regagner l'embarcadère de la rive gauche.

— Comment faire, dit-elle, si mon frère n'est pas en bas, à l'arrivée ?

O misère, je suis sale comme un peigne et mon ventre brûle ! je ne puis songer à l'emmener dans mon logement de garçon, et puis, je veux avant tout aller chez ma mère. Que faire ? Je regarde Reine avec angoisse, je prends sa main; à ce moment, le train change de voie, la secousse la jette en avant, nos lèvres sont proches, elles se touchent, j'appuie les miennes bien vite, elle devient rouge. Seigneur Dieu ! sa bouche remue imperceptiblement, elle me rend mon baiser; un long frisson me court sur l'échine, au contact de ces braises ardentes, je me sens défaillir :

— Ah ! sœur Angèle, on ne peut se refaire !

Et le train rugit et roule sans ralentir sa marche, nous filons à toute vapeur sur Mantes; mes craintes sont vaines, la voie est libre. Reine ferme à demi ses yeux, sa tête tombe sur mon épaule, ses petits frissons s'emmêlent dans ma barbe et me chatouillent les lèvres; je soutiens sa taille qui ploie et je la berce. Paris n'est pas loin, nous passons devant les docks à marchandises, devant les rotondes où grondent, dans une vapeur rouge, les machines en chauffe; le train s'arrête, on prend les billets. Tout bien réfléchi, je conduirai d'abord Reine dans mon logement de garçon. Pourvu que son frère ne l'attende pas à l'arrivée ! Nous descendons des voitures, son frère est là.

— Cinq jours après j'étais dans mon lit atrocement malade, et les Prussiens occupaient Sèvres. Jamais plus depuis je ne l'ai revue.

J'ai le cœur serré, je pousse un gros soupir; ce n'est pourtant pas le moment d'être triste ! Je cahote maintenant dans un fiacre, je reconnais mon quartier, j'arrive devant la maison de ma mère, je grimpe les escaliers, quatre à quatre, je sonne précipitamment, la bonne ouvre. C'est monsieur ! elle court prévenir ma mère qui s'élance à ma rencontre, devient pâle, m'embrasse, me regarde des pieds à la tête, s'éloigne un peu, me regarde encore et m'embrasse de nouveau. Pendant ce temps, la bonne a dévalisé le buffet.

— Vous devez avoir faim, monsieur Eugène ? — Je crois bien que j'ai faim ! je dévore tout ce qu'on me donne, j'avale de grands verres de vin; à vrai dire, je ne sais ce que je mange et ce que je bois !

Je retourne enfin chez moi pour me coucher ! — Je retrouve mon logement tel que je l'ai laissé. Je le parcours, radieux, puis je m'assieds sur le divan et je reste là, extasié, béat, m'emplissant les yeux de la vue de mes bibelots et de mes livres. Je me déshabille pourtant, je me nettoie à grande eau, songeant que pour la première fois depuis des mois, je vais entrer dans un lit propre avec des pieds blancs et des ongles faits. Je saute sur le sommier qui bondit, je m'enfouis la tête dans la plume, mes yeux se ferment, je vogue à pleines voiles dans le pays du rêve.

Il me semble voir Francis qui allume sa vaste pipe de bois, sœur Angèle qui me considère, avec sa petite moue, puis Reine s'avance sur moi, je me réveille en sursaut, je me traite d'imbécile, et me renfonce dans les oreillers, mais les douleurs d'entrailles un moment domptées se réveillent maintenant que les nerfs sont moins tendus et je me frotte doucement le ventre, pensant que toute l'horreur de la dysenterie qu'on traîne dans des lieux où tout le monde opère sans pudeur, ensemble, n'est enfin plus ! Je suis chez moi, dans des cabinets à moi ! et je me dis qu'il faut avoir vécu dans la promiscuité des hospices et des camps pour apprécier la valeur d'une cuvette d'eau, pour savourer la solitude des endroits où l'on met culotte bas, à l'aise.

Guy de Maupassant

La Ficelle

Sur toutes les routes autour de Goderville, les paysans
et leurs femmes s'en venaient vers le bourg; car c'était
jour de marché. Les mâles allaient à pas tranquilles,
tout le corps en avant à chaque mouvement de leurs
longues jambes torses, déformées par les rudes tra-
vaux, par la pesée sur la charrue qui fait en même
temps monter l'épaule gauche et dévier la taille, par
le fauchage des blés qui fait écarter les genoux pour
prendre un aplomb solide, par toutes les besognes len-
tes et pénibles de la campagne. Leur blouse bleue,
empesée, brillante, comme vernie, ornée au col et aux
poignets d'un petit dessin de fil blanc, gonflée autour
de leur torse osseux, semblait un ballon prêt à s'envo-
ler, d'où sortaient une tête, deux bras et deux pieds.

Les uns tiraient au bout d'une corde une vache, un
veau. Et leurs femmes, derrière l'animal, lui fouet-
taient les reins d'une branche encore garnie de feuilles, pour hâter sa marche. Elles portaient au bras de
larges paniers d'où sortaient des têtes de poulets par-
ci, des têtes de canards par-là. Et elles marchaient
d'un pas plus court et plus vif que leurs hommes, la
taille sèche, droite et drapée dans un petit châle étri-
qué, épinglé sur leur poitrine plate, la tête enveloppée

d'un linge blanc collé sur les cheveux et surmontée d'un bonnet.

Puis, un char à bancs passait, au trot saccadé d'un bidet, secouant étrangement deux hommes assis côte à côte et une femme dans le fond du véhicule, dont elle tenait le bord pour atténuer les durs cahots.

Sur la place de Goderville, c'était une foule, une cohue d'humains et de bêtes mélangés. Les cornes des bœufs, les hauts chapeaux à longs poils des paysans riches et les coiffes des paysannes émergeaient à la surface de l'assemblée. Et les voix criardes, aiguës, glapissantes, formaient une clameur continue et sauvage que dominait parfois un grand éclat poussé par la robuste poitrine d'un campagnard en gaieté, ou le long meuglement d'une vache attachée au mur d'une maison.

Tout cela sentait l'étable, le lait et le fumier, le foin et sa sueur, dégageait cette saveur aigre, affreuse, humaine et bestiale, particulière aux gens des champs.

Maître Hauchecorne, de Bréauté, venait d'arriver à Goderville, et il se dirigeait vers la place, quand il aperçut par terre un petit bout de ficelle. Maître Hauchecorne, économe en vrai Normand, pensa que tout était bon à ramasser qui peut servir; et il se baissa péniblement, car il souffrait de rhumatismes. Il prit, par terre, le morceau de corde mince, et il se disposait à le rouler avec soin, quand il remarqua, sur le seuil de sa porte, maître Malandain, le bourrelier, qui le regardait. Ils avaient eu des affaires ensemble au sujet d'un licol, autrefois, et ils étaient restés fâchés, étant rancuniers tous deux. Maître Hauchecorne fut pris d'une sorte de honte d'être vu ainsi, par son ennemi, cherchant dans la crotte un bout de ficelle. Il cacha brusquement sa trouvaille sous sa blouse, puis dans la poche de sa culotte; puis il fit semblant de chercher encore par terre quelque chose qu'il ne trouvait point, et il s'en alla vers le marché, la tête en avant, courbé en deux par ses douleurs.

Il se perdit aussitôt dans la foule criarde et lente, agitée par les interminables marchandages. Les paysans tâtaient les vaches, s'en allaient, revenaient, perplexes, toujours dans la crainte d'être mis dedans, n'osant jamais se décider, épiant l'œil de l'homme et le défaut de la bête.

Les femmes, ayant posé à leurs pieds leurs grands paniers, en avaient tiré leurs volailles qui gisaient par terre, liées par les pattes, l'œil effaré, la crête écarlate.

Elles écoutaient les propositions, maintenaient leurs prix, l'air sec, le visage impassible, ou bien tout à coup, se décidant au rabais proposé, criaient au client qui s'éloignait lentement :

— C'est dit, maît' Anthime. J'vous l'donne.

Puis, peu à peu, la place se dépeupla, et l'angelus sonnant midi, ceux qui demeuraient trop loin se répandirent dans les auberges.

Chez Jourdain, la grande salle était pleine de mangeurs, comme la vaste cour était pleine de véhicules de toute race, charrettes, cabriolets, chars à bancs, tilburys, carrioles innombrables, jaunes de crotte, déformées, rapiécées, levant au ciel, comme deux bras, leurs brancards, ou bien le nez par terre et le derrière en l'air.

Tout contre les dîneurs attablés, l'immense cheminée, pleine de flamme claire, jetait une chaleur vive dans le dos de la rangée de droite. Trois broches tournaient, chargées de poulets, de pigeons et de gigots; et une délectable odeur de viande rôtie et de jus ruisselant sur la peau rissolée, s'envolait de l'âtre, allumait les gaietés, mouillait les bouches.

Toute l'aristocratie de la charrue mangeait là, chez

maît' Jourdain, aubergiste et maquignon, un malin qui avait des écus.

Les plats passaient, se vidaient comme les brocs de cidre jaune. Chacun racontait ses affaires, ses achats et ses ventes. On prenait des nouvelles des récoltes. Le temps était bon pour les verts, mais un peu mucre pour les blés.

Tout à coup, le tambour roula, dans la cour, devant la maison. Tout le monde aussitôt fut debout, sauf quelques indifférents, et on courut à la porte, aux fenêtres, la bouche encore pleine et la serviette à la main.

Après qu'il eut terminé son roulement, le crieur public lança d'une voix saccadée, scandant ses phrases à contretemps :

— Il est fait assavoir aux habitants de Goderville, et en général à toutes — les personnes présentes au marché, qu'il a été perdu ce matin, sur la route de Beuzeville, entre — neuf heures et dix heures, un portefeuille en cuir noir, contenant cinq cents francs et des papiers d'affaires. On est prié de le rapporter — à la mairie, incontinent, ou chez maître Fortuné Houlbrèque, de Manneville. Il y aura vingt francs de récompense.

Puis l'homme s'en alla. On entendit encore une fois au loin des battements sourds de l'instrument et la voix affaiblie du crieur.

Alors on se mit à parler de cet événement, en énumérant les chances qu'avait maître Houlbrèque de retrouver ou de ne pas retrouver son portefeuille.

Et le repas s'acheva.

On finissait le café, quand le brigadier de gendarmerie parut sur le seuil.

Il demanda :

— Maître Hauchecorne, de Bréauté, est-il ici ?

Maître Hauchecorne, assis à l'autre bout de la table, répondit :

— Me v'là.

Et le brigadier reprit :

— Maître Hauchecorne, voulez-vous avoir la complaisance de m'accompagner à la mairie. M. le maire voudrait vous parler.

Le paysan, surpris, inquiet, avala d'un coup son petit verre, se leva, et plus courbé encore que le matin, car les premiers pas après chaque repos étaient particulièrement difficiles, il se mit en route en répétant :

— Me v'là, me v'là.

Et il suivit le brigadier.

Le maire l'attendait, assis dans un fauteuil. C'était le notaire de l'endroit, homme gros, grave, à phrases pompeuses.

— Maître Hauchecorne, dit-il, on vous a vu ce matin ramasser, sur la route de Beuzeville, le portefeuille perdu par maître Houlbrèque, de Manneville.

Le campagnard, interdit, regardait le maire, apeuré déjà par ce soupçon qui pesait sur lui, sans qu'il comprît pourquoi.

— Mé, mé, j'ai ramassé çu portafeuille ?

— Oui, vous-même.

— Parole d'honneur, je n'en ai seulement point eu connaissance.

— On vous a vu.

— On m'a vu, mé ? Qui ça qui m'a vu ?

— M. Malandain, le bourrelier.

Alors le vieux se rappela, comprit et, rougissant de colère :

— Ah ! i m'a vu, çu manant ! I m'a vu ramasser c'te ficelle-là, m'sieu le maire.

Et, fouillant au fond de sa poche, il en retira le petit

bout de corde.

Mais le maire, incrédule, remuait la tête.

— Vous ne me ferez pas accroire, maître Hauche-corne, que M. Malandain, qui est un homme digne de foi, a pris ce fil pour un portefeuille.

Le paysan, furieux, leva la main, cracha de côté pour attester son honneur, répétant :

— C'est pourtant la vérité du bon Dieu, la sainte vérité, m'sieu le maire. Là, sur mon âme et mon salut, je l'répète.

Le maire reprit :

— Après avoir ramassé l'objet, vous avez même encore cherché longtemps dans la boue, si quelque pièce de monnaie ne s'en était pas échappée.

Le bonhomme suffoquait d'indignation et de peur.

— Si on peut dire !… si on peut dire… des menteries comme ça pour dénaturer un honnête homme ! Si on peut dire !…

Il eut beau protester, on ne le crut pas.

Il fut confronté avec M. Malandain, qui répéta et soutint son affirmation. Ils s'injurièrent une heure durant. On fouilla, sur sa demande, maître Hauche-corne. On ne trouva rien sur lui.

Enfin, le maire, fort perplexe, le renvoya, en le prévenant qu'il allait aviser le parquet et demander des ordres.

La nouvelle s'était répandue. A sa sortie de la mairie, le vieux fut entouré, interrogé avec une curiosité sérieuse ou goguenarde, mais où n'entrait aucune indignation. Et il se mit à raconter l'histoire de la ficelle. On ne le crut pas. On riait.

Il allait, arrêté par tous, arrêtant ses connaissances, recommençant sans fin son récit et ses protestations, montrant ses poches retournées, pour prouver qu'il n'avait rien.

On lui disait :

— Vieux malin, va !

Et il se fâchait, s'exaspérant, enfiévré, désolé de n'être pas cru, ne sachant que faire, et contant toujours son histoire.

La nuit vint. Il fallait partir. Il se mit en route avec trois voisins à qui il montra la place où il avait ramassé le bout de corde; et tout le long du chemin il parla de son aventure.

Le soir, il fit une tournée dans le village de Bréauté, afin de la dire à tout le monde. Il ne rencontra que des incrédules.

Il en fut malade toute la nuit.

Le lendemain, vers une heure de l'après-midi, Marius Paumelle, valet de ferme de maître Breton, cultivateur à Ymauville, rendait le portefeuille et son contenu à maître Houlbrèque, de Manneville.

Cet homme prétendait avoir, en effet, trouvé l'objet sur la route; mais, ne sachant pas lire, il l'avait rapporté à la maison et donné à son patron.

La nouvelle se répandit aux environs. Maître Hauchecorne en fut informé. Il se mit aussitôt en tournée et commença à narrer son histoire complétée du dénouement. Il triomphait.

— C'qui m' faisait deuil, disait-il, c'est point tant la chose, comprenez-vous; mais c'est la menterie. Y a rien qui vous nuit comme d'être en réprobation pour une menterie.

Tout le jour il parlait de son aventure, il la contait sur les routes aux gens qui passaient, au cabaret aux gens qui buvaient, à la sortie de l'église le dimanche suivant. Il arrêtait des inconnus pour la leur dire. Maintenant, il était tranquille, et pourtant quelque chose le gênait sans qu'il sût au juste ce que c'était. On avait l'air de plaisanter en l'écoutant. On ne paraissait pas convaincu. Il lui semblait sentir des propos derrière son dos.

Le mardi de l'autre semaine, il se rendit au marché de Goderville, uniquement poussé par le besoin de conter son cas.

Malandain, debout sur sa porte, se mit à rire en le voyant passer. Pourquoi ?

Il aborda un fermier de Criquetot, qui ne le laissa pas achever et, lui jetant une tape dans le creux de son ventre, lui cria par la figure :

— Gros malin, va ! Puis lui tourna les talons.

Maître Hauchecorne demeura interdit et de plus en plus inquiet. Pourquoi l'avait-on appelé « gros malin » ?

Quand il fut assis à la table, dans l'auberge de Jourdain, il se remit à expliquer l'affaire.

Un maquignon de Montivilliers lui cria :

— Allons, allons vieille pratique, je la connais, ta ficelle !

Hauchecorne balbutia :

— Puisqu'on l'a retrouvé çu portafeuille !

Mais l'autre reprit :

— Tais-té, mon pé, y en a un qui trouve, et y en a un qui r'porte. Ni vu ni connu, je t'embrouille.

Le paysan resta suffoqué. Il comprenait enfin. On l'accusait d'avoir fait reporter le portefeuille par un complice.

Il voulut protester. Toute la table se mit à rire.

Il ne put achever son dîner et s'en alla, au milieu des moqueries.

Il rentra chez lui, honteux et indigné, étranglé par la colère, par la confusion, d'autant plus atterré qu'il était capable, avec sa finauderie de Normand, de faire ce dont on l'accusait, et même de s'en vanter comme d'un bon tour. Son innocence lui apparaissait confusément comme impossible à prouver, sa malice étant connue. Et il se sentait frappé au cœur par l'injustice du soupçon.

Alors il recommença à conter l'aventure, en allongeant chaque jour son récit, ajoutant chaque fois des raisons nouvelles, des protestations plus énergiques, des serments plus solennels qu'il imaginait, qu'il préparait dans ses heures de solitude, l'esprit uniquement occupé de l'histoire de la ficelle. On le croyait d'autant moins que sa défense était plus compliquée et son argumentation plus subtile.

— Ça, c'est des raisons d'menteux, disait-on derrière son dos.

Il le sentait, se rongeait les sangs, s'épuisait en efforts inutiles.

Il dépérissait à vue d'œil.

Les plaisants maintenant lui faisaient conter « la Ficelle » pour s'amuser, comme on fait conter sa bataille au soldat qui a fait campagne. Son esprit, atteint à fond, s'affaiblissait.

Vers la fin de décembre, il s'alita.

Il mourut dans les premiers jours de janvier, et, dans le délire de l'agonie, il attestait son innocence, répétant :

— Une 'tite ficelle... une 'tite ficelle... t' nez, la voilà, m'sieu le maire.

Jules Renard

La Mort de Brunette

Philippe, qui me réveille, me dit qu'il s'est levé la nuit pour l'écouter et qu'elle avait le souffle calme.

Mais, depuis ce matin, elle l'inquiète.

Il lui donne du foin sec et elle le laisse.

Il offre un peu d'herbe fraîche, et Brunette, d'ordinaire si friande, y touche à peine. Elle ne regarde plus son veau et supporte mal ses coups de nez quand il se dresse sur ses pattes rigides, pour téter.

Philippe les sépare et attache le veau loin de la mère. Brunette n'a pas l'air de s'en apercevoir.

L'inquiétude de Philippe nous gagne tous. Les enfants même veulent se lever.

Le vétérinaire arrive, examine Brunette et la fait sortir de l'écurie. Elle se cogne au mur et elle bute contre le pas de la porte. Elle tomberait; il faut la rentrer.

— Elle est bien malade, dit le vétérinaire.

Nous n'osons pas lui demander ce qu'elle a.

Il craint une fièvre de lait, souvent fatale, surtout aux bonnes laitières, et se rappelant une à une celles qu'on croyait perdues et qu'il a sauvées, il écarte avec un pinceau, sur les reins de Brunette, le liquide d'une fiole.

— Il agira comme un vésicatoire, dit-il. J'en ignore la composition exacte. Ça vient de Paris. Si le mal ne gagne pas le cerveau, elle s'en tirera toute seule, sinon, j'emploierai la méthode de l'eau glacée. Elle étonne les paysans simples, mais je sais à qui je parle.

— Faites, monsieur.

Brunette, couchée sur la paille, peut encore supporter le poids de sa tête. Elle cesse de ruminer. Elle semble retenir sa respiration pour mieux entendre ce qui se passe au fond d'elle.

On l'enveloppe d'une couverture de laine, parce que les cornes et les oreilles se refroidissent.

— Jusqu'à ce que les oreilles tombent, dit Philippe, il y a de l'espoir.

Deux fois elle essaie en vain de se mettre sur ses jambes. Elle souffle fort, par intervalles de plus en plus espacés.

Et voilà qu'elle laisse tomber sa tête sur son flanc gauche.

— Ça se gâte, dit Philippe accroupi et murmurant des douceurs.

La tête se relève et se rabat sur le bord de la mangeoire, si pesamment que le choc sourd nous fait faire : « Oh ! »

Nous bordons Brunette de tas de paille pour qu'elle ne s'assomme pas.

Elle tend le cou et les pattes, elle s'allonge de toute sa longueur, comme au pré, par les temps orageux.

Le vétérinaire se décide à la saigner. Il ne s'approche pas trop. Il est aussi savant qu'un autre, mais il passe pour moins hardi.

Aux premiers coups du marteau de bois, la lancette glisse sur la veine. Après un coup mieux assuré, le sang jaillit dans le seau d'étain, que d'habitude le lait emplit jusqu'au bord.

Pour arrêter le jet, le vétérinaire passe dans la veine une épingle d'acier.

Puis, du front à la queue de Brunette soulagée, nous appliquons un drap mouillé d'eau de puits et qu'on renouvelle fréquemment parce qu'il s'échauffe vite. Elle ne frissonne même pas. Philippe la tient ferme par les cornes et empêche la tête d'aller battre le flanc gauche.

Brunette, comme domptée, ne bouge plus. On ne sait pas si elle va mieux ou si son état s'aggrave.

Nous sommes tristes, mais la tristesse de Philippe est morne comme celle d'un animal qui en verrait souffrir un autre.

Sa femme lui apporte sa soupe du matin qu'il mange sans appétit, sur un escabeau, et qu'il n'achève pas.

— C'est la fin, dit-il, Brunette enfle !

Nous doutons d'abord, mais Philippe a dit vrai. Elle gonfle à vue d'œil, et ne se dégonfle pas, comme si l'air entré ne pouvait ressortir.

La femme de Philippe demande :

— Elle est morte ?

— Tu ne le vois pas ! dit Philippe durement.

Mme Philippe sort dans la cour.

— Ce n'est pas près que j'aille en chercher une autre, dit Philippe.

— Une quoi ?

— Une autre Brunette.

— Vous irez quand je voudrai, dis-je d'une voix de maître qui m'étonne.

Nous tâchons de nous faire croire que l'accident nous irrite plus qu'il ne nous peine, et déjà nous disons que Brunette est crevée.

Mais le soir, j'ai rencontré le sonneur de l'église, et je ne sais pas ce qui m'a retenu de lui dire :

— Tiens, voilà cent sous, va sonner le glas de quelqu'un qui est mort dans ma maison.

Marcel Proust

Un dîner en ville

I

> *Mais, Fundanius, qui partageait avec vous le bonheur de ce repas ? je suis en peine de le savoir.*

HORACE

Honoré était en retard; il dit bonjour aux maîtres de la maison, aux invités qu'il connaissait, fut présenté aux autres et on passa à table. Au bout de quelques instants, son voisin, un tout jeune homme, lui demanda de lui nommer et de lui raconter les invités. Honoré ne l'avait encore jamais rencontré dans le monde. Il était très beau. La maîtresse de la maison jetait à chaque instant sur lui des regards brûlants qui signifiaient assez pourquoi elle l'avait invité et qu'il ferait bientôt partie de sa société. Honoré sentit en lui une puissance future, mais sans envie, par bienveillance polie, se mit en devoir de lui répondre. Il regarda autour de lui. En face deux voisins ne se parlaient pas : on les avait, par maladroite bonne intention, invités ensemble et placés l'un près de l'autre parce qu'ils s'occupaient tous deux de littérature. Mais à cette première raison de se haïr, ils en ajoutaient une plus particulière. Le plus âgé, parent — doublement hypnotisé — de M. Paul Desjardins et de M. de Vogüé, affectait un silence méprisant à l'endroit du plus jeune, disciple favori de M. Maurice Barrès, qui le considérait à son tour avec ironie. La malveillance de chacun d'eux exagérait d'ailleurs bien contre son gré l'importance de l'autre, comme si l'on eût affronté le chef des scélérats au roi des imbéciles. Plus loin, une superbe Espagnole mangeait rageusement. Elle avait sans hésiter et en personne sérieuse sacrifié ce soir-là un rendez-vous à la probabilité d'avancer, en allant dîner dans une maison élégante, sa carrière mondaine. Et certes, elle avait beaucoup de chances d'avoir bien calculé. Le snobisme de Mme Fremer était pour ses amies et celui de ses amies était pour elle comme une assurance mutuelle contre l'embourgeoisement. Mais le hasard avait voulu que Mme Fremer écoulât précisément ce soir-là un stock de gens qu'elle n'avait pu inviter à ses dîners, à qui, pour des raisons différentes, elle tenait à faire des politesses, et qu'elle avait réunis presque pêle-mêle. Le tout était bien surmonté d'une duchesse, mais que l'Espagnole connaissait déjà et dont elle n'avait plus rien à tirer. Aussi échangeait-elle des regards irrités avec son mari dont on entendait toujours, dans les soirées, la voix gutturale dire successivement, en laissant entre chaque demande un intervalle de cinq minutes bien remplies par d'autres besognes : « Voudriez-vous me présenter au duc ? — Monsieur le duc, voudriez-vous me présenter à la duchesse ? — Madame la duchesse, puis-je vous présenter ma femme ? » Exaspéré de perdre son temps, il s'était pourtant résigné à entamer la conversation avec son voisin, l'associé du maître de la maison. Depuis plus d'un an Fremer suppliait sa femme de l'inviter. Elle avait enfin cédé et l'avait dissimulé entre le mari de l'Espagnole et un humaniste. L'humaniste, qui lisait trop, mangeait trop. Il avait des citations et des renvois et ces deux incommodités répugnaient également à sa voisine, une noble roturière, Mme Lenoir. Elle avait vite amené la conversation sur les victoires du prince de Buivres au Dahomey et disait d'une voix attendrie :

— Cher enfant, comme cela me réjouit qu'il honore la famille !

En effet, elle était cousine des Buivres, qui, tous plus jeunes qu'elle, la traitaient avec la déférence qui lui valaient son âge, son attachement à la famille royale, sa grande fortune et la constante stérilité de ses trois mariages. Elle avait reporté sur tous les Buivres ce qu'elle pouvait éprouver de sentiments de famille. Elle ressentait une honte personnelle des vilenies de celui qui avait un conseil judiciaire, et, autour de son front bien-pensant, sur ses bandeaux orléanistes, portait naturellement les lauriers de celui qui était général. Intruse dans cette famille jusque-là si fermée, elle en était devenue le chef et comme la douairière. Elle se sentait réellement exilée dans la société moderne, parlait toujours avec attendrissement des « vieux gentilshommes d'autrefois ». Son snobisme n'était qu'imagination et était d'ailleurs toute son imagination. Les noms riches de passé et de gloire ayant sur son esprit sensible un pouvoir singulier, elle trouvait des jouissances aussi désintéressées à dîner avec des princes qu'à lire des mémoires de l'Ancien Régime. Portant toujours les mêmes raisins, sa coiffure était invariable comme ses principes. Ses yeux pétillaient de bêtise. Sa figure souriante était noble, sa mimique excessive et insignifiante. Elle avait, par confiance en Dieu, une même agitation optimiste la veille d'une garden party ou d'une révolution, avec des gestes rapides qui semblaient conjurer le radicalisme ou le mauvais temps. Son voisin l'humaniste lui parlait avec une élégance fatigante et avec une terrible facilité à formuler; il faisait des citations d'Horace pour excuser aux yeux des autres et poétiser aux siens sa gourmandise et son ivrognerie. D'invisibles roses antiques et pourtant fraîches ceignaient son front étroit. Mais d'une politesse égale et qui lui était facile, parce qu'elle y voyait l'exercice de sa puissance et le respect, rare aujourd'hui, des vieilles traditions, Mme Lenoir parlait toutes les cinq minutes à l'associé de M. Fremer. Celui-ci d'ailleurs n'avait pas à se plaindre. De l'autre bout de la table, Mme Fremer lui adressait les plus charmantes flatteries. Elle voulait que ce dîner comptât pour plusieurs années, et, décidée à ne pas évoquer d'ici longtemps ce trouble-fête, elle l'enterrait sous les fleurs. Quant à M. Fremer, travaillant le jour à sa banque, et, le soir, traîné par sa femme dans le monde ou retenu chez lui quand on recevait, toujours prêt à tout dévorer, toujours muselé, il avait fini par garder dans les circonstances les plus indifférentes une expression mêlée d'irritation sourde, de résignation boudeuse, d'exaspération contenue et d'abrutissement profond. Pourtant, ce soir, elle faisait place sur la figure du financier à une satisfaction cordiale toutes les fois que ses regards rencontraient ceux de son associé. Bien qu'il ne pût le souffrir dans l'habitude de la vie, il se sentait pour lui des tendresses fugitives, mais sincères, non parce qu'il l'éblouissait facilement de son luxe, mais par cette même fraternité vague qui nous émeut à l'étranger à la vue d'un Français, même odieux. Lui, si violemment arraché chaque soir à ses habitudes, si injustement privé du repos qu'il avait mérité, si cruellement déraciné, il sentait un lien, habituellement détesté, mais fort, qui le rattachait enfin à quelqu'un et le prolongeait, pour l'en faire sortir, au-delà de son isolement farouche et désespéré. En face de lui, Mme Fremer mirait dans les yeux charmés des convives sa blonde beauté. La double réputation dont elle était environnée était un prisme trompeur au travers duquel chacun essayait de distinguer ses traits véritables. Ambitieuse, intrigante, presque aventurière, au dire de la finance qu'elle avait abandonnée pour des destinées plus brillantes, elle apparaissait au contraire aux yeux du faubourg et de la famille royale qu'elle avait conquis comme un esprit supérieur, un ange de douceur et de vertu. Du reste, elle n'avait pas oublié ses anciens amis plus humbles, se souvenait d'eux surtout quand ils étaient malades ou en deuil, circonstances touchantes, où d'ailleurs, comme on ne va pas dans le monde, on ne peut se plaindre de n'être pas invité. Par là elle donnait leur portée aux élans de sa charité, et dans les entretiens avec les parents ou les prêtres aux chevets des mourants, elle versait des larmes sincères, tuant un à un les remords qu'inspirait sa vie trop facile à son cœur scrupuleux.

Mais la plus aimable convive était la jeune duchesse de D..., dont l'esprit alerte et clair, jamais inquiet ni troublé, contrastait si étrangement avec l'incurable mélancolie de ses beaux yeux, le pessimisme de ses lèvres, l'infinie et noble lassitude de ses mains. Cette puissante amante de la vie sous toutes ses formes, bonté, littérature, théâtre, action, amitié, mordait sans les flétrir, comme une fleur dédaignée, ses belles lèvres rouges, dont un sourire désenchanté relevait faiblement les coins. Ses yeux semblaient promettre un esprit à jamais chaviré sur les eaux malades du regret.

Combien de fois, dans la rue, au théâtre, des passants songeurs avaient allumé leur rêve à ces astres changeants ! Maintenant la duchesse, qui se souvenait d'un vaudeville ou combinait une toilette, n'en continuait pas moins à étirer tristement ses nobles phalanges résignées et pensives, et promenait autour d'elle des regards désespérés et profonds qui noyaient les convives impressionnables sous les torrents de leur mélancolie. Sa conversation exquise se parait négligemment des élégances fanées et si charmantes d'un scepticisme déjà ancien. On venait d'avoir une discussion, et cette personne si absolue dans la vie et qui estimait qu'il n'y avait qu'une manière de s'habiller répétait à chacun : « Mais, pourquoi est-ce qu'on ne peut pas tout dire, tout penser ? Je peux avoir raison, vous aussi. Comme c'est terrible et étroit d'avoir une opinion. » Son esprit n'était pas comme son corps, habillé à la dernière mode, et elle plaisantait aisément les symbolistes et les croyants. Mais il en était de son esprit comme de ces femmes charmantes qui sont assez belles et vives pour plaire vêtues de vieilleries. C'était peut-être d'ailleurs coquetterie voulue. Certaines idées trop crues auraient éteint son esprit comme certaines couleurs qu'elle s'interdisait son teint.

A son joli voisin, Honoré avait donné de ces différentes figures une esquisse rapide et si bienveillante que, malgré leurs différences profondes, elles semblaient toutes pareilles, la brillante Mme de Torreno, la spirituelle duchesse de D..., la belle Mme Lenoir. Il avait négligé leur seul trait commun, ou plutôt la même folie collective, la même épidémie régnante dont tous étaient atteints, le snobisme. Encore, selon leurs natures, affectait-il des formes différentes et il y avait loin du snobisme imaginatif et poétique de Mme Lenoir au snobisme conquérant de Mme de Torreno, avide comme un fonctionnaire qui veut arriver aux premières places. Et pourtant, cette terrible femme était capable de se réhumaniser. Son voisin venait de lui dire qu'il avait admiré au parc Monceau sa petite fille. Aussitôt elle avait rompu son silence indigné. Elle avait éprouvé pour cet obscur comptable une sympathie reconnaissante et pure qu'elle eût été peut-être incapable d'éprouver pour un prince et maintenant ils causaient comme de vieux amis.

Mme Fremer présidait aux conversations avec une satisfaction visible causée par le sentiment de la haute mission qu'elle accomplissait. Habituée à présenter les grands écrivains aux duchesses, elle semblait, à ses propres yeux, une sorte de ministre des Affaires étrangères tout-puissant et qui même dans le protocole portait un esprit souverain. Ainsi un spectateur qui digère au théâtre voit au-dessous de lui puisqu'il les juge, artistes, public, auteur, règles de l'art dramatique, génie. La conversation allait d'ailleurs d'une allure assez harmonieuse. On en était arrivé à ce moment des dîners où les voisins touchent le genou des voisines ou les interrogent sur leurs préférences littéraires selon les températures et l'éducation, selon la voisine surtout. Un instant, un accroc parut inévitable. Le beau voisin d'Honoré ayant essayé avec l'imprudence de la jeunesse d'insinuer que dans l'œuvre de Heredia il y avait peut-être plus de pensée qu'on ne le disait généralement, les convives troublés dans leurs habitudes d'esprit prirent un air morose. Mais Mme Fremer s'étant aussitôt écriée : « Au contraire, ce ne sont que d'admirables camées, des émaux somptueux, des orfèvreries sans défaut », l'entrain et la satisfaction reparurent sur tous les visages. Une discussion sur les anarchistes fut plus grave. Mais Mme Fremer, comme s'inclinant avec résignation devant la fatalité d'une loi naturelle, dit lentement : « A quoi bon tout cela ? il y aura toujours des riches et des pauvres. » Et tous ces gens dont le plus pauvre avait au moins cent mille livres de rente, frappés de cette vérité, délivrés de leurs scrupules, vidèrent avec une allégresse cordiale leur dernière coupe de vin de Champagne.

II

Après dîner

Honoré, sentant que le mélange des vins lui avait un peu tourné la tête, partit sans dire adieu, prit en bas son pardessus et commença à descendre à pied les Champs-Elysées. Il se sentait une joie extrême. Les barrières d'impossibilité qui ferment à nos désirs et à nos rêves le champ de la réalité étaient rompues et sa pensée circulait joyeusement à travers l'irréalisable en s'exaltant de son propre mouvement.

Les mystérieuses avenues qu'il y a entre chaque être humain et au fond desquelles se couche peut-être chaque soir un soleil insoupçonné de joie ou de désolation l'attiraient. Chaque personne à qui il pensait lui devenait aussitôt irrésistiblement sympathique, il prit tour à tour les rues où il pouvait espérer de rencontrer chacune, et si ses prévisions s'étaient réalisées, il eût abordé l'inconnu ou l'indifférent sans peur, avec un tressaillement doux. Sur la chute d'un décor planté trop près, la vie s'étendait au loin devant lui dans tout le charme de sa nouveauté et de son mystère, en paysages amis qui l'invitaient. Et le regret que ce fût le mirage ou la réalité d'un seul soir le désespérait, il ne ferait plus jamais rien d'autre que de dîner et de boire aussi bien, pour revoir d'aussi belles choses. Il souffrait seulement de ne pouvoir atteindre immédiatement tous les sites qui étaient disposés çà et là dans l'infini de sa perspective, loin de lui. Alors il fut frappé du bruit de sa voix un peu grossie et exagérée qui répétait depuis un quart d'heure : « La vie est triste, c'est idiot » (ce dernier mot était souligné d'un geste sec du bras droit et il remarqua le brusque mouvement de sa canne). Il se dit avec tristesse que ces paroles machinales étaient une bien banale traduction de pareilles visions qui, pensa-t-il, n'étaient peut-être pas exprimables.

« Hélas ! sans doute l'intensité de mon plaisir ou de mon regret est seule centuplée, mais le conteur intellectuel en reste le même. Mon bonheur est nerveux, personnel, intraduisible à d'autres, et si j'écrivais en ce moment, mon style aurait les mêmes qualités, les mêmes défauts, hélas ! la même médiocrité que d'habitude. » Mais le bien-être physique qu'il éprouvait le garda d'y penser plus longtemps et lui donna immédiatement la consolation suprême, l'oubli. Il était arrivé sur les boulevards. Des gens passaient, à qui il donnait sa sympathie, certain de la réciprocité. Il se sentait leur glorieux point de mire ; il ouvrit son paletot pour qu'on vît la blancheur de son habit, qui lui seyait, et l'œillet rouge sombre de sa boutonnière. Tel il s'offrait à l'admiration des passants, à la tendresse dont il était avec eux en voluptueux commerce.

Apollinaire

La Disparition d'Honoré Subrac

En dépit des recherches les plus minutieuses, la police n'est pas parvenue à élucider le mystère de la disparition d'Honoré Subrac.

Il était mon ami, et comme je connaissais la vérité sur son cas, je me fis un devoir de mettre la justice au courant de ce qui s'était passé. Le juge qui recueillit mes déclarations prit avec moi, après avoir écouté mon récit, un ton de politesse si épouvantée que je n'eus aucune peine à comprendre qu'il me prenait pour un fou. Je le lui dis. Il devint plus poli encore, puis, se levant, il me poussa vers la porte, et je vis son greffier, debout, les poings serrés, prêt à sauter sur moi si je faisais le forcené.

Je n'insistai pas. Le cas d'Honoré Subrac est, en effet, si étrange que la vérité paraît incroyable. On a appris par les récits des journaux que Subrac passait pour un original. L'hiver comme l'été, il n'était vêtu que d'une houppelande et n'avait aux pieds que des pantoufles. Il était fort riche, et comme sa tenue m'étonnait, je lui en demandai un jour la raison :

— C'est pour être plus vite dévêtu, en cas de nécessité, me répondit-il. Au demeurant, on s'accoutume vite à sortir peu vêtu. On se passe fort bien de linge, de bas et de chapeau. Je vis ainsi depuis l'âge de vingt-cinq ans et je n'ai jamais été malade.

Ces paroles, au lieu de m'éclairer, aiguisèrent ma curiosité.

« Pourquoi donc, pensai-je, Honoré Subrac a-t-il besoin de se dévêtir si vite ? »

Et je faisais un grand nombre de suppositions...

*
*   *

Une nuit que je rentrais chez moi — il pouvait être une heure, une heure un quart — j'entendis mon nom prononcé à voix basse. Il me parut venir de la muraille que je frôlais. Je m'arrêtai désagréablement surpris.

— N'y a-t-il plus personne dans la rue ? reprit la voix. C'est moi, Honoré Subrac.

— Où êtes-vous donc ? m'écriai-je, en regardant de tous côtés sans parvenir à me faire une idée de l'endroit où mon ami pouvait se cacher.

Je découvris seulement sa fameuse houppelande gisant sur le trottoir, à côté de ses non moins fameuses pantoufles.

« Voilà un cas, pensai-je, où la nécessité a forcé Honoré Subrac à se dévêtir en un clin d'œil. Je vais enfin connaître un beau mystère. »

Et je dis à haute voix.

— La rue est déserte, cher ami, vous pouvez apparaître.

Brusquement, Honoré Subrac se détacha en quelque sorte de la muraille contre laquelle je ne l'avais pas aperçu. Il était complètement nu et, avant tout, il s'empara de sa houppelande qu'il endossa et boutonna le plus vite qu'il put. Il se chaussa ensuite et, délibérément, me parla en m'accompagnant jusqu'à ma porte.

*
* *

— Vous avez été étonné ! dit-il, mais vous comprenez maintenant la raison pour laquelle je m'habille avec tant de bizarrerie. Et cependant vous n'avez pas compris comment j'ai pu échapper aussi complètement à vos regards. C'est bien simple. Il ne faut voir là qu'un phénomène de mimétisme… La nature est une bonne mère. Elle a départi à ceux de ses enfants que des dangers menacent, et qui sont trop faibles pour se défendre, le don de se confondre avec ce qui les entoure… Mais, vous connaissez tout cela. Vous savez que les papillons ressemblent aux fleurs, que certains insectes sont semblables à des feuilles, que le caméléon peut prendre la couleur qui le dissimule le mieux, que le lièvre polaire est devenu blanc comme les glaciales contrées où, couard autant que celui de nos guérets, il détale presque invisible.

» C'est ainsi que ces faibles animaux échappent à leurs ennemis par une ingéniosité instinctive qui modifie leur aspect.

» Et moi, qu'un ennemi poursuit sans cesse, moi, qui suis peureux et qui me sens incapable de me défendre dans une lutte, je suis semblable à ces bêtes : je me confonds à volonté et par terreur avec le milieu ambiant.

» J'ai exercé pour la première fois cette faculté instinctive, il y a un certain nombre d'années déjà.
J'avais vingt-cinq ans, et, généralement, les femmes
me trouvaient avenant et bien fait. L'une d'elles, qui
était mariée, me témoigna tant d'amitié que je ne sus
point résister. Fatale liaison !... Une nuit, j'étais chez
ma maîtresse. Son mari, soi-disant, était parti pour
plusieurs jours. Nous étions nus comme des divinités,
lorsque la porte s'ouvrit soudain, et le mari apparut
un revolver à la main. Ma terreur fut indicible, et je
n'eus qu'une envie, lâche que j'étais et que je suis
encore : celle de disparaître. M'adossant au mur, je
souhaitai me confondre avec lui. Et l'événement
imprévu se réalisa aussitôt. Je devins de la couleur du
papier de tenture, et mes membres, s'aplatissant dans
un étirement volontaire et inconcevable, il me parut
que je faisais corps avec le mur et que personne désormais ne me voyait. C'était vrai. Le mari me cherchait
pour me faire mourir. Il m'avait vu, et il était impossible que je me fusse enfui. Il devint comme fou, et,
tournant sa rage contre sa femme, il la tua sauvage-
ment en lui tirant six coups de revolver dans la tête.
Il s'en alla ensuite, pleurant désespérément. Après
son départ, instinctivement, mon corps reprit sa forme
normale et sa couleur naturelle. Je m'habillai, et par-
vins à m'en aller avant que personne ne fût venu...
Cette bienheureuse faculté, qui ressortit au mimétisme, je l'ai conservée depuis. Le mari, ne m'ayant
pas tué, a consacré son existence à l'accomplissement
de cette tâche. Il me poursuit depuis longtemps à travers le monde, et je pensais lui avoir échappé en
venant habiter à Paris. Mais, j'ai aperçu cet homme,
quelques instants avant votre passage. La terreur me
faisait claquer les dents. Je n'ai eu que le temps de me
dévêtir et de me confondre avec la muraille. Il a passé

près de moi, regardant curieusement cette houppelande et ces pantoufles abandonnées sur le trottoir.
Vous voyez combien j'ai raison de m'habiller sommai-
rement. Ma faculté mimétique ne pourrait pas s'exercer si j'étais vêtu comme tout le monde. Je ne pourrais
pas me déshabiller assez vite pour échapper à mon
bourreau, et il importe, avant tout, que je sois nu,
afin que mes vêtements, aplatis contre la muraille, ne
rendent pas inutile ma disparition défensive.

Je félicitai Subrac d'une faculté dont j'avais les
preuves et que je lui enviais…

*
* *

Les jours suivants, je ne pensai qu'à cela et je me sur-
prenais, à tout propos, tendant ma volonté dans le but
de modifier ma forme et ma couleur. Je tentai de me
changer en autobus, en tour Eiffel, en académicien,
en gagnant du gros lot. Mes efforts furent vains. Je n'y
étais pas. Ma volonté n'avait pas assez de force, et puis
il me manquait cette sainte terreur, ce formidable
danger qui avait réveillé les instincts d'Honoré Subrac…

*
* *

Je ne l'avais point vu depuis quelque temps,
lorsqu'un jour, il arriva affolé :

— Cet homme, mon ennemi, me dit-il, me guette
partout. J'ai pu lui échapper trois fois en exerçant ma
faculté, mais j'ai peur, j'ai peur, cher ami.

Je vis qu'il avait maigri, mais je me gardai de le lui dire.

— Il ne vous reste qu'une chose à faire, déclarai-je. Pour échapper à un ennemi aussi impitoyable : partez ! Cachez-vous dans un village. Laissez-moi le soin de vos affaires et dirigez-vous vers la gare la plus proche.

Il me serra la main en disant :

— Accompagnez-moi, je vous en supplie, j'ai peur !

*
* *

Dans la rue, nous marchâmes en silence. Honoré Subrac tournait constamment, la tête, d'un air inquiet. Tout à coup, il poussa un cri et se mit à fuir en se débarrassant de sa houppelande et de ses pantoufles. Et je vis qu'un homme arrivait derrière nous en courant. J'essayai de l'arrêter. Mais il m'échappa. Il tenait un revolver qu'il braquait dans la direction d'Honoré Subrac. Celui-ci venait d'atteindre un long mur de caserne et disparut comme par enchantement.

L'homme au revolver s'arrêta stupéfait, poussant une exclamation de rage, et, comme pour se venger du mur qui semblait lui avoir ravi sa victime, il déchargea son revolver sur le point où Honoré Subrac avait disparu. Il s'en alla ensuite, en courant...

Des gens se rassemblèrent, des sergents de ville vinrent les disperser. Alors, j'appelai mon ami. Mais il ne me répondit pas.

Je tâtai la muraille, *elle était encore tiède*, et je remarquai que, des six balles de revolver, trois avaient frappé à la hauteur *d'un cœur d'homme*, tandis que les autres avaient éraflé le plâtre, plus haut, là où il me

sembla distinguer vaguement, vaguement, les con-
tours d'un visage.

Table et références